# 66节保险法商课

（修订版）

沃晟学院 ◎ 编著

电子工业出版社
Publishing House of Electronics Industry
北京·BEIJING

## 内 容 简 介

本书从婚姻、传承、税务、债务4个角度,以保险代理人经常遇到的66个问题为切入点,通过案例描述、专家分析和思维导图,详细介绍了与保险相关的法律、税务、信托等知识。本书中所涉及的法条、法律内涵均依据《中华人民共和国民法典》做了相应修改。

**未经许可,不得以任何方式复制或抄袭本书之部分或全部内容。**
**版权所有,侵权必究。**

**图书在版编目(CIP)数据**

66节保险法商课 / 沃晟学院编著. —修订本. —北京:电子工业出版社, 2021.6
ISBN 978-7-121-40891-5

Ⅰ. ①6… Ⅱ. ①沃… Ⅲ. ①保险法—基本知识—中国 Ⅳ. ①D922.284

中国版本图书馆CIP数据核字(2021)第055674号

责任编辑:张　毅
印　　刷:鸿博昊天科技有限公司
装　　订:鸿博昊天科技有限公司
出版发行:电子工业出版社
　　　　　北京市海淀区万寿路173信箱　　邮编　100036
开　　本:787×1092　1/32　印张:12　字数:291千字
版　　次:2019年11月第1版
　　　　　2021年6月第2版
印　　次:2025年1月第19次印刷
定　　价:66.00元

凡所购买电子工业出版社图书有缺损问题,请向购买书店调换。若书店售缺,请与本社发行部联系,联系及邮购电话:(010)88254888,88258888。

质量投诉请发邮件至zlts@phei.com.cn,盗版侵权举报请发邮件至dbqq@phei.com.cn。

本书咨询联系方式:(010)68161512,meidipub@phei.com.cn。

## 本书作者

王 芳  古致平  李 爽
黄利军  薛 京  冯 鹜
谭 啸  梁 磊

# 修订版序

## 我们这个时代的变与不变

2020年，我们大多数人都特别深切地体会到了"变化"的含义。大到世界局势，小到个人生活，这一年的变化无处不在，而且分外剧烈。

在这所有的变化之中，对保险代理人来说，影响最深远的有两个：疫情和《中华人民共和国民法典》（以下简称《民法典》）。疫情这只巨大的"黑天鹅"，让所有人都接受了一次"风险教育"，保险意识因此更加深入人心；《民法典》的正式颁布，重新定义了社会生活的基本规则，《中华人民共和国保险法》（以下简称《保险法》）虽不在其中，但与保险法商密切相关的婚姻、继承等方面的法律规定，都在《民法典》的范围之内。

作为保险法商研究领域的先行者，沃晟学院时刻关注着这些变化，研究这些变化对保险法商的影响。

我们注意到的一个显著变化就是：大众对商业保险的接受度越来越高，对保险代理人专业程度的要求也越来越高。不仅仅是疫情，还有人口老龄化程度的加深、国内外环境导致的市场不确定性增加、中国经济进入中高速增长的新常态、高净值人士面临的守富及传富难题等，所有这些因素共同导致人们普遍产生不安全感。现代社会中应对不安全感的最佳工具，无疑就是保险。也就是说，商业保险以其确定性、安全性，正在被大众重新认识。可是，部分由于特殊时期内保险行业的粗放增长，"保险骗人"这样的意识依旧是笼罩在整个行业上空的阴云。

一方面是社会大众不断增长的对商业保险的需求，另一方面是社会大众对整个保险行业存在着潜在的不信任，这一情况导致了人们在选择保险产品时，越来越重视保险代理人本身的专业素养、从业经验、专业态度。

我们据此有一个判断：未来的 10～20 年将是中国保险行业的黄金发展期，也是保险代理人这个职业群体"优胜劣汰"的时期。保险代理人市场将进一步呈现两极分化的情况，优秀的代理人将取得非凡的业绩，专业素质不过关的代理人将被逐渐淘汰。

是否具备保险法商能力，是衡量一个保险代理人优秀与否的重要标准。众多的保险代理人也都意识到了这一点，因此对保险法商的学习抱有极高的热情。《66 节保险法商课》的出版，可以说正好呼应并满足了广大保险代理人学习保险法商的需求，因此上市以来广受欢迎，取得了骄人成绩，收获了无数好评。

2021 年 1 月 1 日开始，《民法典》正式实施，中国迈入"民法典时代"，与民事法律关系密切相关的保险法商知识，势必也要做相应更新。为适应这一变化，我们对《66 节保险法商课》做了细致修订。本次修订，没有改动全书主体结构，因为实践证明，这本书中提取的 66 个问题，都是保险代理人经常遇到的、经典的保险法商难题，但书中涉及的所有法条、法律内涵，都依据《民法典》做了新的引用、补充和阐释，以帮助保险代理人在"民法典时代"学好、用好保险法商知识。

世界上唯一不变的，就是变化本身。我们身处的这个时代，变化尤其剧烈。然而变化之中，有一些东西是不变的——优秀的保险代理人会继续用热情和专业服务客户，用法律和保险工具帮客户抓住幸福；我们沃晟学院也会一如既往，给大家提供高品质的法商研究成果，帮助保险代理人持续提升法商技能。我们愿与保险代理人一起，在变化中寻找机遇、抓住机遇。

沃晟学院

2020 年 12 月 4 日于北京

# 初版序

## 让法商知识惠及更多保险人

"法商太高端,是顶尖的金融从业者才能学会的内容。"

"我知道保险法商好,可听起来就感觉很难,我学不会吧?"

"我又没有高净值客户资源,学了保险法商也没用!"

在保险销售日益专业化的今天,虽然很多保险从业人员都知道保险法商的价值,但同时也有上述认识方面的误区。正是由于这些误解,导致不少保险代理人没能及时提升自己的专业技能,白白流失了很多潜在客户,乃至眼睁睁地看着签大单的机会从眼前溜走。

2018年3月,为了改变上述现状,沃晟学院决定设计一个"人人都能听得懂"的保险法商课。我们设计这个课程的初衷很简单:让法商知识惠及更多保险人。

确立这个目标后,我作为课程总编辑及研发总负责人,携手沃晟学院的明星导师们开始了课程研发工作。为了让没有相关知识储备的保险人能真正听得懂、用得上，我们反复讨论、打磨，从做多少节课、每节课解决什么问题，到设定每一节的内容长度、框架结构；从学院老师一次又一次的讨论，到内测用户一遍又一遍的反馈，两个月后，这一名为"66节法商小白课"的音频课程上线了。

苦心人，天不负，我们的努力与用心获得了最好的回报——在沃晟学院App，在保险师App，在喜马拉雅FM……在几乎所有与我们合作的知识付费平台上，对这个课程都是好评如潮。课程的成功给了我们信心，也让我们更加坚定了做这个课程的初心：让法商知识惠及更多保险人。于是，我们在2018年7月又开启了与课程配套的社群学习——"21天小白课打卡进阶营"，以便学员在线上学习的同时，也能在社群内相互讨论、相互促进。

接下来，整理课程内容，编成一本书，就顺理成章了。但您不要误以为这本书就是对我们已有音频课程的简单抄录，相对于音频课程，这本书有其独特而不可替代的价值。

第一，书里补充了相关法律法规及背景知识，当您想更深入地了解法商知识，或向客户做相关介绍时，可以方便地查阅这些法律法规，让自己的学习更深入、介绍更专业。

第二，我们对所有的内容（包括思维导图）进行了统一的编辑整理，使表述上更严谨、规范，整理后的思维导图也能帮您更轻松地把握法商知识的脉络。

第三，我们将每一节的测试题放在最前面，测试题的解析放在最后面，这样您就可以带着问题去阅读、学习，从而达到更好的学习效果。

第四，小巧轻便的装帧设计，方便您随身携带。您可以利用碎片化的时间随时随地地学习，也可以在与客户面谈之前，根据客户的特点浏览相应的章节，做到心中有数。

可能大多数人都知道，对我们人类而言，最有效的学习方式依旧是阅读，阅读让我们的思考更深入，学习更系统，记忆更牢固。因此，即便您已经将"66节法商小白课"听得"滚瓜烂熟"，我们还是建议您认真地读一读这本书，它会给您带来学习感受的跃迁。

在您正式开始阅读这本书之前，我们建议您先拿出手机，扫描序言后面的二维码，下载沃晟学院App，测一测您的"保险法商值"，并记录下您的得分。当您读完这本书时，请您再做一次习题，检测一下您学习的效果。

为了鼓励您用心学习保险法商知识，那些在测试中获得高分的用户，还将得到一份"神秘彩蛋"。

沃晟学院多年以来专注于保险法商教育。通过数以万计的学员反馈，我们深切感受到法商对于保险代理人的价值。通过对保险法商知识的学习，很多学员成功签下了大额保单，成长为保险行业的精英。学员们取得的每一份成绩、每一点成长，都让我们感到由衷的满足与骄傲，我们也因此拥有了一种使命感与责任感：让更多的保险代理人了解法商、学习法商，让法商知识成为更多保险代理人事业腾飞的翅膀。

我们所做的一切，都只有一个宗旨：让法商知识惠及更多保险人。

这，也是我们沃晟学院永远的初心。

沃晟学院　李爽

2019 年 4 月 29 日

打开微信，扫一扫，
测试您的保险法商值

扫描二维码，关注
沃晟学院微信公众号

姓名：_____

阅读之前的得分：_____

读完全书后的得分：_____

# 目录

## 婚姻 PART 1
### 保险法商课

01 离婚前我用存款买的保单，离婚时会被分割吗？……002

02 老婆私下买的保险，离婚时老公会不会发现？……007

03 保单是我婚前购买的，但婚后又交了几年保费，这张保单算谁的？……012

04 老公用夫妻共同存款为老婆买的保单，离婚时该怎么处理？……017

05 老公用夫妻共同存款为老婆买的保单，如果老公去世了，保单该如何处理？……022

06 我婚后获得的身故保险金是不是夫妻共同财产？……027

07 受益人写的是我老公，现在离婚了，万一将来我去世，保险金仍赔付给他吗？……033

08 离婚前紧急给孩子买的年金保险，离婚时是否还算作夫妻共同财产？……037

09 我老婆在婚姻关系存续期间给儿子买的保单，离婚时会被分割吗？……042

10 养子女及非婚生子女可以当身故保险金受益人吗？……047

11 我花钱给女儿买了一份保险，现在女儿要离婚，保单会被分割吗？……053

[12] 父母在子女婚前给子女购买年金保险，如果子女离婚，婚内所得的年金会不会被分割？……060

[13] 父母给孩子投保和把钱给孩子让他自己买保险，哪种方式更好？……066

[14] 我掏钱买保险，但投保人写的是我母亲的名字，这张保单算谁的？……073

[15] 婚后自己给自己买的保险，保费都是由自己母亲出的，这张保单算夫妻共同财产吗？……078

[16] 客户为转移财产而买分红型保险，我卖保险给他会不会承担责任？……083

# 传承 PART 2
## 保险法商课

[17] 如果以后中国开征遗产税，领取保险金时需要缴纳遗产税吗？……090

[18] 受益人写"法定"，如果以后中国开征遗产税，领取保险金时需要缴纳遗产税吗？……095

[19] 我跟客户说"买保险可以把钱留给孩子"，客户说"那还不如立遗嘱"，我该怎么回复？……099

[20] 父母通过购买保险传承财富，能防止子女之间发生"遗产争夺大战"吗？……105

[21] 保单传承的私密性非常高，你知道这是为什么吗？……109

# 目 录

**22** 是财产继承拿钱快,还是保单理赔拿钱快?……113

**23** 立遗嘱和买保险,哪一种财富传承方式更能保护隐私?……120

**24** 用保险金信托来传承财富,有什么好处?……126

**25** 如何用保险金信托引导和约束子女及其配偶?……131

**26** 给孩子买的人寿保险,将来保险公司没了,该怎么办?……138

**27** 可以给养子女及非婚生子女投保吗?……144

**28** 再婚后,如何利用保单把财富只传承给我的前婚子女?……149

**29** 财富隔代传承给孙子,用保单有什么优势呢?……155

**30** 爷爷能不能给孙子买保险?……161

**31** 客户想指定侄子为受益人,行得通吗?……168

**32** 爸爸是中国国籍,受益人儿子是外国国籍,儿子将来如何领取身故保险金?……174

**33** 被保险人身故后,受益人领取身故保险金时需要公证吗?……180

**34** 我可以分期领取身故保险金吗?……186

**35** 投保人先于被保险人去世,此时该如何处理这张保单?……191

**36** 投保人可以指定第二投保人吗?这么做有什么好处?……196

**37** 父亲保单中的受益人是我,那他生前做生意欠的债用我还吗?……204

**38** 身故保险金是优先被继承,还是优先被用于偿还债务?……209

# 税务 PART 3
## 保险法商课

- **39** 我把钱拿来买了保险,是否可以合法避税? ……216
- **40** 我买了保险,将来从保险公司领取年金时,要不要在中国缴税? ……220
- **41** 我买了保险,将来从保险公司领取红利时,要不要在中国缴税? ……224
- **42** 我买了保险,将来孩子从保险公司领取身故保险金时,要不要在中国缴税? ……228
- **43** 我买了保险,万一将来退保,要不要在中国缴税? ……233
- **44** 我买了保险,将来如果变更投保人,要不要在中国缴税? ……237
- **45** CRS 执行后,我在境外买的保险要缴税吗? ……242
- **46** CRS 执行后,我移民到国外,当初在国内买的保险会不会被移民国家发现?是否能规避境外所得税? ……245
- **47** 在中国买什么样的保险可以合法避税? ……249
- **48** 用企业的钱给自己或者员工买保险,需要缴纳所得税吗? ……255
- **49** 针对金融资产,法定继承和买保险,哪种财富传承方式更省钱? ……260
- **50** 遗嘱继承和买保险,哪种财富传承方式更省钱? ……265

# 债务 PART 4
## 保险法商课

51　买了保险没告诉别人，法院能查出来吗？……270

52　法院要执行我的资产，我从保险公司获得的保险金能保住吗？……275

53　法院要执行我的资产，我买过的很多保险还保得住吗？……280

54　欠债前买了一份保险，这种行为能避债吗？……286

55　我在欠债的情况下买保险，是不是风险很大？……292

56　我做生意欠了外债，我的保单还能保得住吗？……298

57　我是生意人，以老婆的名义买的保险，能避债吗？……303

58　我出钱购买保险，但投保人是我的父亲，如果我欠债，这张保单会被强制执行吗？……308

59　丈夫欠了债，妻子名下的保单会受影响吗？……312

60　给女儿买了年金保险，将来如果女婿欠债，女儿领取的生存年金会被用来偿债吗？……317

61　我买的保险，儿子是受益人，如果我欠了债，儿子已领取的生存年金会受影响吗？……322

62　公司被列为失信被执行人，作为公司股东的我还能买保险吗？……328

63　我被列为失信被执行人，可以买保险吗？……333

64　我在保险公司有待领取的保险金，我的债权人能直接找保险公司要吗？……337

**65** 买了保险,投保人将保单质押贷款后再欠债,保单的现金价值应先偿还谁?……342

**66** 在内地欠了债,我在香港购买的保险会被内地人民法院执行吗?……347

■ 作者简介……354

# PART 1
# 婚姻
## 保险法商课

---

### ◆ 潜在客户肖像 ◆

有婚姻风险的

准备给子女的婚姻以财富支持的

婚前或婚内持有保单的

……………

---

# 01 离婚前我用存款买的保单,离婚时会被分割吗?

本节课老师:李爽

## 课堂测试题 >>>

在别人眼里,梦琪和昊宇是一对幸福的小夫妻。对于昊宇来说,美中不足的是,梦琪这个"管家婆"把钱管得太死了。无奈之下,昊宇偷偷藏了一笔私房钱,后来他用这笔钱给自己买了份保险。到最后,这对曾经幸福的小夫妻还是到法院起诉离婚了。请问在以下哪种情况下,保单的现金价值将会被分割?

A. 梦琪和昊宇都没有提出离婚分割保单的诉求。

B. 梦琪提出离婚分割保单,昊宇购买保单的资金来源于昊宇的婚前个人财产。

C. 梦琪提出离婚分割保单,昊宇购买保单的资金来源于昊宇结婚后获得的年终奖。

## 保险法商课精讲 >>>

两年前的一天，我的客户赵先生偶然遇到一位美女，相识一个月后，两人就闪电般地结了婚。可结婚没多久，他们之间就产生了矛盾，这些矛盾从无到有、从小到大，逐渐激化，于是吵架成了家常便饭。让赵先生无奈的是，家里的"财政大权"掌握在妻子手里，她把钱管得死死的，赵先生毫无办法。不得已，赵先生偷偷藏了一笔私房钱，后来用这笔钱给自己买了份保险。

两年之后，他们的婚姻彻底走到了尽头，妻子到法院提起离婚诉讼，并要求分割夫妻共同财产。面对这场离婚官司，赵先生心里七上八下，担心自己用私房钱买的那张保单会被分割。

在这里李律师要告诉大家，如果赵先生的妻子不知道这张保单的存在，那么在离婚法庭上，她自然就不会要求分割保单，赵先生当然更不会主动交代。在这种情况下，也不存在法官主动查询两人名下保单的可能性。那么，结论就显而易见——离婚时，赵先生之前偷偷购买的保单不会被分割！

但是，万一赵先生的妻子知道了保单的存在，离婚时保单会不会被分割呢？

那就要看购买这张保单的保费来源到底是赵先生的个人财产，还是赵先生与妻子的夫妻共同财产。简单来说，无非有以下两种情况：

第一种情况：如果购买这张保单的保费，来源于赵先生的个人财产，那么即使这张保单被法官查出来，因为保单属于赵先生的个人财产，所以离婚时也不会被分割。

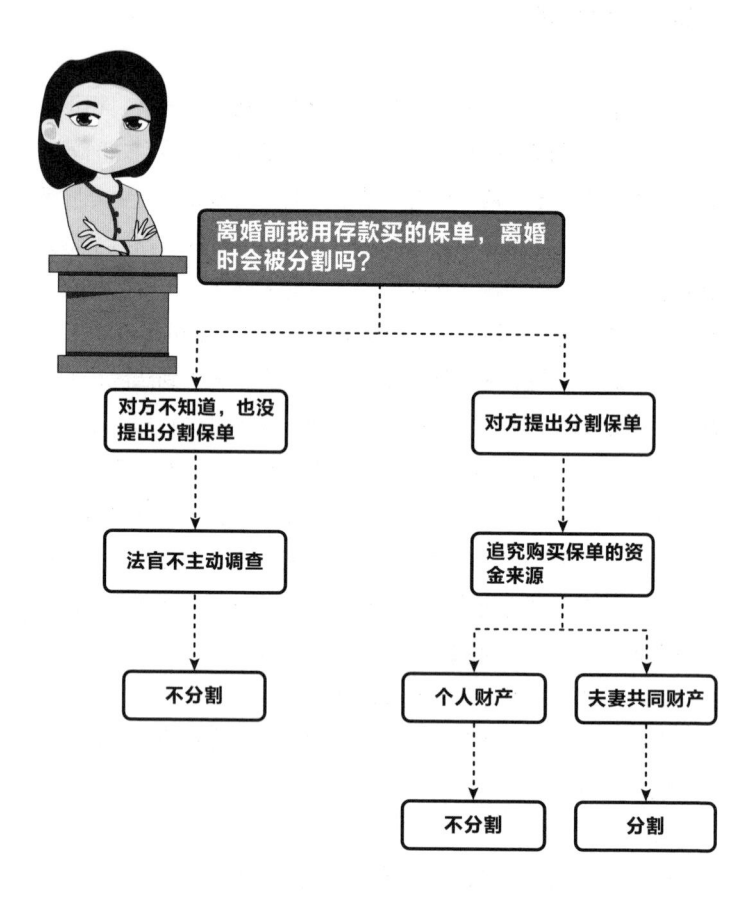

## 离婚前我用存款买的保单,离婚时会被分割吗?

- 对方不知道,也没提出分割保单
  - 法官不主动调查
    - 不分割
- 对方提出分割保单
  - 追究购买保单的资金来源
    - 个人财产 → 不分割
    - 夫妻共同财产 → 分割

第二种情况：如果购买这张保单的保费，来源于夫妻婚后共同所有的资金，那么这张保单属于夫妻共同财产，将面临其现金价值被分割的风险。

## 延伸学习 >>>

**《民法典》**

**第一千零六十二条** 夫妻在婚姻关系存续期间所得的下列财产，为夫妻的共同财产，归夫妻共同所有：

（一）工资、奖金、劳务报酬；

（二）生产、经营、投资的收益；

（三）知识产权的收益；

（四）继承或者受赠的财产，但是本法第一千零六十三条第三项规定的除外；

（五）其他应当归共同所有的财产。

夫妻对共同财产，有平等的处理权。

**第一千零六十三条** 下列财产为夫妻一方的个人财产：

（一）一方的婚前财产；

（二）一方因受到人身损害获得的赔偿或者补偿；

（三）遗嘱或者赠与合同中确定只归一方的财产；

（四）一方专用的生活用品；

（五）其他应当归一方的财产。

## 测试题解析 >>>

**正确答案是 C**

A 选项：在我国的离婚案件中，法院一般不会主动查询离婚双方的个人财产和购买保单情况。因此，在双方都没有提出分割诉求的情况下，保单的现金价值不会被分割。A 选项错误。

B 选项：虽然梦琪提出了离婚分割保单，但是还要看昊宇购买保单的资金来源。由于昊宇是用婚前个人财产购买的保单，所以这张保单的现金价值属于昊宇个人所有，离婚时这张保单的现金价值不会被分割。B 选项错误。

C 选项：梦琪向法院提出离婚分割保单，经法院查明，昊宇购买保单的资金来源于昊宇结婚后获得的年终奖。根据我国《民法典》婚姻家庭编第一千零六十二条的规定，婚内获得的奖金属于夫妻共同财产，所以离婚时这张保单的现金价值将会被分割。C 选项正确。

# 02 老婆私下买的保险，离婚时老公会不会发现？

本节课老师：李爽

## 课堂测试题 >>>

刘先生和张女士夫妻俩因感情不和，打算诉讼离婚。刘先生怀疑张女士背着自己偷偷买了一份保险，于是要求分割保单，只是苦于没有证据，所以希望向法院申请调查取证。那么，在下列哪种情况下，法院会同意刘先生的调查申请呢？

A. 刘先生在法庭上诚恳地表达希望法院帮助其调查取证的愿望。

B. 刘先生在开庭前向法院提交了书面调查申请，内容为："张女士隐瞒了大额保单，我方无法取证。"

C. 刘先生向法院提交了书面调查申请，里面详细写明了该保单所属的保险公司和保单号。

## 保险法商课精讲 >>>

阿楠结婚5年了,目前正在和老婆闹离婚。他来咨询我:"李律师,对于我老婆名下的财产情况,我都不太清楚。所以我想去法院起诉离婚,这样一来,为了公平公正地判决,法官会在审理离婚案件的过程中,调查清楚夫妻双方名下的所有财产,是不是这样啊?"

我无奈地解释说:"阿楠,不是这样的。你想想,法官又不是你花钱雇的侦探,怎么可能会主动帮你做全面的财产调查呢?记住,在离婚案件中,通常情况下,你想调查对方有什么财产,必须先向法官提交书面调查申请,列明你想查询的具体财产信息,这样法官才有可能去帮你调查相关财产。"

听到这里,阿楠眼前一亮,说道:"好,李律师,我愿意写调查申请,必须调查!别的也就算了,我听说我老婆在我们结婚后偷偷买了一份大额保险,但我不知道是在哪家保险公司买的,也不知道她花了多少钱!李律师,我能不能写申请让法院去调查这张保单啊?"

我说:"如果你起诉离婚,那么你当然有权利向法院申请调查保单。但法院调取证据都是公对公进行的,所以你向法官申请调查保单的前提是:你必须提供这张保单的基本信息,比如,它属于哪家保险公司?保单号是多少?如果你无法提供保单的基本信息,就别指望法官帮你调查了;若调查不出来,你就更别指望离婚时能分割了。"

为什么呢?这是因为中国有上百家保险公司,如不能提供基

PART 1
婚姻保险法商课

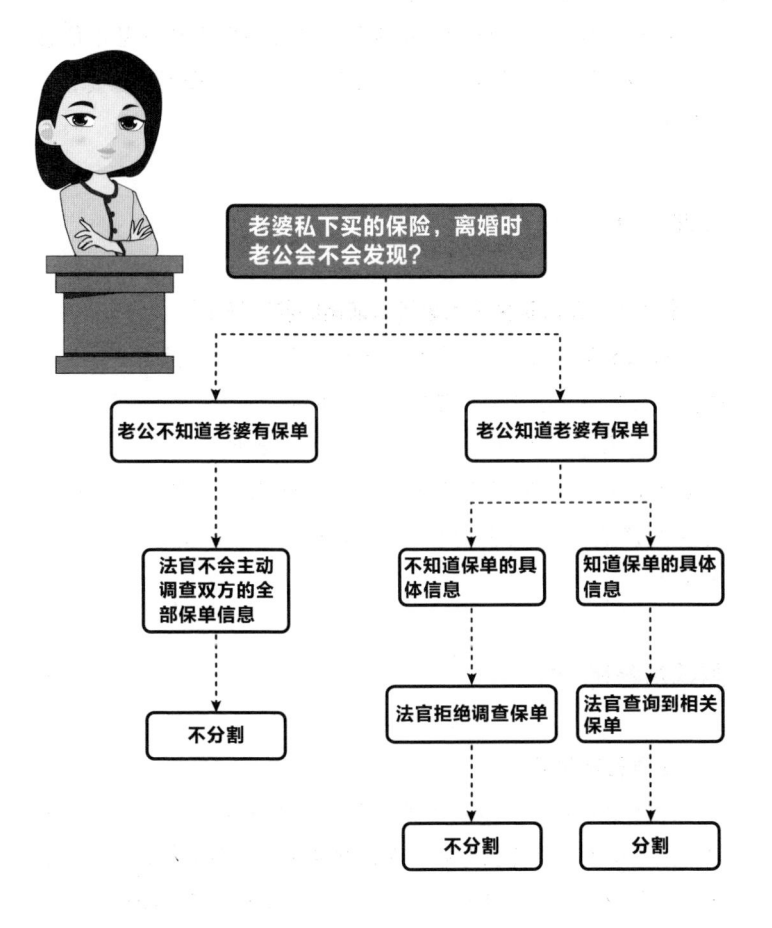

```
                    老婆私下买的保险,离婚时
                    老公会不会发现?
        ┌──────────────────┴──────────────────┐
   老公不知道老婆有保单                老公知道老婆有保单
        │                      ┌──────────────┴──────────────┐
        │                 不知道保单的具              知道保单的具体
        │                 体信息                    信息
   法官不会主动
   调查双方的全              │                         │
   部保单信息           法官拒绝调查保单            法官查询到相关
        │                    │                    保单
     不分割                不分割                     │
                                                  分割
```

009

本信息，就会给保单的司法查询工作带来巨大的困难，总不能让法官去上百家保险公司挨个调查吧？

我的结论：如果阿楠无法提供他老婆所购保单的基本信息（如保险公司名称、保单号），那么法官很难帮他查到他老婆名下的保单。

## 延伸学习 >>>

**《最高人民法院关于民事诉讼证据的若干规定》**

第二十条　当事人及其诉讼代理人申请人民法院调查收集证据，应当在举证期限届满前提交书面申请。

申请书应当载明被调查人的姓名或者单位名称、住所地等基本情况，所要调查收集的证据名称或者内容，需要由人民法院调查收集证据的原因及其要证明的事实以及明确的线索。

## 测试题解析 >>>

### 正确答案是C

A选项：根据《最高人民法院关于民事诉讼证据的若干规定》第二十条，刘先生必须在举证期限届满前向法院提交书面申请，请求法院帮助其调查收集证据，不能仅口头提出申请。A选项错误。

B、C选项：根据《最高人民法院关于民事诉讼证据的若干规定》第二十条，刘先生在书面申请中应当写明所要调查收集的证据的名称或者内容,具体到本案中,则指该保单所属的保险公司和保单号等。如果他不能提供名称或者内容,那么这张保单可能就不被分割了。B选项错误,C选项正确。

## 03 保单是我婚前购买的，但婚后又交了几年保费，这张保单算谁的？

本节课老师：李爽

### 课堂测试题 >>>

王女士结婚前给自己买了一张5年交费的保单。她结婚前交了3年保费，结婚后交了2年保费。请问，如果王女士离婚，那么在下列哪种情况下，这张保单的现金价值会被分割？

A. 婚后所交保费都是王女士结婚前的个人存款。
B. 婚后所交保费是王女士婚后所得遗产，遗嘱中写明该遗产只归王女士一方所有。
C. 婚后所交保费来自王女士个人出版书籍所得的稿费。

### 保险法商课精讲 >>>

对于上述题目中的问题，我们可以分两种情况来分析。

第一种情况：如果保单是婚前自己购买的，婚前、婚后都交过保费，但婚后所交保费使用的是个人财产，那么这张保单还是自己的。

宋先生结婚前父亲离世，他继承了父亲的200万元存款。因为有了这笔"意外之财"，宋先生就给自己买了一份5年交费的人寿保险。

他婚前交了2年保费，婚后交了3年保费，但保费全部来自父亲留下的200万元存款。

他搞不明白，自己婚前、婚后都交过保费，那么这张保单到底是只属于自己，还是老婆也有份儿？

这个问题非常简单。在法律上，宋先生结婚前继承的200万元属于个人财产。那我们就知道了，因为宋先生婚前、婚后所交的保费都来源于自己的个人财产，所以这张保单就是宋先生自己的，与其配偶无关。也就是说，即使发生婚变，这张保单的现金价值也不会被分割。

第二种情况：如果保单是婚前自己购买的，婚前、婚后都交过保费，但婚后所交保费使用的是夫妻共同财产，那么保单仍是自己的，但保单的现金价值配偶也可分割。

假设宋先生婚后3年所交的保费，来源于他婚后的工资收入，因为我国《民法典》婚姻家庭编规定工资收入属于夫妻共同财产，所以他婚后所交保费就来源于夫妻共同财产。在这种情况下，如果发生婚变，那么婚后所交保费对应的保单现金价值就会被分割。

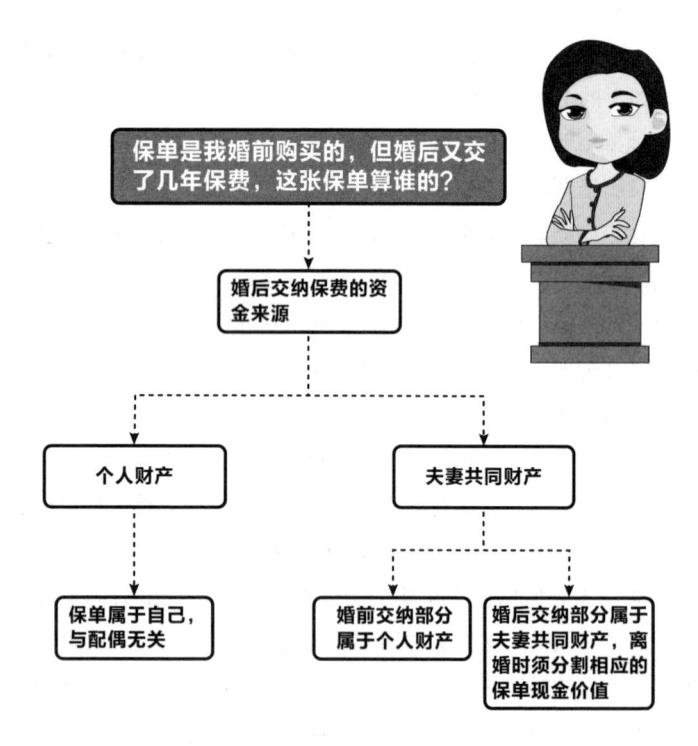

```
                        ┌─────────────────────────────────┐
                        │ 保单是我婚前购买的，但婚后又交  │
                        │ 了几年保费，这张保单算谁的？    │
                        └─────────────────────────────────┘
                                        ↓
                            ┌──────────────────┐
                            │ 婚后交纳保费的资 │
                            │ 金来源           │
                            └──────────────────┘
                              ↓              ↓
                    ┌──────────────┐   ┌──────────────┐
                    │  个人财产    │   │ 夫妻共同财产 │
                    └──────────────┘   └──────────────┘
                            ↓            ↓          ↓
              ┌──────────────┐  ┌──────────────┐  ┌──────────────┐
              │ 保单属于自己，│  │ 婚前交纳部分 │  │ 婚后交纳部分属于 │
              │ 与配偶无关   │  │ 属于个人财产 │  │ 夫妻共同财产，离 │
              │              │  │              │  │ 婚时须分割相应的 │
              │              │  │              │  │ 保单现金价值     │
              └──────────────┘  └──────────────┘  └──────────────┘
```

## 延伸学习 >>>

### 《民法典》

**第一千零六十二条** 夫妻在婚姻关系存续期间所得的下列财产,为夫妻的共同财产,归夫妻共同所有:

(一)工资、奖金、劳务报酬;

(二)生产、经营、投资的收益;

(三)知识产权的收益;

(四)继承或者受赠的财产,但是本法第一千零六十三条第三项规定的除外;

(五)其他应当归共同所有的财产。

夫妻对共同财产,有平等的处理权。

**第一千零六十三条** 下列财产为夫妻一方的个人财产:

(一)一方的婚前财产;

(二)一方因受到人身损害获得的赔偿或者补偿;

(三)遗嘱或者赠与合同中确定只归一方的财产;

(四)一方专用的生活用品;

(五)其他应当归一方的财产。

## 测试题解析 >>>

**正确答案是 C**

A 选项:根据《民法典》婚姻家庭编第一千零六十三条,王女士结婚前的个人存款属于王女士的个人财产。因此,如果婚后所交纳的保费来源于王女士的婚前个人存款，那么这张保单就完全归王女士个人所有，与其配偶无关。A选项错误。

B选项：根据《民法典》婚姻家庭编第一千零六十二条和第一千零六十三条，王女士在婚后通过继承取得的财产，原则上归夫妻双方共同所有，但是如果遗嘱中明确表示该遗产仅归王女士个人所有，那么该遗产就是王女士的个人财产。因此，用该遗产交纳保费的保单，也是王女士的个人财产。B选项错误。

C选项：根据《民法典》婚姻家庭编第一千零六十二条，王女士通过出版书籍获得的稿费属于夫妻共同财产，那么婚后交纳的保费就算是由夫妻共同出资的。因此，如果两个人离婚，那么婚前由王女士自己交纳的保费所对应的保单现金价值不会被分割，而婚后交纳的保费所对应的保单现金价值则会被分割。C选项正确。

# 04 老公用夫妻共同存款为老婆买的保单，离婚时该怎么处理？

本节课老师：梁磊

## 课堂测试题 >>>

老公用夫妻共同存款为老婆购买了一份保险，投保人是老公，被保险人是老婆。假如将来离婚，那么下面处理保单的方式，哪个是错误的？

A. 老公申请退保，保单现金价值归夫妻二人所有。
B. 老婆是被保险人，不能申请解除保险合同。
C. 老公继续做投保人，老公向老婆补偿保单现金价值的一半。
D. 将投保人变更为老婆，老婆向老公补偿保单现金价值的一半。

## 保险法商课精讲 >>>

王新是一家跨国公司的销售代表，常年在外出差。王新和妻子李二妮结婚3年以来，聚少离多，感情逐渐变淡。后来，他们的感情走到了尽头，于是他们决定结束这段婚姻。夫妻二人在财产分割方面基本达成一致，但是对于婚后购买的一张保单（已交保费50万元，保单现金价值30万元）该如何分割产生了分歧。

这张保单的投保人是王新，被保险人是妻子李二妮。据了解，购买保单的保费都来自婚后的夫妻共同存款。王新称，投保资金来源于夫妻二人的共同财产，所以保单可以给李二妮，但是李二妮要补偿给自己一半的保费，即25万元；李二妮称，保单是王新自愿为自己购买的，所以算作赠与，离婚后投保人应该变更成自己，而且不需要给王新任何补偿。

那么，这张保单到底应该如何处理呢？

我先告诉您答案：两个人的主张，法院都不会支持。

针对他们的情况，通常有四种处理方式。

第一种方式：王新可以把保单退掉，保险公司会返还给他保单现金价值30万元，他要把其中的一半，也就是15万元给李二妮。当然，因为王新已经交了保费50万元，所以这样的处理方式会让两个人损失20万元本金。

第二种方式：李二妮可以书面通知丈夫王新和保险公司，申请解除保单。保险公司会返还给王新保单现金价值30万元，王新要把其中的15万元给李二妮。这样做也会让两个人损失20万元。

第三种方式：若直接退保该保单，可能会有较大损失，所以夫妻离婚时双方可以商议暂不退保，待损失较小时再退保。实践中可以让王新继续做投保人，但要折算保单现金价值的一半15万元给李二妮作为补偿，待保单现金价值达到保费总投入时，王新再行退保。至于后面的20万元现金价值，可以在离婚时与李

PART 1
婚姻保险法商课

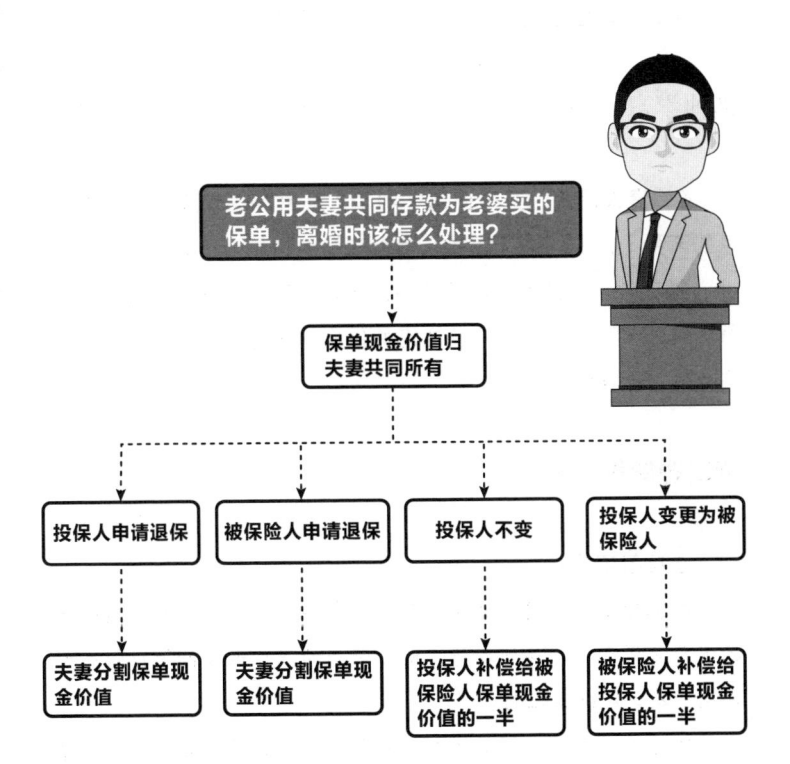

```
老公用夫妻共同存款为老婆买的保单，离婚时该怎么处理？
            │
    保单现金价值归夫妻共同所有
            │
  ┌─────────┼─────────┬─────────┐
投保人申请退保  被保险人申请退保  投保人不变  投保人变更为被保险人
    │         │         │         │
夫妻分割保单现  夫妻分割保单现  投保人补偿给被  被保险人补偿给
金价值       金价值       保险人保单现金  投保人保单现金
                     价值的一半     价值的一半
```

019

二妮做好分配协商。

第四种方式：双方可以通过协商来变更投保人为李二妮，然后由李二妮补偿给丈夫王新保单现金价值的一半15万元。

## 延伸学习 >>>

**《最高人民法院关于适用〈中华人民共和国保险法〉若干问题的解释（三）》（以下简称《保险法司法解释（三）》）**

第二条　被保险人以书面形式通知保险人和投保人撤销其依据保险法第三十四条第一款规定所作出的同意意思表示的，可认定为保险合同解除。

## 测试题解析 >>>

**正确答案是B**

A选项：老公用夫妻共同存款为老婆购买保险，购买该保险的保费来源于夫妻共同财产，所以对应的保单现金价值应归夫妻共同所有。A选项正确。

B选项：根据《保险法司法解释（三）》第二条规定，被保险人可以书面通知投保人和保险公司，申请解除保单。B选项错误。

C选项：很多时候，若直接退保，就会有较大损失，所以夫妻离婚时双方可以商议暂不退保，待损失较小时再退保。可以由老公继续做保单投保人，但是他需要向老婆补偿保单现金价值的一半。C选项正确。

D选项：因购买该保单的保费来源于夫妻共同财产，对应的保单现金价值也应归夫妻共同所有，因此他们可以将投保人变更为老婆，老婆向老公补偿保单现金价值的一半，这也是离婚案件中常见的处理方式。D选项正确。

## 05 老公用夫妻共同存款为老婆买的保单，如果老公去世了，保单该如何处理？

本节课老师：梁磊

### 课堂测试题 >>>

老公用夫妻共同存款为老婆购买一张保单，老公为投保人，老婆为被保险人。如果老公去世了，请问下面对保单处理方式的描述哪一项是正确的？

A. 去保险公司直接将投保人变更为老婆。

B. 保险公司正常理赔。

C. 保单现金价值按遗产进行继承。

D. 保单现金价值先进行婚姻析产，其中属于老公的部分再按遗产进行继承。

### 保险法商课精讲 >>>

杜宇和妻子连红是一对非常恩爱的夫妻，两人有一个儿子，杜宇的父亲已去世，母亲仍健在。杜宇还有一个妹妹，在一家保险公司做代理人。后来，杜宇在去四川绵阳的路上发生了交通事故，当场死亡，妻子连红于次年年初重新组建了家庭。

杜宇和连红曾经在妹妹的推荐下购买过一份万能寿险。在这张保单中，杜宇是投保人，连红是被保险人，杜宇的儿子是受益人。连红再婚后不久，便又到了交续期保费的时候，她想把保单投保人变更为自己，于是通知杜宇的妹妹帮忙去保险公司做变更。杜宇的妹妹说，这张保单的现金价值为60万元，其中20万元应该补偿给自己的母亲。连红很气愤，认为这是丈夫用他们两个人的共同财产为她购买的保险，所以应该归她个人所有。

那么，这张保单归连红个人所有吗？

我先把答案告诉大家：不归连红个人所有！

在本案例中，因为杜宇夫妇所交保费的资金来源于他们的共同财产，所以保单的现金价值60万元也属于夫妻共同财产。那么，在丈夫杜宇因发生意外而死亡后，这笔钱应该按如下两步进行分割：

第一步，婚姻析产。60万元的保单现金价值属于夫妻共同财产，所以杜宇和连红每人拥有30万元的保单现金价值。

第二步，遗产继承。杜宇死亡后，30万元的保单现金价值变为他的遗产。根据《民法典》继承编的规定，杜宇的母亲、妻子、儿子作为杜宇的第一顺序继承人，应平均分配该笔遗产，即每人继承10万元。

所以，连红要想变更投保人为自己，即完全拥有这张保单，就需要付给杜宇的母亲10万元作为补偿。

老公用夫妻共同存款为老婆买的保单,如果老公去世了,保单该如何处理?

保单现金价值属于夫妻共同财产

婚姻析产,保单现金价值的一半归老婆所有

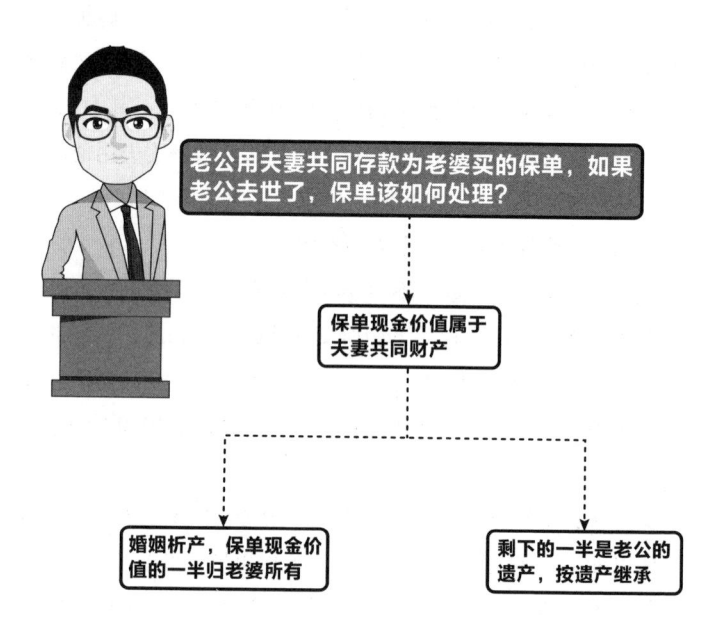

剩下的一半是老公的遗产,按遗产继承

## 延伸学习 >>>

**《民法典》**

**第一千一百二十七条** 遗产按照下列顺序继承：

（一）第一顺序：配偶、子女、父母；

（二）第二顺序：兄弟姐妹、祖父母、外祖父母。

继承开始后，由第一顺序继承人继承，第二顺序继承人不继承；没有第一顺序继承人继承的，由第二顺序继承人继承。

本编所称子女，包括婚生子女、非婚生子女、养子女和有扶养关系的继子女。

本编所称父母，包括生父母、养父母和有扶养关系的继父母。

本编所称兄弟姐妹，包括同父母的兄弟姐妹、同父异母或者同母异父的兄弟姐妹、养兄弟姐妹、有扶养关系的继兄弟姐妹。

**第一千一百三十条** 同一顺序继承人继承遗产的份额，一般应当均等。

对生活有特殊困难又缺乏劳动能力的继承人，分配遗产时，应当予以照顾。

对被继承人尽了主要扶养义务或者与被继承人共同生活的继承人，分配遗产时，可以多分。

有扶养能力和有扶养条件的继承人，不尽扶养义务的，分配遗产时，应当不分或者少分。

继承人协商同意的，也可以不均等。

## 测试题解析 >>>

**正确答案是 D**

A 选项：老公作为投保人去世后，保单现金价值按遗产处理。如果没有遗嘱，所有法定继承人就均有继承权，所以不能直接将投保人变更为老婆。A 选项错误。

B 选项：老婆作为被保险人仍然在世，保单继续有效，所以不能理赔，但是要对投保人进行保全处理。B 选项错误。

C 选项：如果保费来源于夫妻共同财产，那么保单现金价值属于夫妻共同财产，所以应先进行婚姻析产，其中属于老公遗产的部分再按遗产继承处理。C 选项错误。

D 选项：该保单现金价值需要按如下两步来处理：第一步，婚姻析产；第二步，遗产继承。所谓婚姻析产，就是要看保费是来源于老公的个人财产，还是来源于夫妻共同财产。如果保费来源于老公的个人财产，保单现金价值就完全属于老公的遗产；如果保费来源于夫妻共同财产，保单现金价值就归夫妻共同所有，其中的一半才属于老公的遗产。所谓遗产继承，就是将属于老公遗产部分的保单现金价值按照法定继承或遗嘱继承的程序进行继承。如果没有遗嘱，就按法定继承，将属于老公遗产部分的保单现金价值按相同比例分配给法定第一顺序继承人。D 选项正确。

# 06 我婚后获得的身故保险金是不是夫妻共同财产?

本节课老师：李爽

## 课堂测试题 >>>

赵女士的父亲自己给自己购买了一份保险。前不久，赵父离世，赵女士得到了一笔身故保险金，此时她也面临婚变。请问，在下列哪种情况下，这笔刚得到的身故保险金会被分割？

A. 保单上没有写明受益人。

B. 保单上写明受益人是赵女士。

C. 保单上的受益人写的是"法定继承人"，且赵女士为其父亲的唯一亲属。

## 保险法商课精讲 >>>

不久前，孙先生找我做婚姻财产咨询，他就想搞清楚一件事：自己婚后获得的身故保险金到底是不是夫妻共同财产？要回答这个问题，只需要知道这张保单有没有明确指定受益人。

接下来，李律师就为大家详细说说。

第一种情况：如果保单明确指定孙先生为受益人，那么其所获得的身故保险金就不是夫妻共同财产。

假设孙先生的母亲自己为自己购买了一份保险，在受益人那一栏明确地填写了孙先生的名字及个人相关信息。母亲去世后，根据我国相关法律规定，孙先生获得的身故保险金就是他的个人财产，与他的老婆没有关系。

第二种情况：如果受益人为法定继承人，那么此时身故保险金也不是夫妻共同财产。

假设孙先生母亲的保单受益人选择的是法定继承人，并且孙先生是母亲唯一的法定继承人，根据《最高人民法院第八次全国法院民事商事审判工作会议（民事部分）纪要》规定，他会获得全部的身故保险金。在这种情况下，孙先生获得的身故保险金也属于他的个人财产，不是夫妻共同财产。

第三种情况：如果其母亲的保单没有填写受益人，身故保险金算作遗产由孙先生继承，那么此时身故保险金应是夫妻共同财产。

假设孙先生的母亲没有在受益人这一栏填写任何信息，也没有选择法定继承人。母亲去世后，这笔身故保险金将作为母亲的遗产处理，由孙先生继承。可孙先生在继承这笔遗产时是已婚人士，根据我国法律规定，这笔身故保险金归夫妻共同所有。

PART 1
婚姻保险法商课

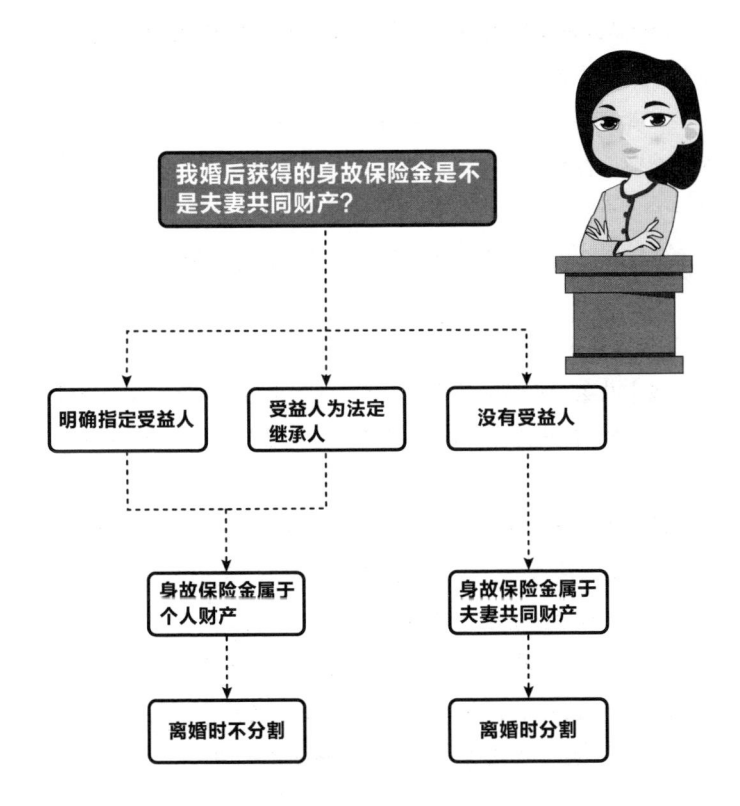

**我婚后获得的身故保险金是不是夫妻共同财产?**

- 明确指定受益人
- 受益人为法定继承人
  - 身故保险金属于个人财产
  - 离婚时不分割
- 没有受益人
  - 身故保险金属于夫妻共同财产
  - 离婚时分割

029

## 延伸学习 >>>

**《最高人民法院第八次全国法院民事商事审判工作会议（民事部分）纪要》**

4.婚姻关系存续期间，夫妻一方作为被保险人依据意外伤害保险合同、健康保险合同获得的具有人身性质的保险金，或者夫妻一方作为受益人依据以死亡为给付条件的人寿保险合同获得的保险金，宜认定为个人财产，但双方另有约定的除外。

**《保险法》**

第十八条　受益人是指人身保险合同中由被保险人或者投保人指定的享有保险金请求权的人。投保人、被保险人可以为受益人。[①]

第四十二条　被保险人死亡后，有下列情形之一的，保险金作为被保险人的遗产，由保险人依照《中华人民共和国继承法》[②]的规定履行给付保险金的义务：

（一）没有指定受益人，或者受益人指定不明无法确定的；

（二）受益人先于被保险人死亡，没有其他受益人的；

（三）受益人依法丧失受益权或者放弃受益权，没有其他受益人的。

---

① 由此可见，保险金具有特定的人身关系，应属于夫妻一方的个人财产，不属于夫妻共同财产。

② 自2021年1月1日起，《民法典》开始施行，同时《继承法》废止，与继承相关的条文详见《民法典》继承编。

受益人与被保险人在同一事件中死亡，且不能确定死亡先后顺序的，推定受益人死亡在先。

## 《保险法司法解释（三）》

**第九条** 投保人指定受益人未经被保险人同意的，人民法院应认定指定行为无效。

当事人对保险合同约定的受益人存在争议，除投保人、被保险人在保险合同之外另有约定外，按以下情形分别处理：

（一）受益人约定为"法定"或者"法定继承人"的，以民法典规定的法定继承人为受益人；

（二）受益人仅约定为身份关系的，投保人与被保险人为同一主体时，根据保险事故发生时与被保险人的身份关系确定受益人；投保人与被保险人为不同主体时，根据保险合同成立时与被保险人的身份关系确定受益人；

（三）约定的受益人包括姓名和身份关系，保险事故发生时身份关系发生变化的，认定为未指定受益人。

## 《民法典》

**第一千零六十二条** 夫妻在婚姻关系存续期间所得的下列财产，为夫妻的共同财产，归夫妻共同所有：

（一）工资、奖金、劳务报酬；

（二）生产、经营、投资的收益；

（三）知识产权的收益；

（四）继承或者受赠的财产，但是本法第一千零六十三条第三项规定的除外；

（五）其他应当归共同所有的财产。

夫妻对共同财产，有平等的处理权。

**第一千零六十三条** 下列财产为夫妻一方的个人财产：

（一）一方的婚前财产；

（二）一方因受到人身损害获得的赔偿或者补偿；

（三）遗嘱或者赠与合同中确定只归一方的财产；

（四）一方专用的生活用品；

（五）其他应当归一方的财产。

## 测试题解析 >>>

**正确答案是 A**

A 选项：根据《保险法》第四十二条的规定，如果保单上没有写明受益人，那么这笔保险金将作为赵女士父亲的遗产处理，由赵女士继承。根据《民法典》婚姻家庭编第一千零六十二条，赵女士婚后通过继承取得的遗产为夫妻共同财产，因此这笔保险金会在离婚时予以分割。A 选项正确。

B 选项：如果保单上写明赵女士是受益人，那么赵女士所得的身故保险金就是赵女士的个人财产，与另一方无关，另一方不能要求分割。B 选项错误。

C 选项：根据《保险法司法解释（三）》第九条，如果保单上写明受益人为法定继承人，且在本案中，赵女士为其父亲的唯一亲属，那么视为指定了赵女士为受益人，因此这笔保险金为赵女士的个人财产，不予分割。C 选项错误。

# 07 受益人写的是我老公，现在离婚了，万一将来我去世，保险金仍赔付给他吗？

本节课老师：梁磊

## 课堂测试题 >>>

2010年，张甲给妻子李乙购买了一份人寿保险，第一受益人写的是张甲，受益比例为100%；第二受益人为儿子张丙，受益比例为100%。张甲与李乙在2012年离婚，但是受益人一直没有变更。2013年，李乙因交通事故离世。请问保险公司应该如何进行赔付？

A. 保险金应全部给张甲。

B. 保险金应全部给儿子张丙。

C. 保险金应作为李乙的遗产处理。

D. 保险金分为两部分：保单现金价值的一半应给张甲，其余的保险金给儿子张丙。

## 保险法商课精讲 >>>

2016年，陈三给妻子赵静购买了一份人寿保险。这张保单的投保人是陈三,被保险人是赵静,受益人是陈三。其保单架构如下图所示。

```
投保人        被保险人       受益人
·陈三         ·赵静          ·陈三
```

**陈三的保单架构**

2019年2月,赵静和陈三因感情不和而办理了离婚手续。离婚后,赵静想起了这张保单。她想到万一自己哪天离开人世,大笔的保险金不能赔付给自己的儿子,反而赔付给了自己的前夫,心里非常着急。

那么,万一赵静先于陈三离世,保险金会给其前夫陈三吗?

我先告诉大家答案:不会。应该将这笔保险金作为赵静的遗产处理!

按照《保险法司法解释(三)》第九条的规定,约定的受益人包括姓名和身份关系,保险事故发生时身份关系发生变化的,认定为未指定受益人。所以,一旦赵静离世,身故保险金会作为赵静的遗产,分配给赵静的法定继承人。

此时赵静该怎样处理这张保单呢?

我有两个建议:第一,赵静可以和前夫陈三商量,补偿该保单现金价值的一半给陈三,然后将保单投保人变更为自己,这样可以确保保单续期保费由自己交纳,保单不会因为"断供"而失效。第二,赵静将受益人变更为自己的儿子,避免保险金变为遗产。

PART 1
婚姻保险法商课

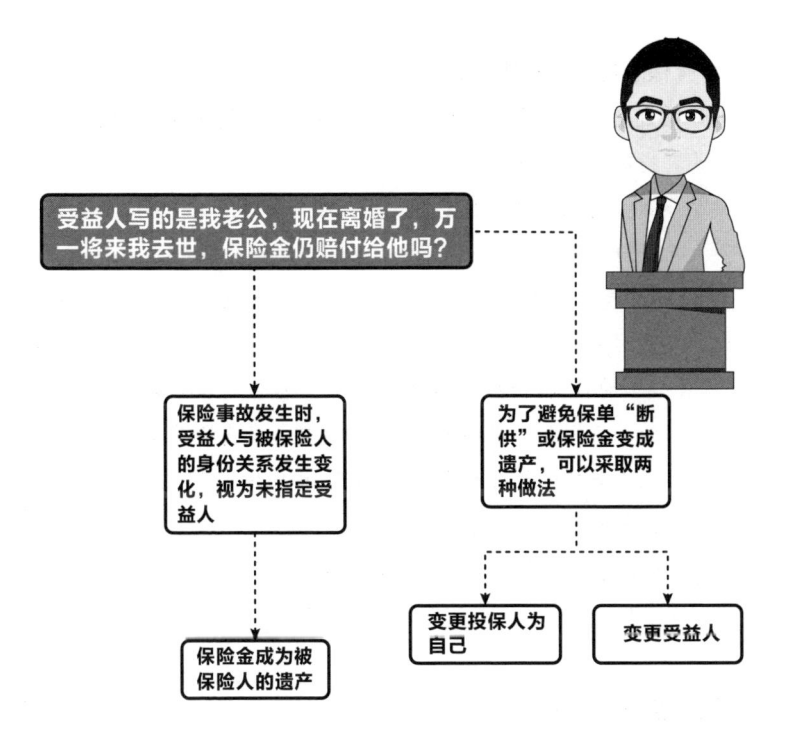

受益人写的是我老公，现在离婚了，万一将来我去世，保险金仍赔付给他吗？

保险事故发生时，受益人与被保险人的身份关系发生变化，视为未指定受益人

保险金成为被保险人的遗产

为了避免保单"断供"或保险金变成遗产，可以采取两种做法

变更投保人为自己

变更受益人

## 延伸学习 >>>

**《保险法司法解释（三）》**

**第九条** 投保人指定受益人未经被保险人同意的，人民法院应认定指定行为无效。

当事人对保险合同约定的受益人存在争议，除投保人、被保险人在保险合同之外另有约定外，按以下情形分别处理：

（一）受益人约定为"法定"或者"法定继承人"的，以民法典规定的法定继承人为受益人；

（二）受益人仅约定为身份关系的，投保人与被保险人为同一主体时，根据保险事故发生时与被保险人的身份关系确定受益人；投保人与被保险人为不同主体时，根据保险合同成立时与被保险人的身份关系确定受益人；

（三）约定的受益人包括姓名和身份关系，保险事故发生时身份关系发生变化的，认定为未指定受益人。

## 测试题解析 >>>

**正确答案是 B**

按照《保险法司法解释（三）》第九条的规定，约定的受益人包括姓名和身份关系，保险事故发生时身份关系发生变化的，认定为未指定受益人。所以李乙离世时，张甲与李乙已经不是夫妻关系，从而丧失了第一受益人的身份。保单又没有其他第一受益人，故保险金应全部赔付给第二受益人张丙。选项B正确。

# 08 离婚前紧急给孩子买的年金保险,离婚时是否还算作夫妻共同财产?

本节课老师:王芳

## 课堂测试题 >>>

薛女士婚后生了一个女儿,重男轻女的婆婆和丈夫都对此很不满,看薛女士女儿的眼神都带着嫌恶。薛女士不禁担心,万一将来离婚了,婆婆和丈夫很可能都不会善待女儿。于是她想留一部分钱给女儿,万一发生最坏的情况,女儿的教育费和生活费不至于短缺。以下哪种做法能帮薛女士达到目的呢?

A. 从自己的劳动所得中拿出一部分钱,存在自己母亲的名下,用时再取。

B. 和丈夫商量后,用家中存款为女儿购买一份终身年金保险,自己做投保人,女儿做年金受益人,这笔保险金将来可以当作女儿的教育费。

C. 悄悄在自己名下存一笔钱,不让男方知道。

## 保险法商课精讲 >>>

最近,有一位中年女性向我咨询关于离婚纠纷的一些问题,她问道:"王律师,我这婚离得实在不甘心呀!离婚后,我特别担心我的女儿,所以想抢在离婚前买张保单,我来当投保人,女儿做年金受益人,这样孩子年年能得到一笔钱,也算是让女儿以后的生活有个保障吧。这样的保单,离婚的时候应该不会被分割吧?"我理解这位母亲,她其实是想通过年金保险这个工具,为孩子将来的生活、教育提供一份基本的保障,以预防孩子的父亲不支付抚养费的风险。

其实,一些保险代理人也经常问我类似的问题。关于这个问题,我想和大家谈三点:

第一,父母在离婚前用夫妻共同存款为子女购买的年金保险,在离婚时是否被分割,目前没有统一的法律规定,因而各个地方法院可能会有不同的认定结果。有的省份的法院认为,既然是用夫妻共同存款购买的保单,而且投保在夫妻一方的名下,不管受益人是谁,这张保单都是夫妻共同财产,离婚时应分给配偶一半的保单现金价值;而有的省份的法院则认为,既然受益人是夫妻双方共同的子女,保单利益就视为已经送给子女了,那么离婚时为了保障子女的利益,就应该不再被分割。

第二,按照上述第二种情形,中国有些省份的法院是不会分割此类保单的。以浙江省为例,法院在审理类似案件时通常认为:如果在婚内,夫妻一方为子女购买的保险可以看作夫妻双方自愿将共同存款拿出来,通过购买保险的方式赠与子女保险金利益,那么这张保单在离婚时就不应被分割。所以,如果按照浙江省高院内部审判采取的一般原则,用夫妻共同存款给子女购买的保单,离婚时是不作为夫妻共同财产分割的。

第三,在介绍了以上大的原则之后,我还需要补充提醒:法官会根据每个案件的具体情况,以及所购买保单的具体情况进行判断。如果一方抢在离婚前突击购买保费巨大的保单,这笔保费在夫妻共同财产中占比相当大,而且子女都已成年,根本不需要这样的年金保单保障子女的成长和教育,那么在法官眼里,买保险的这一方转移夫妻共同财产的嫌疑就会很大,他就极有可能将此保单认定为夫妻共同财产予以分割。所以,发生离婚前突击为孩子买保单的情况,需要一事一议,具体分析。

最后,我给大家总结一下:在中国,如果是父母一方为投保人,子女是年金受益人,这样的保单目前在浙江省不会被当作夫妻共同财产在离婚时予以分割;但其他省份目前对此没有统一规定,有可能会将夫妻共同存款购买的这张保单仍然视作夫妻共同财产。各省法院是否会出台相应的审判指南,还有待进一步观察。但是如果一方购买年金保险时,所需保费额度不是很大,而且还与配偶商量过了,原则上将被视为夫妻双方达成了一致,将此部分财产权益以保险年金的方式赠给子女了,离婚时一般不会再分割此保单。

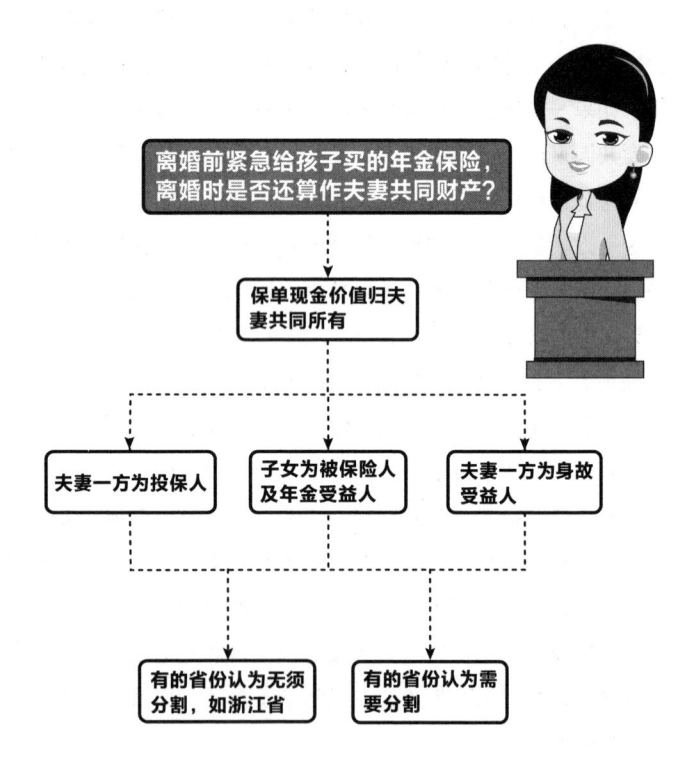

```
离婚前紧急给孩子买的年金保险，
离婚时是否还算作夫妻共同财产？
            │
            ▼
    保单现金价值归夫
    妻共同所有
   ┌────────┼────────┐
   ▼        ▼        ▼
夫妻一方为投保人  子女为被保险人  夫妻一方为身故
              及年金受益人    受益人
         ┌────────┴────────┐
         ▼                  ▼
    有的省份认为无须      有的省份认为需
    分割，如浙江省        要分割
```

## 延伸学习 >>>

**《民法典》**

**第一千零八十五条** 离婚后,子女由一方直接抚养的,另一方应当负担部分或者全部抚养费。负担费用的多少和期限的长短,由双方协议;协议不成的,由人民法院判决。

前款规定的协议或者判决,不妨碍子女在必要时向父母任何一方提出超过协议或者判决原定数额的合理要求。

## 测试题解析 >>>

**正确答案是 B**

A 选项:这样做虽然能够储存一部分积蓄作为女儿将来的教育费和生活费,但是如果薛女士的母亲去世,这部分银行存款会发生继承事项,母亲的其他继承人是否会主张分这笔钱不得而知,有一定的风险。A 选项错误。

B 选项:这样做更为稳妥,原因是用夫妻共同存款为女儿投保时已经与丈夫商量过,而且女儿将来的教育费也是刚性现金流,多数情况下丈夫也能理解同意。B 选项正确。

C 选项:即使薛女士自己私下存一笔钱,在发生离婚纠纷时,如果对方通过法院进行财产调查,很有可能查到这笔存款,并对其进行分割。C 选项错误。

## 09 我老婆在婚姻关系存续期间给儿子买的保单，离婚时会被分割吗？

本节课老师：李爽

### 课堂测试题 >>>

浙江省的钱先生给自己的女儿买了一份年金保险，投保人是钱先生，被保险人和年金受益人是女儿。现在钱先生和钱太太要离婚，双方对保单的现金价值和保险金的归属权产生了争议。请问，下列哪些说法是正确的？

A. 该保单视为对女儿的赠与，钱先生与钱太太无权要求分割。

B. 如果钱先生在离婚后退保，钱太太可以要求分割保单的现金价值。

C. 已经取得的保险年金，实际上属于夫妻共同财产，应予分割。

## 保险法商课精讲 >>>

前不久，客户吴先生联系我，向我咨询关于离婚保单分割的问题。原来，他们夫妻结婚多年，现在正在闹离婚。两年前，吴先生的妻子做投保人，给儿子买了一份大额保险。吴先生就想知道，如果离婚的话，这张保单会被分割吗？

对这个问题不能一概而论，下面，李律师就为大家仔细分析。

第一，部分地方法院认为，夫妻一方为子女购买的保险，应视为对子女的赠与，夫妻离婚时，保单通常不会被分割。

如我国浙江省高级人民法院就规定，夫妻一方为子女购买的保险视为双方对子女的赠与，夫妻离婚时不予分割。吴先生家的情况就属于上述这种情况，保单应视为对儿子的赠与，即使吴先生和吴太太离婚，保单也不会被分割。

第二，如果离婚后，投保人退保，对方可以要求分割退保后相应的现金价值。

假设吴先生与吴太太离婚时，该保单没有被分割。离婚后，吴太太退保，退保后取得的现金价值属于他们二人未分割的夫妻共同财产。此时，吴先生可以要求分割退保后相应的现金价值。

第三，夫妻一方投保，子女作为年金受益人取得的年金，一般认为属于其个人财产，父母离婚时无权分割子女所获得的年金。

假设吴太太为儿子投保的是年金保险，那么儿子每年都会领到一部分保险年金。在法律上，这部分年金属于儿子个人所有，所以即使吴先生和吴太太离婚，儿子所获得的年金也不会被分割。

## 66节保险法商课（修订版）

```
         ┌─────────────────────────────┐
         │ 我老婆在婚姻关系存续期间给儿 │─ ─ ─ ─ ─ ─ ─ ─ ─ ┐
         │ 子买的保单，离婚时会被分割吗？│                  
         └─────────────────────────────┘                  
              │                                           
         ┌────┴────┐                                      
         ▼         ▼                              ┌──────────────────┐
      ┌─────┐   ┌─────┐                           │ 如果是年金保险，儿子│
      │ 退保│   │不退保│                           │ 取得的保险年金一般认│
      └─────┘   └─────┘                           │ 为属于其个人财产，父│
         │         │                              │ 母离婚时不被分割   │
         ▼         ▼                              └──────────────────┘
   ┌──────────┐ ┌──────────┐
   │分割退保后│ │部分法院认为，│
   │的现金价值│ │保单应视为对子│
   └──────────┘ │女的赠与，不予│
                │分割          │
                └──────────────┘
```

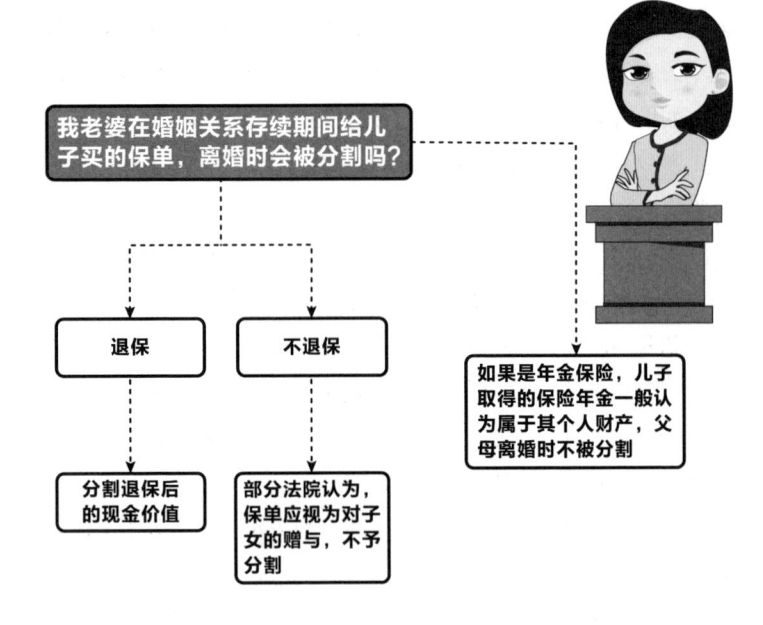

## 延伸学习 >>>

### 2016年浙江省高级人民法院《关于审理婚姻家庭案件若干问题的解答》

十五、婚姻关系存续期间，夫妻一方为子女购买的保险，在离婚时可否作为夫妻共同财产予以分割？

答：婚姻关系存续期间，夫妻一方为子女购买的保险视为双方对子女的赠与，不作为夫妻共同财产分割。

### 《最高人民法院第八次全国法院民事商事审判工作会议（民事部分）纪要》

4.婚姻关系存续期间以夫妻共同财产投保，投保人和被保险人同为夫妻一方，离婚时处于保险期内，投保人不愿意继续投保的，保险人退还的保险单现金价值部分应按照夫妻共同财产处理；离婚时投保人选择继续投保的，投保人应当支付保险单现金价值的一半给另一方。

### 《保险法》

**第十八条** 受益人是指人身保险合同中由被保险人或者投保人指定的享有保险金请求权的人。投保人、被保险人可以为受益人。①

---

① 由此可见，年金保险的受益人为保险金的所有权人。那么，如果孩子为受益人，孩子所得的保险年金与父母无关，在离婚时不予分割。

## 测试题解析 >>>

**正确答案是 AB**

A 选项：根据浙江省高级人民法院《关于审理婚姻家庭案件若干问题的解答》第十五条的规定，该保单视为对女儿的赠与，与夫妻双方无关，因此钱先生和钱太太不能主张分割。A 选项正确。

B 选项：根据《最高人民法院第八次全国法院民事商事审判工作会议（民事部分）纪要》第 4 条，如果钱先生在离婚后退保，该保单的现金价值属于夫妻共同财产，应予分割。B 选项正确。

C 选项：由于女儿为年金受益人，那么，已经取得的保险年金就是女儿的个人财产，钱先生和钱太太是不能主张分割的。C 选项错误。

# 10 养子女及非婚生子女可以当身故保险金受益人吗？

本节课老师：谭啸

**课堂测试题** >>>

房某常年带领一支施工队伍在外打工，妻子留守家中照顾父母和幼子。房某与工友胡某暗生情愫并生下一子。后来，房某遭遇车祸不幸离世，胡某发现一张投保人为房某的100万元意外险保单，受益人为"法定"，请问房某与胡某的非婚生子能否从这张保单中分到一份身故保险金？

A. 能。
B. 不能。

**保险法商课精讲** >>>

前几天，我遇到了愁眉不展的客户孙先生，一问才知道，孙先生的配偶因为身体原因，婚后一直没有要孩子。而孙先生一时没有控制住自己，婚内出轨，和别人有了孩子。他对这个非婚生子百般疼爱，就想给孩子留一份保障，因此他购买了一份保险，自己是投保人和被保险人，孩子是受益人。如果将来他发生意外，那么身故保险金可以都留给孩子。然而让他纠结的是：非婚生子能不能作为受益人来领取身故保险金呢？

针对这个问题，我告诉他：非婚生子可以成为身故保险金受益人，也可以领到身故保险金，但领取身故保险金时至少需要提供以下三份文件：

1. 被保险人户籍注销证明。
2. 公安部门或医院出具的被保险人身故证明。
3. 与被保险人的关系证明，如亲子关系公证书或者 DNA 鉴定书。

看到这里，可能有的人会问："非婚生子女与父母有血缘关系，所以可以当受益人，那么，养子女与养父母没有血缘关系，是否也可以当受益人呢？"

答案是肯定的。养子女也可以当受益人，但收养关系要合法，也就是说，收养时应当在县级以上人民政府的民政部门登记，而收养关系自登记之日起才成立。未办理合法收养手续的，收养关系不成立，收养人对所收养子女不具有可保利益，因此不能为其购买保险。

所以，办理了合法收养手续的养子女与养父母之间是有可保利益的，当然也就可以成为养父母的保单受益人了。

综合以上分析，不论是养子女还是非婚生子女，都可以做受益人，但领取身故保险金时需要提供相关文件，至于最后能否顺利拿到身故保险金，还要具体情况具体分析。

PART 1
婚姻保险法商课

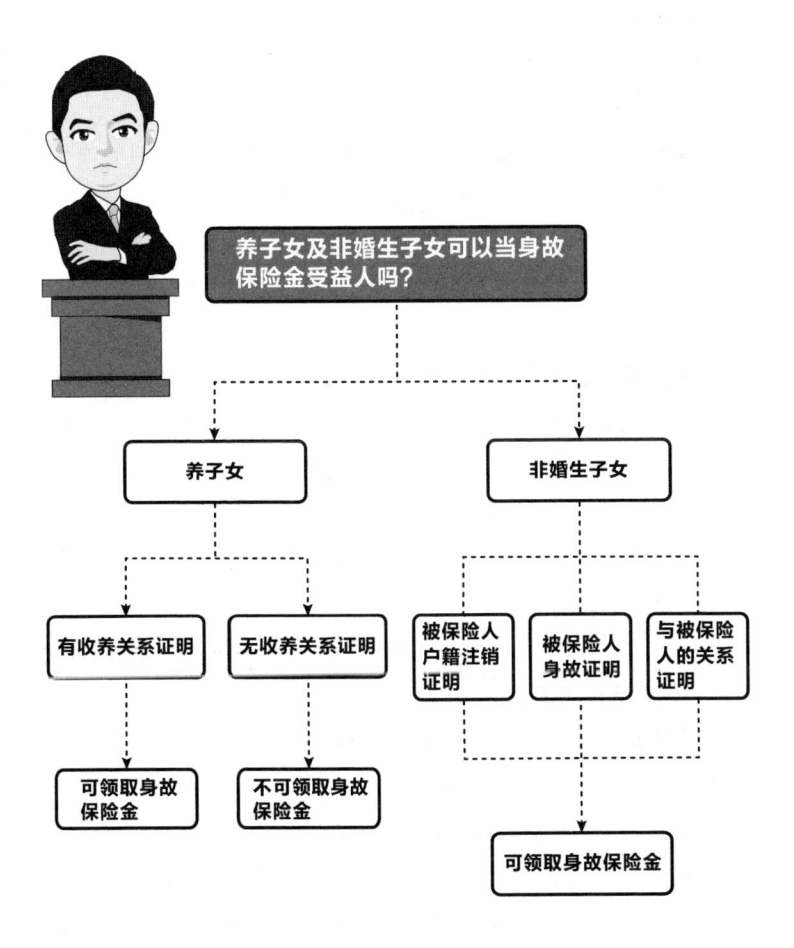

## 养子女及非婚生子女可以当身故保险金受益人吗？

- **养子女**
  - 有收养关系证明 → 可领取身故保险金
  - 无收养关系证明 → 不可领取身故保险金

- **非婚生子女**
  - 被保险人户籍注销证明
  - 被保险人身故证明
  - 与被保险人的关系证明
  - → 可领取身故保险金

049

## 延伸学习 >>>

**《民法典》**

**第一千零七十一条** 非婚生子女享有与婚生子女同等的权利,任何组织或者个人不得加以危害和歧视。

不直接抚养非婚生子女的生父或者生母,应当负担未成年子女或者不能独立生活的成年子女的抚养费。

**第一千一百一十一条** 自收养关系成立之日起,养父母与养子女间的权利义务关系,适用本法关于父母子女关系的规定;养子女与养父母的近亲属间的权利义务关系,适用本法关于子女与父母的近亲属关系的规定。

养子女与生父母以及其他近亲属间的权利义务关系,因收养关系的成立而消除。

**《保险法司法解释(三)》**

**第九条** 投保人指定受益人未经被保险人同意的,人民法院应认定指定行为无效。

当事人对保险合同约定的受益人存在争议,除投保人、被保险人在保险合同之外另有约定外,按以下情形分别处理:

(一)受益人约定为"法定"或者"法定继承人"的,以民法典规定的法定继承人为受益人;

(二)受益人仅约定为身份关系的,投保人与被保险人为同一主体时,根据保险事故发生时与被保险人的身份关系确定受益人；投保人与被保险人为不同主体时，根据保险合同成立时与被保险人的身份关系确定受益人；

（三）约定的受益人包括姓名和身份关系，保险事故发生时身份关系发生变化的，认定为未指定受益人。

**第十条** 投保人或者被保险人变更受益人，当事人主张变更行为自变更意思表示发出时生效的，人民法院应予支持。

投保人或者被保险人变更受益人未通知保险人，保险人主张变更对其不发生效力的，人民法院应予支持。

投保人变更受益人未经被保险人同意，人民法院应认定变更行为无效。

### 《保险法》

**第三十九条** 人身保险的受益人由被保险人或者投保人指定。

投保人指定受益人时须经被保险人同意。投保人为与其有劳动关系的劳动者投保人身保险，不得指定被保险人及其近亲属以外的人为受益人。

被保险人为无民事行为能力人或者限制民事行为能力人的，可以由其监护人指定受益人。

**第四十一条** 被保险人或者投保人可以变更受益人并书面通知保险人。保险人收到变更受益人的书面通知后，应当在保险单或者其他保险凭证上批注或者附贴批单。

投保人变更受益人时须经被保险人同意。

## 测试题解析 >>>

**正确答案是 A**

《民法典》婚姻家庭编、继承编中明确规定,非婚生子女和婚生子女享有同等的权利和义务。当受益人为"法定"时,这意味着被继承人的所有法定第一顺序继承人都有继承该笔保险金的权利,包括其非婚生子女。所以,房某与胡某的非婚生子可以分到一份身故保险金。A 选项正确。

# 11 我花钱给女儿买了一份保险,现在女儿要离婚,保单会被分割吗?

本节课老师:李爽

## 课堂测试题 >>>

最近,张总琢磨着为已婚的女儿梓熙买一份大额保险,但他还没想好,是自己直接给梓熙购买,还是给钱让她自己为自己投保。请各位帮助张总从下列选项中选择最佳方案,以保证即使以后梓熙发生婚变,也不用担心保单被分割。

A. 在梓熙婚姻关系存续期间,张总自己为自己投保终身寿险,让女儿梓熙做受益人。

B. 在梓熙婚姻关系存续期间,张总将用于购买保单的500万元赠送给女儿,并与女儿签订单方保费赠与协议,然后由女儿用这笔钱为她自己购买大额的人寿保险。

C. 在梓熙婚姻关系存续期间,张总直接将500万元保费打到女儿银行卡上,然后由女儿用这笔钱为她自己购买大额的人寿保险。

## 保险法商课精讲 >>>

关于上述题目中的问题,有两种具体情况,我分别讲解一下。

第一种情况:父亲为投保人,女儿为被保险人,女儿即使以后离婚,保单也不会被分割。

赵总的宝贝女儿芮涵,交了个男朋友叫子轩。子轩家境一般,赵总夫妇就觉得两家"门不当,户不对",强烈反对他们交往。但芮涵趁家里人不注意,偷出了户口本,与子轩到民政局偷偷领了结婚证。眼看生米煮成了熟饭,赵总没办法,只能被迫接受这个女婿。女儿结婚后,赵总爱女心切,为芮涵购买了一份大额保险。

可是好景不长,两人结婚还不到 3 年,子轩就提出要离婚。赵总夫妇原本就不看好这门婚事,见女婿坚决要离婚,也就没有劝阻。可芮涵死活不同意离婚,子轩没有办法,只能到法院起诉。可赵总一家怎么也没料到,子轩居然在离婚诉求中提出:不仅要离婚,还要分割夫妻共同财产。

子轩要求分割的"夫妻共同财产",也包括赵总为女儿购买的保单。得知这一消息,赵总愁眉不展。几经辗转,他找到了我,想让我为他出谋划策,保住那张保单。

我轻轻一笑,告诉赵总完全不用担心,这张保单不会被分割。原因是:赵总是投保人,女儿芮涵只是被保险人,在法律上,保单是投保人的金融资产。所以即使芮涵真的离婚了,这张保单是赵总的,不属于芮涵和子轩的夫妻共同财产,不会在女儿离婚时被分割。

第二种情况：投保人、被保险人都是已婚的女儿，保费则是父亲给的，只要父亲和女儿签订了单方保费赠与协议，女儿离婚时保单也无须被分割。

孙先生的女儿小蕊，今年32岁，结婚已经8年了。女儿结婚后，她给自己买了一份保险，但100万元的保费是由父亲孙先生出的。

最近，小蕊的婚姻亮起了红灯，夫妻双方持续冷战。孙先生看到女儿这样，很是担心，他心想：女儿要是真的离了婚，这张保单会不会被分割？带着这样的疑问，孙先生再次找到了我。

我告诉孙先生，即使其女儿离婚了，这张保单也不会被分割。

这是因为，孙先生在给女儿100万元保费的时候，就提前咨询了我。在我的建议下，孙先生当时和女儿签订了单方保费赠与协议，协议里写得明明白白，这100万元是赠送给女儿个人的，跟女婿没有关系。

所以，女儿拿100万元个人财产购买的保单，是她的婚后个人保单，即便双方离婚，这张属于个人的保单也不用被分割！

可能有的朋友认为，自己和子女之间还签什么单方保费赠与协议，直接把钱偷偷地给孩子不就行了？有这种想法的朋友，是没有搞清楚签署单方保费赠与协议背后的意义。

签署单方保费赠与协议，目的是确保这笔钱只赠与婚内的子女个人，与其配偶无关。如果不签署这份协议，那么在子女婚内赠与的保费，就属于小夫妻两个人的。说白了就是，这笔保费不只属于您孩子个人，其中的一半还属于女婿或儿媳妇，这恐怕就和您赠与子女资金的初衷不大相符了。

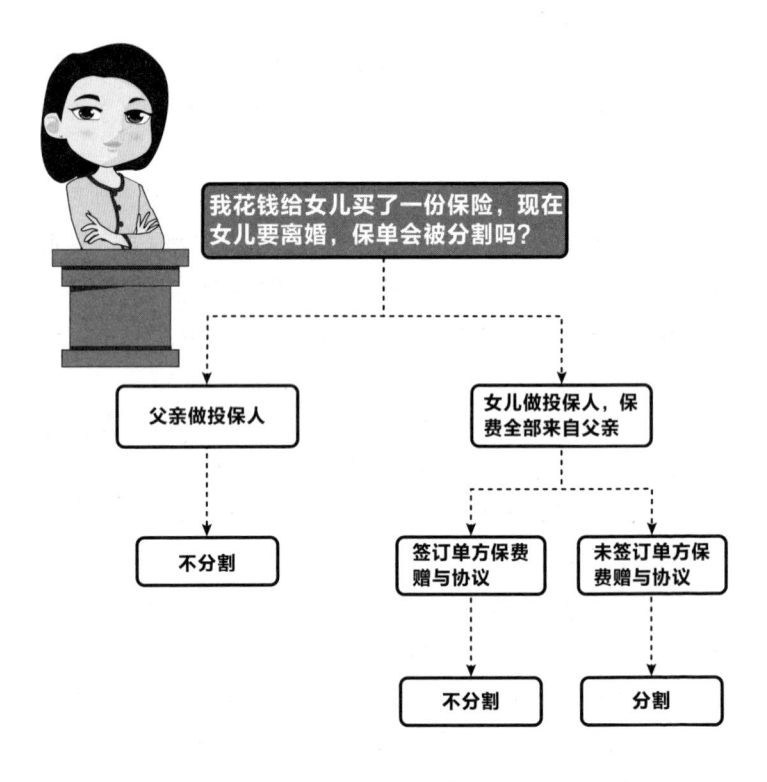

我花钱给女儿买了一份保险,现在女儿要离婚,保单会被分割吗?

- 父亲做投保人 → 不分割
- 女儿做投保人,保费全部来自父亲
  - 签订单方保费赠与协议 → 不分割
  - 未签订单方保费赠与协议 → 分割

所以，李律师再次提醒各位，给孩子保费之前，一定要签订单方保费赠与协议。如果条件允许，最好再做个公证，这样就更保险了。

## 延伸学习 >>>

**《最高人民法院第八次全国法院民事商事审判工作会议（民事部分）纪要》**

5.婚姻关系存续期间，夫妻一方作为被保险人依据意外伤害保险合同、健康保险合同获得的具有人身性质的保险金，或者夫妻一方作为受益人依据以死亡为给付条件的人寿保险合同获得的保险金，宜认定为个人财产，但双方另有约定的除外。

**《民法典》**

**第一千零六十三条** 下列财产为夫妻一方的个人财产：

（一）一方的婚前财产；

（二）一方因受到人身损害获得的赔偿或者补偿；

（三）遗嘱或者赠与合同中确定只归一方的财产；

（四）一方专用的生活用品；

（五）其他应当归一方的财产。

## 测试题解析 >>>

**正确答案是 AB**

A 选项：根据《最高人民法院第八次全国法院民事商事审判

工作会议（民事部分）纪要》的规定，张总女儿作为受益人，获得的终身寿险的保险金，宜认定为其个人财产，即使发生婚变也不会被分割。A选项正确。

B、C选项：同样是在梓熙婚姻关系存续期间张总为女儿准备的500万元保费，赠与方式之间有很大差别，其中最为关键的就是有没有签订单方保费赠与协议。若签订了单方保费赠与协议，即使女儿将来离婚，这张保单和女婿也没有任何关系；若没签订单方保费赠与协议，如果女儿将来离婚，这张保单的现金价值就会被女婿分走一半。B选项正确，C选项错误。

## 课堂福利 >>>

在此，李律师给大家提供一份单方保费赠与协议范本。大家也可以关注"保法城邦"微信公众号，回复"单方保费赠与协议"，下载电子版。

## 单方保费赠与协议

甲方1（赠与人）：姓名：【父亲】；身份证号：【　　　　　】
甲方2（赠与人）：姓名：【母亲】；身份证号：【　　　　　】
乙方：姓名：【女儿】；身份证号：【　　　　　】

第一条：甲方1与甲方2共同赠送乙方____万元，用于乙方购买人寿保险，该笔赠与视为甲方1与甲方2送给乙方的婚后个人财产，与乙方之配偶无关。

第二条：乙方对上述第一条内容表示认可并接受。

第三条：本协议自三方签字之日起生效，一式三份，甲方1、甲方2与乙方三方各执一份，每份具有同等法律效力。

甲方1（签字）：　　　　　　　甲方2（签字）：
乙方（签字）：

签署日期：【　　】年【　　】月【　　】日

## 12 父母在子女婚前给子女购买年金保险，如果子女离婚，婚内所得的年金会不会被分割？

本节课老师：谭啸

### 课堂测试题

林先生30岁的儿子要结婚了，对方是一个"白富美"。原本这是件好事，可林先生总觉得这位"白富美"不太靠谱，不像是能跟儿子长久生活的样子，可儿子就是认准了人家，林先生也只得同意。林先生琢磨着，婚房是结婚前全款买的，以后仍属于儿子的个人财产；如果给儿子现金的话，万一儿子将来发生婚变，就有可能被分割。他听人说，买年金保险可以防范日后由于子女离婚而可能出现的财富风险。那么，林先生应该怎么买这份保险，才能既给儿子提供长期的生活补助，又能在离婚时不被分割呢？

A. 投保人是林先生，被保险人是林先生，受益人是儿子。

B. 投保人是林先生，被保险人是儿子，受益人是林先生。

C. 投保人是儿子，被保险人是儿子，受益人是林先生。

## 保险法商课精讲 >>>

男大当婚女大当嫁，结婚是人这辈子最重要的事之一。但是随着时代的发展，年轻人对待爱情和婚姻的态度更加开放，有时小两口因拌一句嘴就要离婚，可把父母给愁坏了。离婚不仅仅是婚姻关系的破裂，它还涉及财产的分割。父母在孩子结婚时支持的房子、现金、车子、股权等，都会面临被分割的风险，尤其是现金，婚后容易混在一起。所以现在很多父母在给孩子经济支持时，不再直接给现金，而是选择购买一份年金保险。

可是，有的父母仍担心：父母在子女婚前为其购买年金保险，子女婚内所得的年金，是子女的个人财产，还是夫妻共同财产？如果子女发生婚变，这笔年金会不会被分割？

接下来我们分析最常见的两种情况。

第一种情况：单独投保年金保险。

投保人是父亲，被保险人是子女，子女领取年金。对于领取的年金是否完全属于子女个人，目前有一定的争议，主要观点有两个：一是该年金被视为父母对子女个人的单独赠与，即使发生婚变，也不会被分割；二是领取的年金超过所交保费部分则被视为投资所得，属于夫妻共同财产，因此会被分割。

但是在实际操作中，因为领取的年金超过所交保费需要很长时间（以10年交为例，领取的年金超过所交保费需要20年以上），所以即便会被分割，很多人也还是选择这种架构投保。

第二种情况：同时投保年金保险和复利账户。

年金保险和复利账户的保单架构相同，投保人是父亲，被

父母在子女婚前给子女购买年金保险，如果子女离婚，婚内所得的年金会不会被分割？

- 单独购买年金保险
  - 观点一：父母对子女个人的赠与 → 不分割
  - 观点二：年金超过本金部分为投资所得 → 分割超出部分
- 年金保险和复利账户 → 不分割

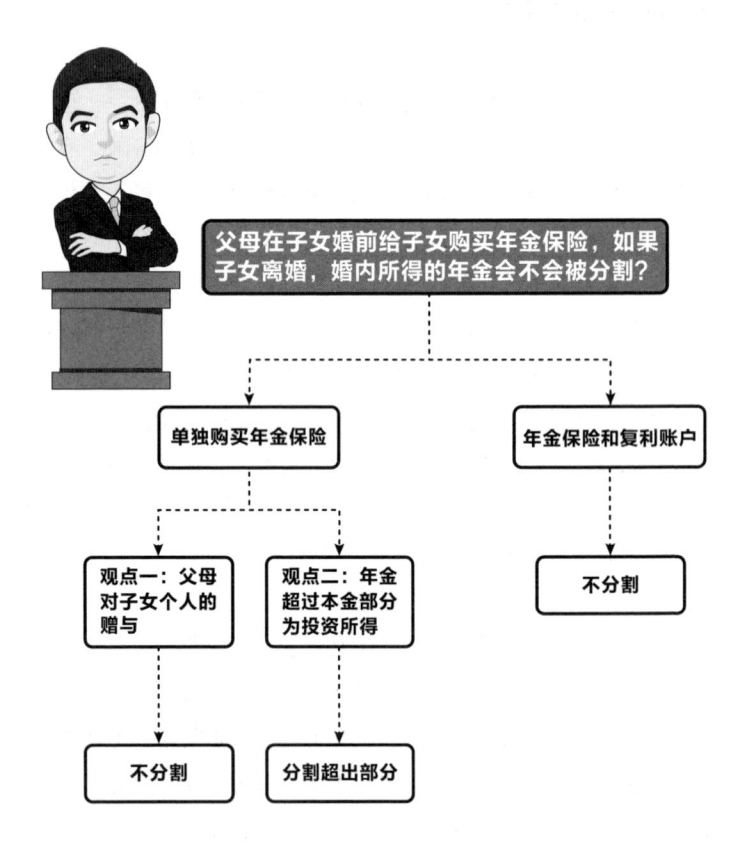

保险人是子女。建议将复利账户领取人设定为投保人，也就是父亲，先由父亲代替子女领取年金，因为子女暂时没有领取权和所有权，所以年金不会被分割。

据悉，目前人们在购买年金险时多数都是配合复利账户同时购买，只要做好复利账户的领取设置，即使发生婚变，年金也不会被分割，所以大家放心大胆地为客户进行配置吧。

## 延伸学习 >>>

### 《民法典》

**第一千零六十二条** 夫妻在婚姻关系存续期间所得的下列财产，为夫妻的共同财产，归夫妻共同所有：

（一）工资、奖金、劳务报酬；

（二）生产、经营、投资的收益；

（三）知识产权的收益；

（四）继承或者受赠的财产，但是本法第一千零六十三条第三项规定的除外；

（五）其他应当归共同所有的财产。

夫妻对共同财产，有平等的处理权。

**第一千零六十三条** 下列财产为夫妻一方的个人财产：

（一）一方的婚前财产；

（二）一方因受到人身损害获得的赔偿或者补偿；

（三）遗嘱或者赠与合同中确定只归一方的财产；

（四）一方专用的生活用品；

（五）其他应当归一方的财产。

**第一千零六十五条** 男女双方可以约定婚姻关系存续期间所得的财产以及婚前财产归各自所有、共同所有或者部分各自所有、部分共同所有。约定应当采用书面形式。没有约定或者约定不明确的，适用本法第一千零六十二条、第一千零六十三条的规定。

夫妻对婚姻关系存续期间所得的财产以及婚前财产的约定，对双方具有法律约束力。

夫妻对婚姻关系存续期间所得的财产约定归各自所有，夫或者妻一方对外所负的债务，相对人知道该约定的，以夫或者妻一方的个人财产清偿。

## 测试题解析 >>>

### 正确答案是 B

A 选项：由于该保单是林先生自己做投保人和被保险人，因此保单属于林先生，即使儿子发生婚变也不会被分割；但在此保单架构下，儿子只有在林先生去世后才能拿到保险金，这不符合林先生给儿子提供长期生活补助的诉求。A 选项错误。

B 选项：由于该保单的投保人是林先生，因此儿子离婚时保单现金价值不会被分割；儿子每年领取年金，可以长期获得生活补助，即便对这笔钱是否属于夫妻共同财产有争议，可如果儿子在日常生活中正常消费掉这笔年金，那么离婚时也无须分割。B 选项正确。

C选项：当儿子作为投保人和被保险人时，我们首先需要分析保费的来源。如果保单是婚前购买的，那么保单属于儿子个人所有，不会因为发生婚变而被分割。但现实中大部分保单都是期交的，一般婚后也要续交保费，而续交的保费往往来自夫妻共同财产。如此，离婚时就有可能分割婚内所交保费对应的保单现金价值。C选项错误。

## 13 父母给孩子投保和把钱给孩子让他自己买保险,哪种方式更好?

本节课老师:谭啸

### 课堂测试题 >>>

在女儿结婚之前,王女士给女儿买了一份5年交费的期交保险,她直接转账给女儿,由女儿做投保人和被保险人。3年后女儿结婚了,王女士依然是直接转账给女儿,让她续交后两次保费。想不到,保费刚交完,女儿和女婿就闹矛盾离了婚。请问,离婚时该保单应被如何分割?

A. 不分割。
B. 直接分割保单现金价值的一半。
C. 分割后两次所交保费对应的保单现金价值的一半。

### 保险法商课精讲 >>>

很多父母在给孩子投保时都会考虑上述题目中的问题,其实这个问题的本质是:父母和孩子谁做保单的投保人更好?也就是说,谁持有这张保单更好?因为投保人不同,保单的功效也会有所不同。下面我就给大家详细分析一下。

第一种是父母当投保人。

好处一：如果子女发生婚变，该保单属于父母的资产，不会被分割。

好处二：保单控制权在父母手中，子女不能退保，可防止子女挥霍，有效保全保单财富。

好处三：隔离子女债务风险。

好处四：子女取得不超过父母所交保费的年金归个人所有。

第二种是子女当投保人。

好处一：父母自己有婚姻风险的家庭，可规避父母的婚姻财富风险。如果父母发生婚变，投保人为子女的保单不会被分割。

好处二：隔离父母自身的债务风险。

好处三：提前让子女掌握财富，实现科学的财富传承，避免继承纠纷。

从以上分析可以发现，对于投保人的选择确实会影响保单的作用，所以大家在购买保单时要综合评估。

最后我提醒您，保单投保人是可以变更的。您可以根据人生每个阶段的不同需求，合理使用变更保单投保人的方法，让保险为您抵御更多的风险。

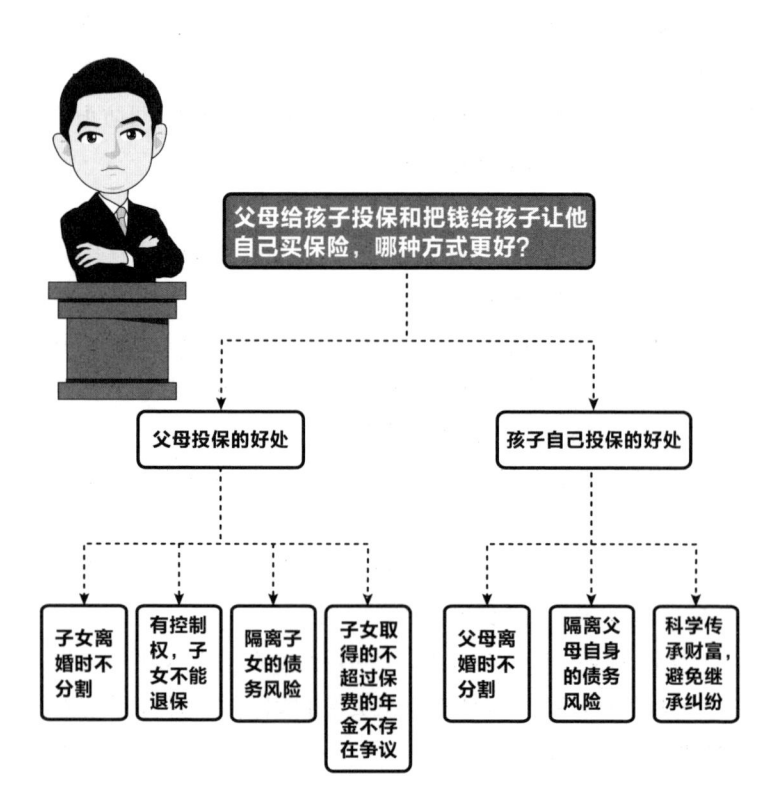

## 父母给孩子投保和把钱给孩子让他自己买保险,哪种方式更好?

### 父母投保的好处
- 子女离婚时不分割
- 有控制权,子女不能退保
- 隔离子女的债务风险
- 子女取得的不超过保费的年金不存在争议

### 孩子自己投保的好处
- 父母离婚时不分割
- 隔离父母自身的债务风险
- 科学传承财富,避免继承纠纷

## 延伸学习 >>>

**《民法典》**
**第一千零六十二条** 夫妻在婚姻关系存续期间所得的下列财产，为夫妻的共同财产，归夫妻共同所有：
（一）工资、奖金、劳务报酬；
（二）生产、经营、投资的收益；
（三）知识产权的收益；
（四）继承或者受赠的财产，但是本法第一千零六十三条第三项规定的除外；
（五）其他应当归共同所有的财产。
夫妻对共同财产，有平等的处理权。

## 测试题解析 >>>

**正确答案是 C**

女儿婚前购买的保险，属于女儿的婚前个人财产；女儿婚后王女士转账给女儿的钱，由于未签署单方保费赠与协议，根据《民法典》婚姻家庭编第一千零六十二条的规定，受赠的财产为夫妻共同财产。因此，王女士在女儿婚后转给她的钱是女儿与女婿的夫妻共同财产。

因此，婚前3年所交保费对应的保单现金价值，属于女儿的个人财产，不应被分割；婚后2年所交保费对应的保单现金价值，属于女儿与女婿的夫妻共同财产，应被分割。A、B选项错误，C选项正确。

**课堂福利** >>>

在此,谭老师给大家提供一份保险合同内容变更申请书的模板。大家也可以关注"保法城邦"微信公众号,回复"内容变更申请书",下载电子版。

PART 1
婚姻保险法商课

# 中国人寿保险有限公司 LIFE INSURANCE CO., LTD.

## 保险合同内容变更申请书

审核人员姓名：
审核人员代码：
接件日期： 年 月 日

| 提交类型（保险公司填写）：○1-客户亲办 ○2-个险业务员代办 ○3-客户经理代办 ○4-收收专员代办 ○5-他人代办 人员代码： |
|---|

| 申请人类型 | ○1-投保人 ○2-被保险人 ○3-其他 | 申请人姓名： | 保险合同号 | |
|---|---|---|---|---|
| 证件类型 | ○1-身份证 ○2-军人证 ○3-护照 ○其他： | 申请人证件号码 | | |

申请人联系电话： 注：若您之前在本司所留的联系信息有变化，请同时申请客户基本资料变更。

**当您申请的保全项目右上角带★号时，代表该项目可能会涉及收/付费，请您填写下列收/付费方式：**

| 账户所有人/现金领款人： | | 证件类型： | | 证件号码： | |
|---|---|---|---|---|---|
| 收/付费方式： | ○银行转账 | ○网上银行转账 | ○总对总银行转账（多元信用卡） | ○现金 | ○转入另一张保单 |
| 转入另一张保单：投保单号： | | 保单号： | | 转入金额： | |
| ○普通卡 ○信用卡 | | 银行账号 | | | |
| 开户行： | 开户行所在地： | 省 市 | （保险公司填写）账户所属机构代码： | | 所属银行代码： |

### 险种计划变更类

| 保全项目 | □ 101退 □ 102 犹豫期退保* □ 103 预约终止 □ 104 犹豫期减少保额* □ 105 减少保额* <br> □ 106 新增附加险* □ 107 普通复效* □ 108 变更年金领取方式 □ 109 减额交清 <br> □ 110 承保前撤件* □ 111 险种期限变更* □ 112 红利领取方式变更 □ 113 新增万能账户* |
|---|---|

请选择需要变更的险种信息： ○ 所有险种 ○ 部分险种（请列明险种明细）

| 编码 | 险种名称 | 险种代码 | 交费期限 | 保障期限 | 保额 | 保费 | 份数 | 档次 | 红利选择方式 | 年金领取期限 | 对应主险编码 |
|---|---|---|---|---|---|---|---|---|---|---|---|
| | | | | | | | | | | | |
| | | | | | | | | | | | |
| | | | | | | | | | | | |
| | | | | | | | | | | | |

年金开始领取年龄_____周岁（保单周年日） 保证领取年限_____ 领取方式： ○趸领 ○年领 ○月领 ○季领 ○半年领
选择的红利方式有（最终以条款规定为准）：①现金领取 ②累积生息 ③抵交保费 ④增额交清

### 给付类

| 保全项目 | □ 201 保单账户余额退费* □ 202 红利领取* □ 203 生存金柜面领取* <br> □ 204 红利授权给付及变更* □ 205 生存金授权给付及变更* <br> 如果您授权红利/生存金到期后自动转账，我们将以您最近一次授权的账号作为给付账号。 |
|---|---|

### 特别服务类

| □ 301 交费频率变更* | ○ 年交（每年一期） ○ 季交（年保险费的26.5% 每年四期） <br> ○ 半年交（年保险费的52% 每年两期） ○ 月交（年保险费的9% 每年十二期） |
|---|---|
| □ 302 保费逾期未付处理方式变更 | ○ 自动垫交 ○ 中止合同 <br> 当保险费逾期未付时，保险合同将处于上述您选择的状态。 |
| □ 303 结束自动垫交* | |
| □ 304 保单贷款* | 借款金额（人民币）： 仟 佰 拾 万 仟 佰 拾 元整；小写 元 <br> 预问时签署（保险公司借款协议书）。被保险人或其监护人须签署并明确是否授权，签名并授权后视同被保险人或其监护人同意此后的每笔贷款以及接受协议约定的内容，授权可以随时终止。 |
| □ 305 贷款清偿* | ○ 全部清偿 ○ 部分清偿 <br> 偿还金额（人民币）： 仟 佰 拾 万 仟 佰 拾 元 角 分；小写 元 |
| □ 306 保单补发* | 本公司根据您的申请，补发工本费后发放的保险合同文本一份，收取工本费RMB10元，原保险合同文本作废。 |
| □ 307 变更签名 | 本人确认保险合同以及所有保全申请材料中所有陈述完全属实、内容正确。 |
| □ 308 信件发送方式变更 | （1）续期转账成功通知书发送方式： ○ 自动查询 ○ E-mail ○ 短信 ○ 纸质（仅可单选） <br> （2）保单年度报告： ○ 自动查询 ○ E-mail ○ 纸质（仅可单选） <br> （3）失效通知书发送方式 ○ 自动查询 ○ E-mail ○ 纸质（仅可单选） <br> 注：如勾选自动查询，我们将不再进行其他方式的通知内容，您可以登录中国太平官方网站www.cntaiping.com进行信息查询。 |
| □ 309 保单质押 | 质押银行（ ） 只有在公司和银行签有保单质押借款协议的情况下，才可受保单质押借款。 |
| □ 310 保单质押解除 | 在办理质押解除时，审核事项以本机构与银行签订的质押协议中的约定的条件为准。 |
| □ 311 保单挂失及冻结 | ○ 保单挂失（挂失有效期为7天，挂失期间不可以操作保全变更） ○ 保单冻结 |
| □ 312 解除保单冻结 | |

071

## 保单及客户资料变更类

| 保全项目 | ☐ 401 保单基本信息变更* | ☐ 402 补充告知* | ☐ 403 投保人变更* | ☐ 404 个单生日性别变更* |
|---|---|---|---|---|
| | ☐ 405 客户基本资料变更 | ☐ 406 职业变更* | ☐ 407 受益人变更 | ☐ 408 保单管理单位转换 |
| | ☐ 409 吸烟告知更正* | | | |

| 变更对象 | ☐ 投保人 姓名: | ☐ 被保险人 姓名: |
|---|---|---|

### 变更事项

| ☐ 姓 名 | ☐ 性 别 | ☐ 出生日期 | ☐ 证件类型/号码 | ☐ 身故受益人变更 |
|---|---|---|---|---|
| ☐ 联系方式 | ☐ 续期交费方式 | ☐ 职 业 | ☐ 健康/财务 | ☐ 吸烟/非吸烟（仅针对投保时的情况进行修改） |

### 变更之相关信息

| 姓名: | | ○ 男 ○ 女 | 出生日期: 年 月 日 | 是否吸烟 ☐是 ☐否 |
|---|---|---|---|---|

| 证件类型 | ☐1-身份证 ☐2-军人证 ☐3-护照 ☐其他_____ | 证件号码 | |
|---|---|---|---|
| | | 有效期至 年 月 日 | |

| 职务: | 职业: | 职业代码 |
|---|---|---|

| 投保人 | 收费地址: | 邮编: |
|---|---|---|
| | 居住地址: | 邮编: |
| | 电话: 移动电话: E-mail: 工作电话: 小灵通: | |

如果您本次申请的是"403 投保人变更"，变更后的投保人是被保险人的（关系）：○本人 ○父母 ○配偶 ○子女 ○其他_____
若投保人与被保险人为同一人，仅需填写投保人联系方式。

| 被保险人 | 居住地址: | 邮编: |
|---|---|---|
| | 联系电话: | E-mail: |

您在我司的其他保单，上述信息是否同步变更请选择（如未选择，我们将按"同步更新"处理）：○ 同步更新所有保单 ○ 仅变更当前保单

| 身故受益人姓名 | 受益顺序 | 受益比例 | 出生年月日 | 性别 | 与被保险人关系 | 证件类型 | 证件号码及证件有效期 |
|---|---|---|---|---|---|---|---|
| | | | | | | | |
| | | | | | | | 有效期至 年 月 日 |
| | | | | | | | |
| | | | | | | | 有效期至 年 月 日 |

## 投资型产品变更类

| ☐ 501 变更投资分配比例 | 追加投资金额 | 人民币: 仟 佰 拾 万 仟 佰 拾元整; 小写 元 |
|---|---|---|
| ☐ 502 投资账户部分领取 | 投资账户名称 | 分配比例/领取单位数 投资账户名称 分配比例/领取单位数 |
| ☐ 503 投连追加投资* | | |

| | 转出账户名称 | 转出单位数 | 转入账户名称 |
|---|---|---|---|
| ☐ 504 投资账户单位转换 | | | |

当发生巨额卖出限制时，对于您申请的未卖出部分请选择处理方式（如未选择，我们将按"延期卖出"处理）：○ 延期卖出 ○ 取消卖出

| ☐ 505 结束保险费假期* | | |
|---|---|---|
| ☐ 506 投连基本保额变更 | 变更后的基本保额（人民币）: | 仟 佰 拾 万 仟 佰 拾 元整; 小写 元 |
| ☐ 507 万能追加投资* | 本次追加投资金额（人民币）: | 仟 佰 拾 万 仟 佰 拾 元整; 小写 元 |
| ☐ 508 万能部分领取* | 本次部分领取金额（人民币）: | 仟 佰 拾 万 仟 佰 拾 元整; 小写 元 |

### 下列信息涉及您的重大权益调整，请在变更之前仔细阅读：

1. 当您申请投保人变更时，新投保人必须明确自己已享有的本保险合同项下与投保人相关的权利，并愿意履行相关义务。当您申请新增附加险时，请确认本公司的代理人或员工已经向您详细解释了新附险种的保险责任及责任免除条款，且您对于保险责任及责任免除条款均认可。当您申请保险合同已效时，如果同时选择一年期险种复效，请注意该险种将以即时新增险种的处理方式进行处理，其险种生效日为批单批注的保全生效日。
2. 本人同意提供给_____（指_____集团有限责任公司及其直接或间接控股的公司）的个人资料（包括本单证签署之前提供的以及本人接受_____各项服务时产生的信息），可用于_____及因服务必要面委托的第三方为本人提供服务及推荐产品，接收信息的主体对上述信息负有保密义务。本条款自本单证签署时生效，具有独立的法律效力，不受合同成立与否及效力状态变化的影响。
3. 本人授权委托_____证件号: _____负责办理上述变更事项，并同意变更生效日以贵公司出具批注的生效日为准，由此产生的后果由本人自负。
4. 若需做其他情况说明，请填写_____

_____ _____ _____ _____ _____
（原）投保人签名　被保险人签名　（新）投保人签名　代办人签名　申请日期

# 14 我掏钱买保险，但投保人写的是我母亲的名字，这张保单算谁的？

本节课老师：李爽

## 课堂测试题 >>>

孙大爷为自己的儿子小孙购买了一份保险，投保人是孙大爷，被保险人是小孙。保费的来源是小孙婚后取得的工资，小孙是通过银行转账的方式将保费转给孙大爷的。现在小孙和老婆闹离婚，老婆向法院提交了小孙向孙大爷的账户转账的凭条。下列哪一选项是正确的？

A. 保单属于夫妻共同财产，应予分割。

B. 保单属于孙大爷的个人财产，与小孙夫妻无关，因此不予分割，老婆也无法主张这笔保费的权利。

C. 保单属于孙大爷的个人财产，但小孙有转移夫妻共同财产的行为，被转走的保费应当被分割。

## 保险法商课精讲 >>>

一说到"私房钱"这个话题,我想广大的男同胞一定深有感慨:每次藏私房钱,那都是在和老婆斗智斗勇。刘先生也是这"藏私房钱大部队"中的一员。

他把自己婚后好不容易攒下的 20 万元私房钱交给了母亲,让母亲做投保人,自己做被保险人,买了一份保险。

刘先生想知道,虽然母亲是投保人,但保费是自己出的,而且说白了,这保费的资金来源还是自己和老婆的夫妻共同财产,那么,这张保单到底算谁的?

在这里李律师要告诉大家:保单是投保人也就是母亲的财产,这是毋庸置疑的。即使刘先生离婚,母亲的这张保单也非常安全。

可有人问了:虽然保单是母亲的,可这 20 万元保费来源于夫妻共同财产呀!老婆要是发现了老公转移财产,可怎么办?

关于这个问题,我们要分两种情况讨论。

第一种情况:刘先生给母亲的 20 万元没有留下证据。

假设刘先生通过牵线搭桥促成了朋友的生意,朋友为了表示感谢,提出要给刘先生 20 万元作为报酬。为了不让老婆发现这笔钱,刘先生干脆要求朋友将这 20 万元直接转到自己母亲的账户中。然后他让母亲做投保人,拿这 20 万元给他买了份保险。

如果老婆追查起来,她很可能因为没有确切的证据证明这 20 万元是刘先生的,而暂时无法主张自己的权利。

第二种情况:刘先生给母亲的 20 万元留下了证据。

PART 1
婚姻保险法商课

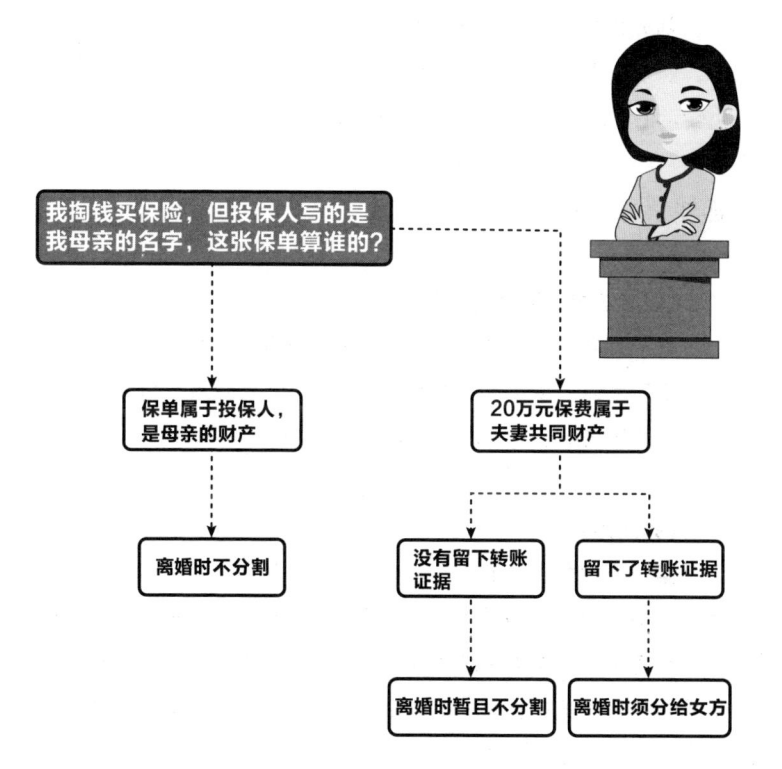

我掏钱买保险，但投保人写的是我母亲的名字，这张保单算谁的？

- 保单属于投保人，是母亲的财产 → 离婚时不分割
- 20万元保费属于夫妻共同财产
  - 没有留下转账证据 → 离婚时暂且不分割
  - 留下了转账证据 → 离婚时须分给女方

075

假设刘先生给母亲的 20 万元是用自己的银行卡直接转账的，那么他转移财产的证据就非常明确了。这 20 万元是夫妻共同财产，刘先生单方赠与母亲，侵犯了老婆的财产权。在这种情况下，如果在离婚诉讼中法官查到了当时的转账记录，那么被刘先生转走的 20 万元还是要分给老婆一半的。

## 延伸学习 >>>

### 《保险法司法解释（三）》

**第十六条** 人身保险合同解除时，投保人与被保险人、受益人为不同主体，被保险人或者受益人要求退还保险单的现金价值的，人民法院不予支持，但保险合同另有约定的除外。[①]

### 《民法典》

**第一千零九十二条** 夫妻一方隐藏、转移、变卖、毁损、挥霍夫妻共同财产，或者伪造夫妻共同债务企图侵占另一方财产的，在离婚分割夫妻共同财产时，对该方可以少分或者不分。离婚后，另一方发现有上述行为的，可以向人民法院提起诉讼，请求再次分割夫妻共同财产。

---

① 由此可见，保单现金价值是投保人交纳的保费在保险公司累积所形成的，是属于投保人的债权性质的财产，可以由投保人自主处置。

## 测试题解析 >>>

**正确答案是 C**

A 选项：根据《保险法司法解释（三）》第十六条，保单的现金价值属于投保人孙大爷的个人财产。A 选项错误。

B、C 选项：就像在正文中所分析的那样，如果小孙的老婆已经向法院提交了小孙向孙大爷转账的证据，那么就可以证明小孙存在转移夫妻共同财产的行为。所以被转走的保费还是要被分割的，而且法院可以判决小孙少分或不分。B 选项错误，C 选项正确。

# 15 婚后自己给自己买的保险,保费都是由自己母亲出的,这张保单算夫妻共同财产吗?

本节课老师:梁磊

**课堂测试题** >>>

老谭在儿子小谭结婚后,自掏腰包以自己为投保人、小谭为被保险人购买了一份年金保险。婚后,小谭与妻子因感情不和导致离婚。请问该保单应如何处理?

A. 保单应作为小谭夫妻的共同财产,需要补偿给小谭妻子一半的保单现金价值。

B. 保单应作为小谭的个人财产,不需要补偿给小谭妻子一半的保单现金价值。

C. 保单应作为老谭的个人财产,不需要补偿给小谭妻子一半的保单现金价值。

D. 保单应作为老谭的个人财产,但是老谭退保需要经过小谭同意。

## 保险法商课精讲 >>>

林峰和小茜结婚两个月后,在好友梁亮的介绍下,林峰为自己购买了一份终身寿险,购买保单的保费是林峰母亲转账到林峰工行账户,然后由保险公司划账转走的。交第二笔保费的时候,林峰问梁亮:"这张保单算是夫妻共同财产吗?"梁亮说:"保费都是你母亲出的,保单当然是你的个人资产,不是夫妻共同财产。"

那么,梁亮的回答正确吗?

我先把答案告诉大家:梁亮说得不对!

虽然保费的来源确实是林峰的母亲,由她把钱汇入儿子林峰的个人账户,但是由于儿子已经结婚,转账时林峰的母亲又没有明确约定"该笔资金仅归儿子林峰个人所有,不属于夫妻共同财产",所以这笔钱应算作她对儿子和儿媳妇的共同赠与,也就是说,保费属于夫妻共同财产。所以,保单现金价值也属于林峰夫妇共同所有,两人各拥有现金价值的一半。

如果林峰想要避免离婚带来的保单分割风险,有什么补救措施吗?

如果林峰现在的婚姻很和谐,我有一个小技巧可以帮到林峰,那就是变更投保人。林峰可以和母亲去保险公司,将该保单的投保人由林峰变更为林峰的母亲,那么该保单就变成了林峰母亲的财产。即使林峰将来离婚,该保单也不会被分割了。

大家可能会问:变更投保人需要林峰妻子小茜的同意吗?当然不用。因为保险公司在变更投保人时,仅需要原投保人、被保

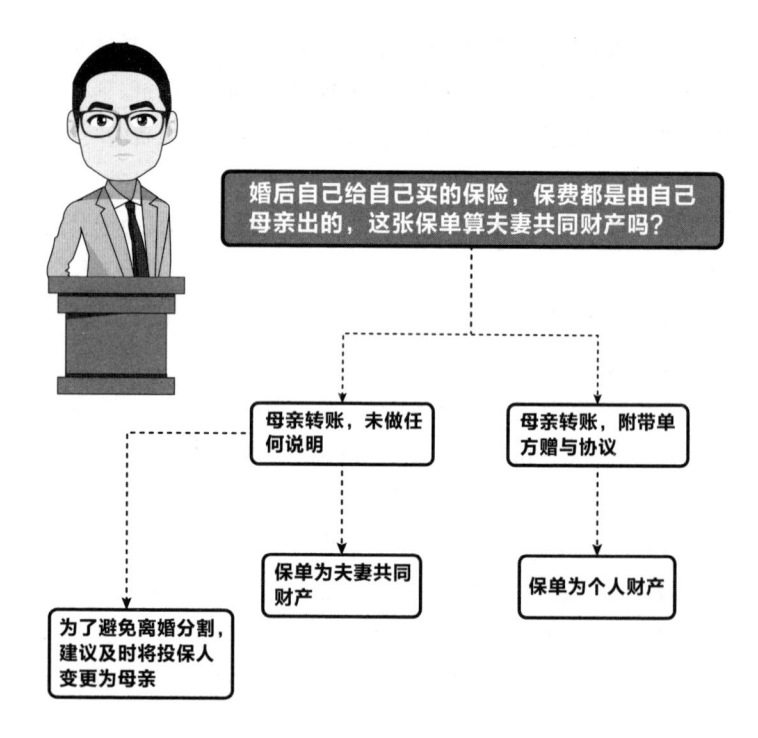

婚后自己给自己买的保险，保费都是由自己母亲出的，这张保单算夫妻共同财产吗？

- 母亲转账，未做任何说明 → 保单为夫妻共同财产
  - 为了避免离婚分割，建议及时将投保人变更为母亲
- 母亲转账，附带单方赠与协议 → 保单为个人财产

险人和新的投保人去现场办理，也就是林峰和林峰母亲去现场办理就行，不需要经过小茜的同意。

需要强调一点，如果林峰和妻子小茜已经到了离婚的地步，却仍想通过上面的方案锁定保单归男方所有，那么这样的做法很有可能被法院认定这是恶意转移资产的行为，不仅无法将保单锁定为男方所有，还有可能使女方多分到财产。

## 延伸学习 >>>

### 《民法典》

**第一千零六十二条** 夫妻在婚姻关系存续期间所得的下列财产，为夫妻的共同财产，归夫妻共同所有：

（一）工资、奖金、劳务报酬；

（二）生产、经营、投资的收益；

（三）知识产权的收益；

（四）继承或者受赠的财产，但是本法第一千零六十三条第三项规定的除外；

（五）其他应当归共同所有的财产。

夫妻对共同财产，有平等的处理权。

**第一千零六十三条** 下列财产为夫妻一方的个人财产：

（一）一方的婚前财产；

（二）一方因受到人身损害获得的赔偿或者补偿；

（三）遗嘱或者赠与合同中确定只归一方的财产；

（四）一方专用的生活用品；

（五）其他应当归一方的财产。

## 测试题解析 >>>

**正确答案是 C**

A、B、C选项：保单属于投保人的财产，所以该保单归老谭所有，儿子离婚不能分割第三人财产。A、B选项错误，C选项正确。

D选项：投保人老谭退保，无须经过被保险人小谭同意。D选项错误。

# 16 客户为转移财产而买分红型保险,我卖保险给他会不会承担责任?

本节课老师:王芳

## 课堂测试题 >>>

如果客户购买保单时,说他是为了转移夫妻共同财产,作为保险代理人,我最好的做法是:

A. 告诉他肯定可以达到转移财产的目的,卖给他保险。
B. 告诉他买保险不一定能转移财产,如果他仍然坚持购买,再卖给他。
C. 只要听到客户有这样的想法,就拒绝卖给他保险。

## 保险法商课精讲 >>>

前不久我接到一个紧急电话,对方是一位保险代理人,他在电话里有些紧张,一开口就问:"王律师,有位先生想在我这里买保险,我本来挺高兴的,可是后来一细问我才知道,他马上要离婚了,买保险是为了转移财产。您说我要是卖给他保险,将来会不会承担什么责任呀？"

我一听，便对这位代理人心生赞许，因为成功销售保险固然重要，但职业风险防范更加重要。那么，客户为转移财产而买保险，代理人卖保险给他会不会承担责任呢？关于这个问题，我告诉大家三个要点。

要点一：对保险投保人，只看保费资金合法性、对被保险人有可保利益，不审查投保人的动机。

我们来分析一下：投保人对被保险人有可保利益，所交的保费是合法财产，且投保人拥有对保费财产的处分权，原则上只要客户满足了这三个条件，且愿意投保，保险公司就可以把保险卖给他。《保险法》不要求保险代理人调查客户购买保险的动机。所以，客户告诉保险代理人买这张保单是为了转移财产，我们可以劝说他不要寄希望于通过保单去转移财产，但如果客户坚持投保，我们也是不能拒绝的。

要点二：夫妻一方私自购买保单也不必然被认定为转移夫妻共同财产。

在离婚案件中，法官一般不会因为这位投保人没有通知妻子而偷偷买了一张保单，就认定他恶意转移夫妻共同财产。法官在庭审当中，会根据双方当事人的表现来判断他们或其中一方有没有恶意转移财产的嫌疑。假设这位先生买了一张大额保单，投保人写的是自己的名字，受益人是男方母亲，当离婚案的法官要求原被告双方申明各自名下的财产时，男方故意隐瞒了这张保单的存在，而法官因对方当事人的申请，经调查取证发现了这张保单，法官就很可能会认定男方是在恶意转移夫妻共同财产，此时男方需要承担相应的后果。但是，假如在法庭上男方如实陈述存

PART 1
婚姻保险法商课

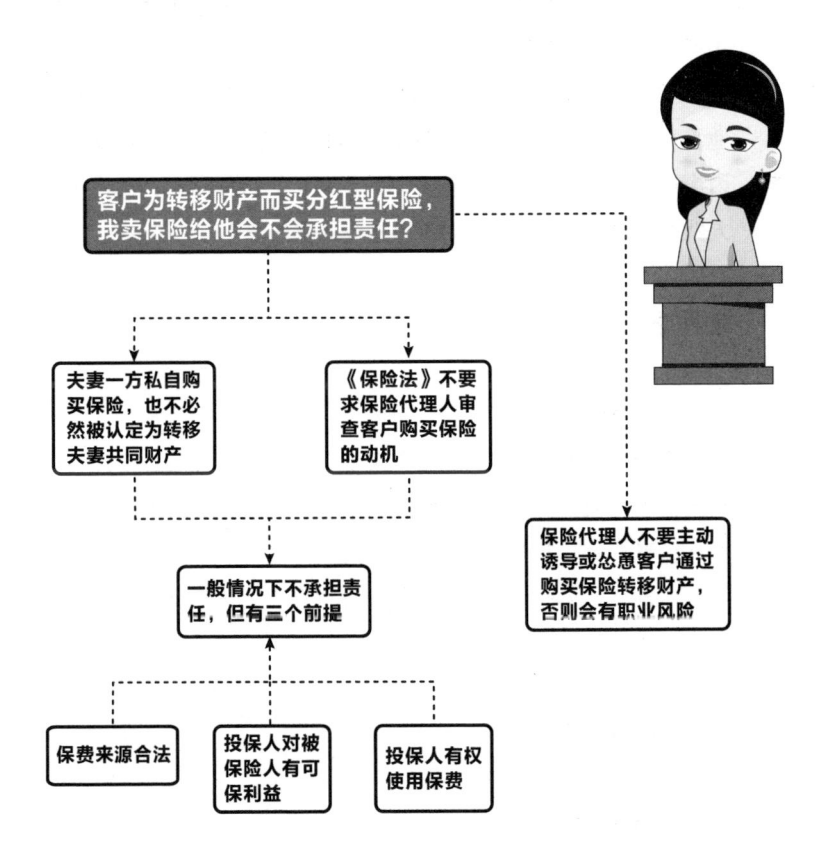

```
客户为转移财产而买分红型保险,
我卖保险给他会不会承担责任?
         │
    ┌────┴────┐
夫妻一方私自购      《保险法》不要
买保险,也不必      求保险代理人审
然被认定为转移      查客户购买保险
夫妻共同财产        的动机
    └────┬────┘
         │          保险代理人不要主动
  一般情况下不承担责  诱导或怂恿客户通过
  任,但有三个前提    购买保险转移财产,
         │          否则会有职业风险
   ┌─────┼─────┐
保费来源合法  投保人对被  投保人有权
            保险人有可  使用保费
            保利益
```

在这样一张保单，法官要做的就是判断这张保单是否需要被分割，而不会认为男方有故意转移财产的行为。

要点三：作为保险代理人，不要主动诱导或怂恿客户通过购买保险在离婚前转移财产。

即使客户主观上表达了这样的意愿，保险代理人也不要明确地答复，告诉客户购买保险肯定能转移财产。否则，客户很可能因为这张保单在离婚案中被分割前来投诉。这样一来，保险代理人就要因执业规范的约束而承担相应的责任。

## 延伸学习 >>>

**《民法典》**

**第一千零九十二条** 夫妻一方隐藏、转移、变卖、毁损、挥霍夫妻共同财产，或者伪造夫妻共同债务企图侵占另一方财产的，在离婚分割夫妻共同财产时，对该方可以少分或者不分。离婚后，另一方发现有上述行为的，可以向人民法院提起诉讼，请求再次分割夫妻共同财产。

## 测试题解析 >>>

**正确答案是 B**

A 选项：这是保险代理人从业中特别忌讳的行为。在既往的案例中，确有保险从业人员引导客户通过购买保险来转移财产的行为，结果非但没有达到转移财产的目的，还导致投保人向保险公司投诉，最终保险代理人受到了公司的惩处。A 选项错误。

B选项：保险从业人员如果已经告诉投保人，即使购买保险也不一定能达到转移财产的目的，可客户坚持投保，只要他的保费来源合法，对被保险人有可保利益，且投保人拥有财产支配权，那么保险公司就可以为他配置保单。B选项正确。

C选项：这显然超出了保险从业人员对投保人的合规审查范围。投保人购买保险的动机复杂多样，他嘴上所说的也未必是真实的。C选项错误。

# PART 2
# 传承
## 保险法商课

---

**◆ 潜在客户肖像 ◆**

想快速、私密地传承财富的

有定向传承（隔代传承、非婚生子女传承等）想法的

被继承人有债务风险的

..............

## 17 如果以后中国开征遗产税，领取保险金时需要缴纳遗产税吗？

本节课老师：李爽

### 课堂测试题 >>>

刘阿姨的女儿晓慧已经结婚并育有一子。刘阿姨担心日后中国开征遗产税，自己家的传承成本太高，于是想给自己买一份寿险保单。下面哪些建议是合理的？

A. 出于方便的考虑，不在保单中指定受益人。
B. 在保单中明确指定受益人为晓慧。
C. 在保单中明确指定受益人为晓慧和晓慧的儿子。

### 保险法商课精讲 >>>

最近，坊间流传着中国以后要开征遗产税的说法，很多"保民"就坐不住了，他们想知道：要是开征遗产税，保险金会不会被征收相应的遗产税呢？

保险金会不会被征收遗产税，要看它是否算作遗产。下面，李律师就分三种情况为大家阐述。

第一种情况：没有指定受益人，保险金作为遗产处理，将会面临遗产税问题。

举例：王先生自己为自己购买了一份保险，但保单里没有指定受益人是谁。王先生离世后，身故保险金将作为他的遗产，由其继承人继承。如果此时中国开征遗产税，那么这些保险金就要先被拿来缴纳相应的税费，剩下的部分再由王先生的继承人继承。

第二种情况：受益人先于被保险人死亡，且没有其他受益人，保险金将作为遗产被分割，将会面临遗产税问题。

举例：王先生为自己投了一份终身寿险，受益人写的是自己的儿子小王。小王在一次外出途中遭遇车祸，不幸离世，不久后王先生也因病去世。根据我国《保险法》的规定，因受益人小王死亡后，王先生没有及时指定新的受益人，所以这张保单的身故保险金将作为王先生的遗产被分割。如果此时中国开征遗产税，那么这些保险金就要先被拿来缴纳相应的税费。

第三种情况：保单有明确受益人的，保险金为受益人的个人财产，被征收遗产税的概率较小。

举例：王先生为自己投了一份终身寿险，受益人写的是自己的儿子小王。王先生去世后，保险公司给了受益人小王100万元的保险金，根据《保险法》的相关规定，这笔保险金并非王先生的遗产。既然不是遗产，那日后被征收遗产税的概率就比较小。

所以，如果想避开可能会征收的遗产税，保单一定要明确指定受益人。

## 如果以后中国开征遗产税，领取保险金时需要缴纳遗产税吗？

- 保单没有指定受益人
- 受益人先于被保险人死亡，且未指定新的受益人

  ↓
  身故保险金将作为遗产处理
  ↓
  须缴纳遗产税

- 指定受益人

  ↓
  身故保险金为受益人的个人财产
  ↓
  缴纳遗产税的概率较小

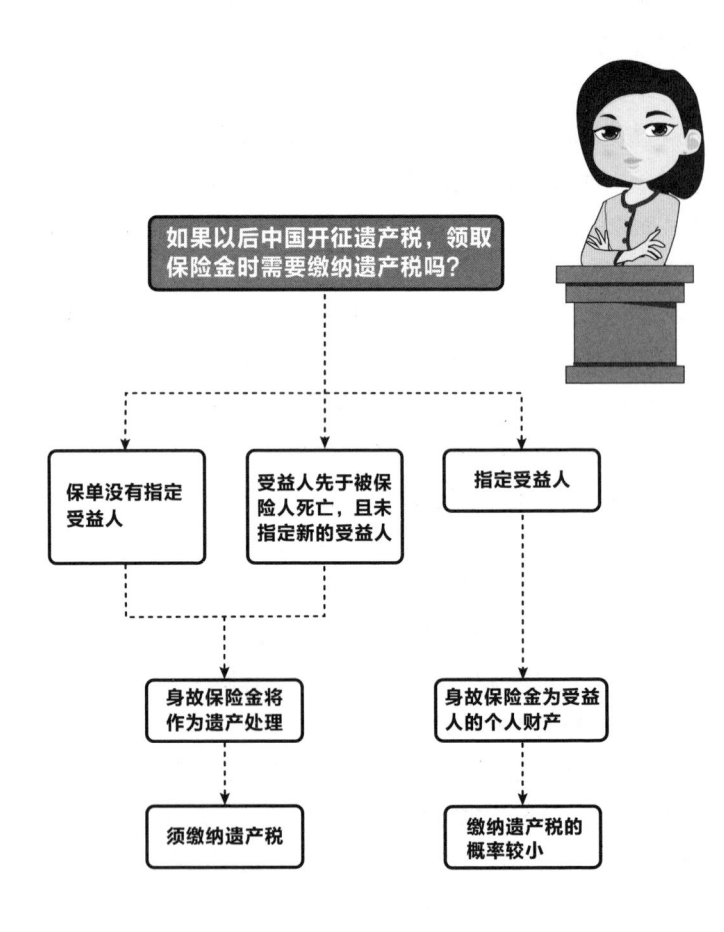

## 延伸学习 >>>

**《保险法》**

**第十八条** 受益人是指人身保险合同中由被保险人或者投保人指定的享有保险金请求权的人。投保人、被保险人可以为受益人。

**第四十二条** 被保险人死亡后,有下列情形之一的,保险金作为被保险人的遗产,由保险人依照《中华人民共和国继承法》[①]的规定履行给付保险金的义务:

(一)没有指定受益人,或者受益人指定不明无法确定的;
(二)受益人先于被保险人死亡,没有其他受益人的;
(三)受益人依法丧失受益权或者放弃受益权,没有其他受益人的。

受益人与被保险人在同一事件中死亡,且不能确定死亡先后顺序的,推定受益人死亡在先。

## 测试题解析 >>>

**正确答案是 BC**

A 选项:根据《保险法》第四十二条的规定,如果在保单中

---

① 自2021年1月1日起,《民法典》开始施行,同时《继承法》废止,与继承相关的条文详见《民法典》继承编。

没有指定受益人，那么身故保险金被视作被继承人的遗产。一旦开征遗产税，无论是晓慧还是晓慧的儿子，在领取保险金时都将面临缴纳遗产税的风险。A选项错误。

B、C选项：从《保险法》第十八条可以得知，如果保单中明确指定了受益人为晓慧和晓慧的儿子，那么身故保险金就是二人的财产，而不是刘阿姨的遗产，因此被征收遗产税的概率较小。B、C选项正确。

# 18 受益人写"法定",如果以后中国开征遗产税,领取保险金时需要缴纳遗产税吗?

本节课老师:梁磊

## 课堂测试题 >>>

关于受益人写"法定"的风险,下列选项中描述正确的有哪些?

A. 继承纠纷的风险。

B. 继承手续烦琐的风险。

C. 变更受益人受限的风险。

D. 保险金用以偿还被保险人生前债务的风险。

## 保险法商课精讲 >>>

张萍是深圳市一家大型公司的高管,考虑到自己已过不惑之年,于是她就在网上为自己购买了一份终身寿险。由于在网上投保时,受益人只能写"法定",她就很担心:如果以后中国征收遗产税的话,由于这张保单没有指定具体受益人,那么家人领取保险金时需要缴纳遗产税吗？

我先告诉大家答案：缴纳遗产税的概率较小。

这是为什么呢？

按照《保险法司法解释（三）》第九条规定，受益人约定为"法定"或者"法定继承人"的，以民法典规定的法定继承人为受益人。也就是说，受益人约定为"法定"或者"法定继承人"的保险合同，只有受益权，没有继承权。所以，张萍这张保单的保险金不会成为她的遗产，而是属于张萍的法定继承人的财产，因此即便将来中国开征遗产税，被征收遗产税的概率也较小。

但是，考虑到张萍的第一顺序法定继承人包括其父母、配偶和子女，为了避免将来产生继承纠纷，我还是建议张萍及时指定受益人和受益比例，从而有效防范继承纠纷风险。

## 延伸学习 >>>

**《保险法司法解释（三）》**

**第九条** 投保人指定受益人未经被保险人同意的，人民法院应认定指定行为无效。

当事人对保险合同约定的受益人存在争议，除投保人、被保险人在保险合同之外另有约定外，按以下情形分别处理：

（一）受益人约定为"法定"或者"法定继承人"的，以民法典规定的法定继承人为受益人；

（二）受益人仅约定为身份关系的，投保人与被保险人为同一主体时，根据保险事故发生时与被保险人的身份关系确定受益人；投保人与被保险人为不同主体时，根据保险合同成立时与被

PART 2
传承保险法商课

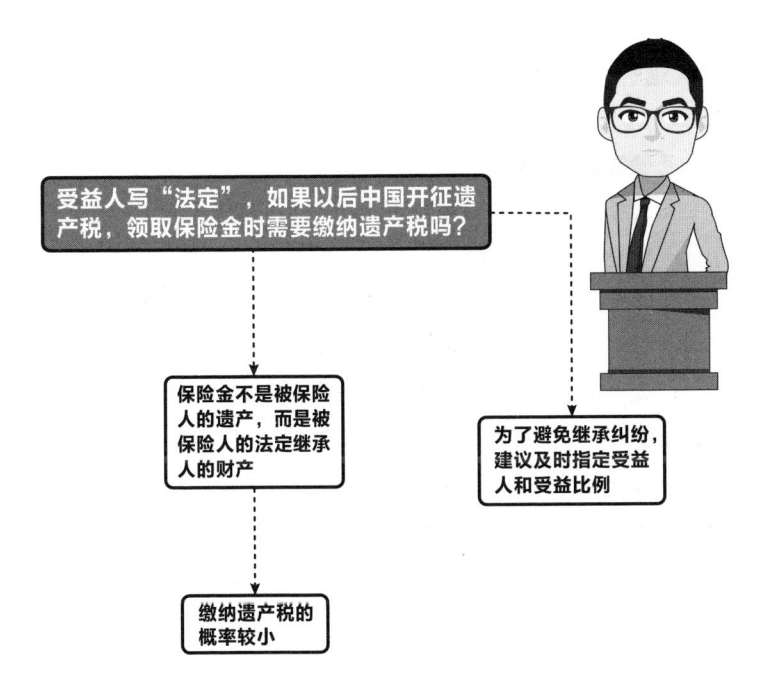

受益人写"法定",如果以后中国开征遗产税,领取保险金时需要缴纳遗产税吗?

保险金不是被保险人的遗产,而是被保险人的法定继承人的财产

为了避免继承纠纷,建议及时指定受益人和受益比例

缴纳遗产税的概率较小

097

保险人的身份关系确定受益人；

（三）约定的受益人包括姓名和身份关系，保险事故发生时身份关系发生变化的，认定为未指定受益人。

## 测试题解析 >>>

### 正确答案是 AB

A 选项：在第一顺序法定继承人有多人的情况下，可能会产生继承纠纷。A 选项正确。

B 选项：所有法定继承人均要到场，保险公司才给办理保险金领取手续，继承手续烦琐。B 选项正确。

C 选项：受益人由投保人和被保险人决定，所以变更受益人不会受限。C 选项错误。

D 选项：受益人写"法定"，被保险人去世后，保险金属于法定继承人的财产，不属于被保险人的遗产，所以不必担心会有保险金用于偿还被保险人生前债务的风险。D 选项错误。

# 19 我跟客户说"买保险可以把钱留给孩子",客户说"那还不如立遗嘱",我该怎么回复?

本节课老师:李爽

## 课堂测试题 >>>

周女士白手起家,经过多年的打拼,事业红红火火,如今她开始考虑如何将自己的财富传承给儿子和女儿。她现在面临两种选择:购买人寿保险和立遗嘱,但她不知道哪种方式最方便省钱。请问下列哪种方法更能帮到周女士?

A. 应该通过遗嘱继承的方式传承,因为我国法律仅规定了这一种财富传承方式。

B. 应该通过购买人寿保险的方式传承,且写明受益人为自己的儿子和女儿。

C. 应该通过购买人寿保险的方式传承,且为了方便变更,暂不指定受益人。

## 保险法商课精讲 >>>

前几天,我接到一个咨询电话,是我的一位学员打来的。原来,他向一位50多岁的客户推荐购买人寿保险,他告诉客户,购买人寿保险是必不可少的财富传承方式。没想到的是,客户认为遗嘱才是国家法律认可的传承方式,而且自己写遗嘱还不用花钱,简直是"物美价廉",为什么还要买保险呢?

因为这是一位重要客户,所以这位学员想再努力一下,于是就出现了上面他给我打电话的场景。其实,向我咨询这个问题的学员有很多,他们都曾遇到过类似的展业难题。

很多客户觉得立遗嘱不用花钱,比买保险更合算。其实,这些客户看到的只是表面现象。遗嘱传承是方便,可后面到了子女继承财产的时候,就不那么方便了,孩子们会遇到重重困难,比如继承权公证这一难关。

继承权公证是千千万万遗嘱继承案的一块"绊脚石"。在实践中,继承权公证书特别不好办,这就是我不建议客户通过遗嘱传承财富的原因。

李律师在这里提醒大家,办理继承权公证必须同时满足以下三个条件。

第一,全部继承人共同到公证处。

有些家庭继承人比较多,并且继承人分散在不同城市甚至是不同国家,因为各种原因,部分继承人不能跟其他继承人一起到公证处办理继承权公证手续。若出现这种情况,继承权公证就只能被搁置,因为根据规定,只有全部继承人同时到齐,公证处才可以按流程进行下一步操作。

第二，全部继承人都同意遗嘱内容。

就算全部继承人同时都到齐了，往往也众口难调，尤其是子女多的家庭，多半会为父母的遗产分配多寡而争吵不休，很难达成一致的遗嘱分配意见。也就是说，即使全部继承人同时到了公证处，只要继承人意见不统一，公证处也会拒绝办理继承权公证。

第三，相关材料必须齐备。

假设全部继承人共同到场了，也都同意遗嘱内容，还有艰难的第三关等着他们，那就是所有相关资料必须齐备。这其中包括家庭成员之间的亲属关系证明、每个人的合法身份证明、所有继承财产的所有权证明，等等。

这里要提醒客户，立遗嘱的目的不就是将自己的财富快速便捷地传承给子女吗？可是，通过遗嘱传承财富，要经历这么多曲折和麻烦，通常会搞得子女为了继承遗产心力交瘁。相比较而言，购买人寿保险进行财富传承，不需要提供各种证明文件，只要把继承人明确指定为受益人，日后继承人就可以简单快速地拿到保险金，既不需要别人配合，也不需要准备复杂的材料。

## 66节保险法商课（修订版）

我跟客户说"买保险可以把钱留给孩子"，客户说"那还不如立遗嘱"，我该怎么回复？

- **买保险**
  - 无须办理继承权公证，可方便、快速地拿到钱
  - 将来若开征遗产税，被征税概率较小

- **遗嘱继承**
  - 须同时满足以下三个条件，才能办理继承权公证
    - 全部继承人共同到公证处
    - 全部继承人都同意遗嘱内容
    - 相关材料必须齐备

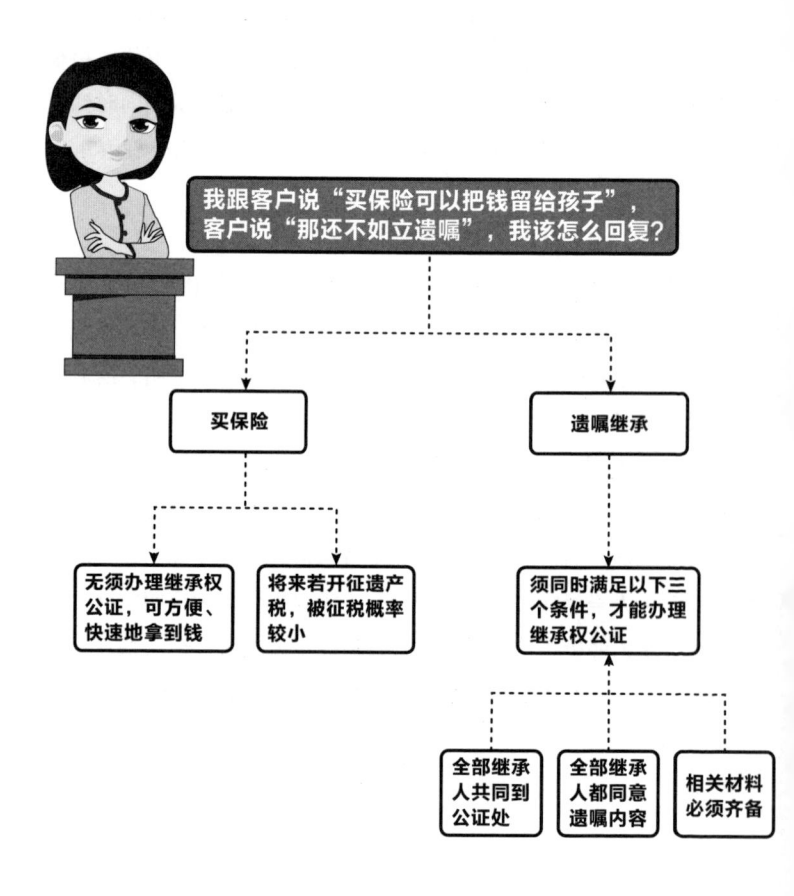

## 延伸学习 >>>

**继承权公证办理流程**

（1）提出申请，交公证费。

（2）公证处接受申请之后，查找被继承人全部第一顺序法定继承人，通常需要所有的第一顺序法定继承人共同到公证处对继承事宜进行表态。

（3）提交身份关系证明，就是继承人和被继承人之间的身份关系证明。

（4）公证处对继承材料进行尽职调查，即所有的继承人提交完关系证明和继承材料后，公证处为防止出错或者有虚假，要向出具证明或提供材料的单位进一步核实。

（5）如果有遗嘱，公证处还要审核遗嘱的效力，判断这份遗嘱是否有效。

（6）公证处出具继承权公证书。（如果有遗嘱，且遗嘱被认定有效，公证处会按照遗嘱的内容出具继承权公证书；如果没有遗嘱，那么所有的第一顺序继承人到场之后，可以达成遗产分割协议，公证处会按照协议出具继承权公证书。）

## 测试题解析 >>>

**正确答案是 B**

A 选项：如果通过遗嘱继承的方式传承，儿子和女儿在周女士去世之后就会面临复杂烦琐的继承权公证手续，而且要缴纳不菲的公证费，不符合周女士"方便省钱"的愿望。A 选项错误。

B 选项：结合第 17 节的内容，如果周女士购买了人寿保险且指定自己的儿子和女儿为受益人，那么子女不需要办理复杂的继承权公证手续，且身故保险金为子女的个人财产，所以即使我国开征遗产税，身故保险金被征税的概率仍较小。因此，这种方式符合周女士"方便省钱"的要求。B 选项正确。

C 选项：通过购买人寿保险进行传承固然比遗嘱继承更加方便，但是如果周女士没有指定受益人，保险金将被视为周女士的遗产，实质上还是要通过继承的方式传承，白白忙活一大圈。C 选项错误。

# 20 父母通过购买保险传承财富，能防止子女之间发生"遗产争夺大战"吗？

本节课老师：梁磊

## 课堂测试题 >>>

杜某与其妻陈某经法院判决于 2016 年离婚，其女随陈某生活。2017 年杜某为其母购买了一份人寿保险，并经其母同意指定自己为受益人。杜某无其他亲属。一日，杜某与其母外出旅游遭遇车祸，其母当场死亡，杜某受重伤住院两天后亦死亡。对于杜某购买的这份人寿保险的身故保险金，下列哪种说法是正确的？

A. 因已无受益人，应归国家所有。
B. 应当付给杜某的前妻陈某和女儿。
C. 应当付给杜某的女儿。
D. 因已无受益人，应归保险公司所有。

## 保险法商课精讲 >>>

我的客户李先生，今年 54 岁，是一位成功的企业家。他的事业很成功，但是婚姻生活很不顺利。他先后有过 3 次婚姻，与第一任妻子育有3个子女，与第二任妻子育有2个子女，目前与小他15岁的现任妻子一起生活，也育有2个子女。这些孩子之间交往很少，他很担心自己去世后，7个子女会为了争夺他留下来的财产发生纠纷。后来李先生听说购买保险可以避免继承纠纷，就来咨询我："我要是通过购买保险来传承财富，我去世之后，能防止子女为了争夺遗产大打出手吗？"

我先告诉大家答案：不一定！

这是为什么呢？

要想通过购买保险来传承财富并避免继承纠纷，关键是要做好保单架构设计。比如，李先生为自己购买了保险，但是没有指定受益人，一旦李先生去世，按照《保险法》第四十二条的规定，身故保险金就成了李先生的遗产，就要走法定继承的手续，孩子们之间就很有可能会为了这笔保险金发生纠纷。

所以，我建议李先生购买终身寿险或终身年金险，保单架构设计为：投保人为李先生，被保险人为李先生，受益人为李先生的7个子女，7人均为第一受益人，每人的受益份额为1/7。

按照以上的保单架构设计，李先生去世后，任何一位受益人向保险公司申请理赔，均不需要办理继承权公证的复杂手续，保险公司会将身故保险金平均分为7份，分别付给7位受益人。

PART 2
传承保险法商课

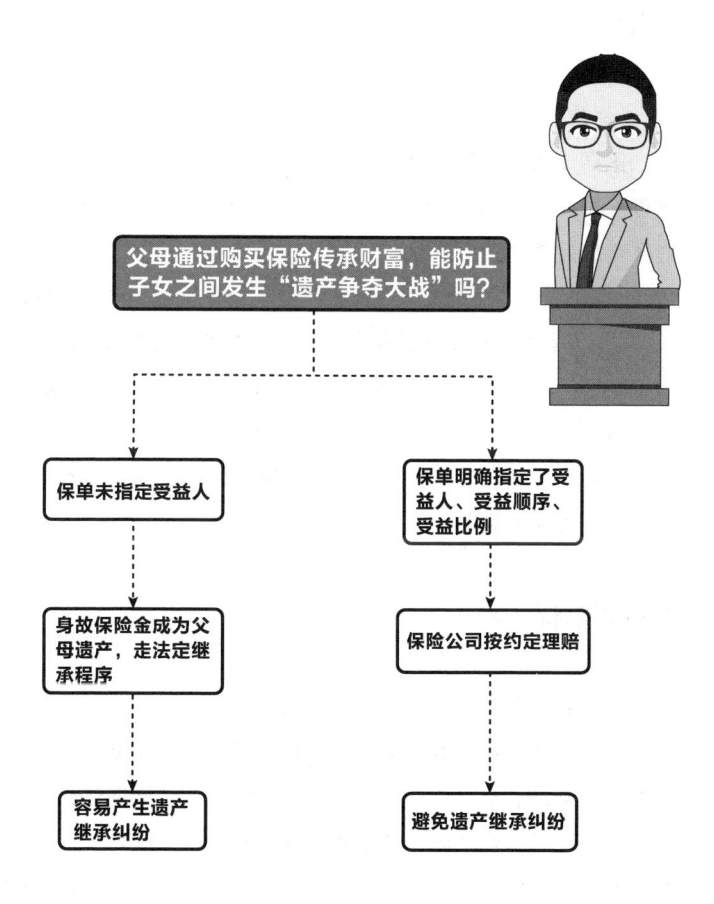

**父母通过购买保险传承财富,能防止子女之间发生"遗产争夺大战"吗?**

- 保单未指定受益人
  - 身故保险金成为父母遗产,走法定继承程序
    - 容易产生遗产继承纠纷

- 保单明确指定了受益人、受益顺序、受益比例
  - 保险公司按约定理赔
    - 避免遗产继承纠纷

## 延伸学习 >>>

**《保险法》**

**第四十二条** 被保险人死亡后,有下列情形之一的,保险金作为被保险人的遗产,由保险人依照《中华人民共和国继承法》[①]的规定履行给付保险金的义务:

(一)没有指定受益人,或者受益人指定不明无法确定的;

(二)受益人先于被保险人死亡,没有其他受益人的;

(三)受益人依法丧失受益权或者放弃受益权,没有其他受益人的。

受益人与被保险人在同一事件中死亡,且不能确定死亡先后顺序的,推定受益人死亡在先。

## 测试题解析 >>>

**正确答案是 C**

因为杜某的死亡时间在其母之后,所以杜某作为受益人,有权取得其母的身故保险金,故排除 A、D 选项。杜某死亡后,该部分保险金作为杜某的遗产应由其女继承,而且陈某与杜某已解除婚姻关系,陈某不属于杜某的继承人。因此,保险公司应当将保险金付给杜某的女儿。C 选项正确。

---

① 自2021年1月1日起,《民法典》开始施行,同时《继承法》废止,与继承相关的条文详见《民法典》继承编。

# 21 保单传承的私密性非常高,你知道这是为什么吗?

本节课老师:李爽

## 课堂测试题 >>>

对于既有婚生子女又有非婚生子女的客户来说,用保险作为传承工具有哪些优点呢?

A. 除保单当事人,其他人无法自行查询他人保单信息,私密性高。

B. 受益人可以是非婚生子女,避免发生家庭矛盾。

C. 如果投保人在同一家保险公司分别为婚生子女和非婚生子女购买保单,而婚生子女已经向保险公司提供了被保险人的死亡证明并领取了保险金,非婚生子女申领保险金时就不必提供死亡证明了。

## 保险法商课精讲 >>>

在我国还没放开"二孩政策"之前,由于各种原因,很多家庭都是超生户。我的客户任先生今年54岁,除了事业有成,家里人丁也很兴旺,他和妻子育有两女一男,且均已成年。不仅如此,任先生在外还有两个非婚生子女。

根据任先生介绍的情况,我为其制定了一套行之有效的传承方案,其中保险是这套传承方案中的重要工具。

接下来,李律师就给大家分析一下保单传承的私密性高的原因。

第一,除保单当事人,其他人无法查询保单信息。

何为保单当事人呢?即投保人、被保险人和受益人。像任先生家这种多子女家庭,最适合通过购买人寿保险进行传承。任先生可为自己购买多张人寿保单用作传承,将每个子女设置成不同保单的受益人。各个子女作为不同保单的受益人,相互之间是无法查询其他受益人的保单情况的,这样就避免了子女间因传承资产数额差异而产生纠纷。

第二,受益人可以是非婚生子女,避免发生家庭矛盾。

任先生家较为特殊的一点是他还有两个非婚生子女。如果他采取正常的遗产继承,非婚生子女很难获得遗产,并且婚生子女与非婚生子女之间极有可能产生矛盾,这是任先生非常不愿意看到的。保单传承就可以在这一点上帮到任先生。在非婚生子女取得保险金时,不用像遗产继承那样要通知其他继承人全部到场,只需要非婚生子女自己前往办理即可,这样就可以避免发生家庭矛盾。

在这里,李律师再分享一个小窍门:如何解决非婚生子女无法提供被保险人死亡证明的尴尬?

我们知道,在办理身故保险金理赔手续时要提供被保险人的死亡证明。但现实情况下,非婚生子女往往拿不到被保险人的死

PART 2
传承保险法商课

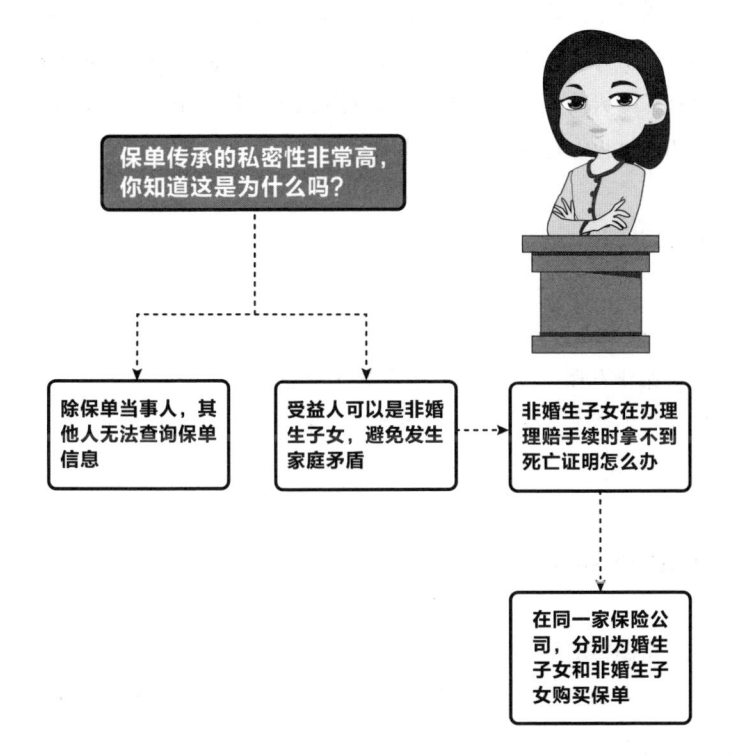

**保单传承的私密性非常高，你知道这是为什么吗？**

- 除保单当事人，其他人无法查询保单信息
- 受益人可以是非婚生子女，避免发生家庭矛盾 ----> 非婚生子女在办理理赔手续时拿不到死亡证明怎么办
  - 在同一家保险公司，分别为婚生子女和非婚生子女购买保单

111

亡证明，这就增加了非婚生子女领取保险金的难度。

要想解决这个问题，投保人可以在同一家保险公司分别为婚生子女和非婚生子女购买保单。被保险人去世后，婚生子女必然会凭借父亲的死亡证明去保险公司领取保险金，此时保险公司会留存这份死亡证明。之后，非婚生子女去领保险金时就不需要提供被保险人的死亡证明了，如此就能避免非婚生子女在获取死亡证明的过程中与婚生子女发生争执。

## 延伸学习 >>>

《保险法》
第十八条 受益人是指人身保险合同中由被保险人或者投保人指定的享有保险金请求权的人。投保人、被保险人可以为受益人。

## 测试题解析 >>>

### 正确答案是 ABC

大家回想一下本节课所讲的内容，对于既有婚生子女又有非婚生子女的客户，用保险作为传承工具有三大优点：第一，私密性高，只有投保人、被保险人和受益人能够查询保单信息；第二，可以指定非婚生子女为受益人，避免传统继承可能引发的家庭矛盾；第三，可以避免发生非婚生子女无法取得被保险人死亡证明的问题。A、B、C选项均正确。

# 22 是财产继承拿钱快，还是保单理赔拿钱快？

本节课老师：黄利军

## 课堂测试题 >>>

居住在北京市的江女士非常疼爱女儿小珍，想在自己去世后将全部财产 120 万元存款留给小珍。江女士有多位身体健康的同胞兄弟姐妹，其中两位定居在加拿大，一位定居在新西兰；江女士体弱的父母在广州老家居住。江女士希望自己去世后，小珍能尽快拿到这笔钱。如果你是江女士的财富顾问，你会建议她如何做？

A. 建议江女士自书遗嘱，写明将 120 万元存款留给女儿小珍，注明日期并签名。

B. 建议江女士立遗嘱，写明将存款留给小珍，并按规定办理遗嘱公证。

C. 建议江女士为自己购买大额终身寿险，并将小珍指定为受益人。

## 保险法商课精讲 >>>

关于是财产继承拿钱快,还是保单理赔拿钱快这一问题,黄老师先给出答案:当然是保单理赔拿钱快!

我举例说明。

王先生有一子一女,生前,王先生留下了遗嘱:房子归儿子,银行存款归女儿。后来,王先生身故,子女将如何办理财产继承手续呢?简单来说,两个子女需要前往公证处办理继承权公证,办理成功后,公证处会出具一份继承权公证书,子女拿着继承权公证书前往房管局及银行办理遗产继承过户手续。但继承权公证的办理,手续繁杂、时间漫长、难度较大,主要有三个难点:

第一,全部继承人同意遗嘱内容。比如,王先生的遗嘱虽然给子女都分配了遗产,但是,很有可能子女对遗产的分配有不同的意见,如果两人都想要房产,可王先生在遗嘱中将房产给了儿子一人,那么在办理继承权公证手续时,女儿就会有意见。如果女儿不认可遗嘱,继承权公证手续就难以办理下去。

第二,全部继承人必须共同前往公证处。假设王先生的继承人有四位,比如父母还健在,居住在外地老家,办理继承权公证手续时,需要父母赶到公证处,对遗嘱内容发表意见并签字。如果父母年迈体弱,行动不便,不能前往公证处,就需要父母到他们当地的公证处做公证授权委托,并签署授权委托书,委托他人来遗产继承地的公证处代理发表意见。如果两次公证活动父母都不能参加,那么继承公证手续也将难以办理下去。

第三，提供继承所需的全部材料。假设上面两个难关一一通过，全部继承人都能共同到场并且全部同意遗嘱内容，公证处还要审核继承人提供的相关证明材料是否齐全（如身份关系证明、财产证明等）。黄律师曾遇到一个办理继承权公证的案件，继承人中有一位是爷爷（被继承人的父亲），但已经去世多年，需要提供其死亡证明，证明其先于儿子去世。该客户找了很多部门后发现，爷爷的死亡证明根本无法提供，因为他在中华人民共和国成立前就离世了。类似这种情况，因无法提供部分继承人的死亡证明，相关材料不齐全，也就无法办理继承权公证手续。

相比之下，保单理赔就省去了上面的所有麻烦：第一，不需要全部继承人到场；第二，不需要其他继承人同意；第三，不需要办理继承权公证等其他繁杂的手续。

## 延伸学习 >>>

### 《不动产登记暂行条例实施细则》

**第十四条** 因继承、受遗赠取得不动产，当事人申请登记的，应当提交死亡证明材料、遗嘱或者全部法定继承人关于不动产分配的协议以及与被继承人的亲属关系材料等，也可以提交经公证的材料或者生效的法律文书。

### 《中国人民银行关于执行〈储蓄管理条例〉的若干规定》

**第四十条**

（一）存款人死亡后，合法继承人为证明自己的身份和有权提取该项存款，应向储蓄机构所在地的公证处（未设公证处的地

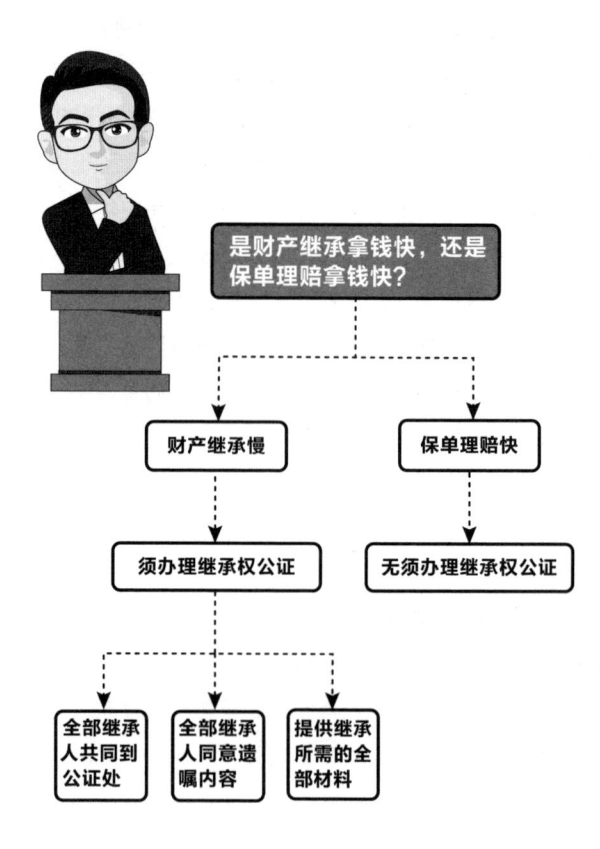

## 是财产继承拿钱快,还是保单理赔拿钱快?

- 财产继承慢
  - 须办理继承权公证
    - 全部继承人共同到公证处
    - 全部继承人同意遗嘱内容
    - 提供继承所需的全部材料
- 保单理赔快
  - 无须办理继承权公证

方向县、市人民法院——下同）申请办理继承权证明书，储蓄机构凭以办理过户或支付手续。该项存款的继承权发生争执时，由人民法院判处。储蓄机构凭人民法院的判决书、裁定书或调解书办理过户或支付手续。

**《办理继承公证的指导意见》**

**第三条** 当事人申请办理继承公证，应当提交下列材料：

（一）当事人的身份证件；

（二）被继承人的死亡证明；

（三）全部法定继承人的基本情况及与被继承人的亲属关系证明；

（四）其他继承人已经死亡的，应当提交其死亡证明和其全部法定继承人的亲属关系证明；

（五）继承记名财产的，应当提交财产权属（权利）凭证原件；

（六）被继承人生前有遗嘱或者遗赠扶养协议的，应当提交其全部遗嘱或者遗赠扶养协议原件；

（七）被继承人生前与配偶有夫妻财产约定的，应当提交书面约定协议；

（八）继承人中有放弃继承的，应当提交其作出放弃继承表示的声明书；

（九）委托他人代理申办公证的，应当提交经公证的委托书；

（十）监护人代理申办公证的，应当提交监护资格证明。

本条所称"死亡证明"，是指医疗机构出具的死亡证明；公安机关出具的死亡证明或者注明了死亡日期的注销户口证明；人民法院宣告死亡的判决书；死亡公证书。

本条所称"亲属关系证明"，是指被继承人或者继承人档案所在单位的人事部门出具的证明继承人与被继承人之间具有亲属关系的证明；基层人民政府出具的证明继承人与被继承人之间具有亲属关系的证明；公安机关出具的证明继承人与被继承人之间具有亲属关系的证明；能够证明相关亲属关系的婚姻登记证明、收养登记证明、出生医学证明和公证书。

**《保险法》**

**第二十三条** 保险人收到被保险人或者受益人的赔偿或者给付保险金的请求后，应当及时作出核定；情形复杂的，应当在三十日内作出核定，但合同另有约定的除外。保险人应当将核定结果通知被保险人或者受益人；对属于保险责任的，在与被保险人或者受益人达成赔偿或者给付保险金的协议后十日内，履行赔偿或者给付保险金义务。保险合同对赔偿或者给付保险金的期限有约定的，保险人应当按照约定履行赔偿或者给付保险金义务。

保险人未及时履行前款规定义务的，除支付保险金外，应当赔偿被保险人或者受益人因此受到的损失。

任何单位和个人不得非法干预保险人履行赔偿或者给付保险金的义务，也不得限制被保险人或者受益人取得保险金的权利。

### 测试题解析 >>>

**正确答案是 C**

A、B 选项：遗嘱继承需要办理继承权公证，根据《办理继承公证的指导意见》的规定，办理继承权公证需要全部法定继承人到场，而江女士的继承人人数众多，且住所分散，难以保证全部到场。所以用这种方式传承，会导致小珍需要经历十分烦琐的流程和漫长的时间后，才能拿到120万元遗产，显然不能满足江女士"尽快"的要求。A、B选项错误。

C选项：根据《保险法》第二十三条的规定，在江女士去世后，保险人应在与受益人小珍达成赔偿或者给付保险金的协议后十日内，履行赔偿或者给付保险金义务。对比而言，保单理赔的方式没有办理继承公证那样冗杂的程序，明显更为便捷，符合江女士的要求。C选项正确。

## 23 立遗嘱和买保险，哪一种财富传承方式更能保护隐私？

本节课老师：黄利军

### 课堂测试题 >>>

58岁的"不老女神"林女士曾是著名影星，拥有众多影迷，由于常年拍戏奔波劳累，近来她感到精力不济，开始考虑自己的身后事。考虑到自己是公众人物，林女士不想被太多人知悉自己的资产状况，想将全部身家秘密地留给儿子小宝，但她又不希望小宝过早地知道自己的资产数额，以免他失去进取的动力。如果你是林女士的财富顾问，你会建议她如何做？

A. 建议林女士立遗嘱，写明将所有财产留给儿子小宝。
B. 建议林女士为自己购买大额终身寿险，指定小宝为受益人，并在自己健在时关于保单额度对小宝保密。
C. 建议林女士立遗嘱，写明将所有财产留给小宝，并事先对遗嘱进行公证。

### 保险法商课精讲 >>>

关于立遗嘱和买保险，哪一种财富传承方式更能保护隐私，黄律师可以十分肯定地告诉各位：买保险这种传承方式更能保护隐私。为什么黄律师敢这么肯定呢？下面就给大家做一个比较分析。

立遗嘱这种传承方式的隐私保护性较差。

在办理遗嘱继承时，遗嘱中列明的所有财产类型（如房产、车辆、现金等）都需要向房管局、车管所、银行等相关部门披露；同时，继承人的顺序、各继承人继承的份额和比例、继承人之间的关系以及他们和被继承人的关系，也需要披露给相关部门。

遗嘱继承需要办理继承权公证。办理此项公证时，需要被继承人的全部继承人到场，得到全部继承人同意后，才能办理公证。在此过程中，遗嘱继承的所有内容将告知全部继承人，因此，继承人之间毫无隐私保护可言。

相比而言，买保险这种传承方式的好处更多。

1. 隐蔽性强。一般家庭购买保险后，不会将保险合同对外公开，不像房产、车辆等信息一样人人皆知，通常只有保险合同当事人（投保人和被保险人，往往也会告知受益人）知道保单的具体内容。

2. 私密性高。投保人在保险合同中指定受益人之后，只要投保人和被保险人签字即可生效。日后保单中的被保险人身故，只要出具保单（或在保险公司查询保单）、被保险人死亡证明、亲属关系证明，保险公司就会将身故保险金按投保人指定的顺序和份额理赔给受益人，不需要受益人之外的其他继承人同意，从而起到私密传承的功效。

3. 保密性好。父母投保后，一般将子女列为受益人。父母健在时，不用告诉子女具体的保单额度，只需告诉子女有这张保单就行了。这样，父母可以借助保单对子女私密传承的优势，健在时向子女保密，防止子女失去进步的动力；他们去世后，子女作为受益人，仍可以从保险公司领取高额的身故保险金。

由此可见，在保证参与人员的隐私和财富传承计划的保密性方面，买保险这种传承方式有得天独厚的优势。

## 延伸学习 >>>

### 《办理继承公证的指导意见》

**第三条** 当事人申请办理继承公证，应当提交下列材料：

（一）当事人的身份证件；

（二）被继承人的死亡证明；

（三）全部法定继承人的基本情况及与被继承人的亲属关系证明；

（四）其他继承人已经死亡的，应当提交其死亡证明和其全部法定继承人的亲属关系证明；

（五）继承记名财产的，应当提交财产权属（权利）凭证原件；

（六）被继承人生前有遗嘱或者遗赠扶养协议的，应当提交其全部遗嘱或者遗赠扶养协议原件；

（七）被继承人生前与配偶有夫妻财产约定的，应当提交书面约定协议；

（八）继承人中有放弃继承的，应当提交其作出放弃继承表示的声明书；

（九）委托他人代理申办公证的，应当提交经公证的委托书；

（十）监护人代理申办公证的，应当提交监护资格证明。

PART 2
传承保险法商课

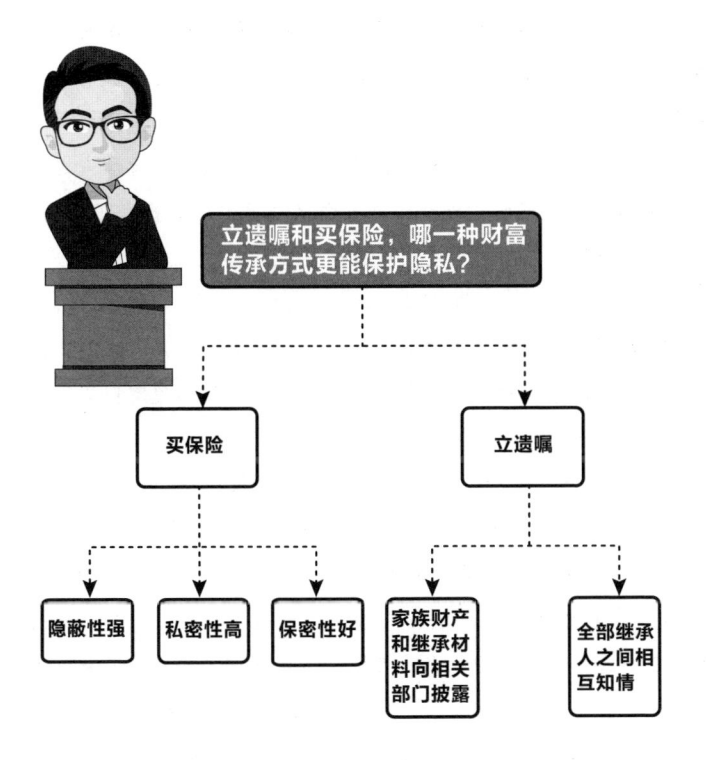

```
立遗嘱和买保险,哪一种财富传承方式更能保护隐私?
├── 买保险
│   ├── 隐蔽性强
│   ├── 私密性高
│   └── 保密性好
└── 立遗嘱
    ├── 家族财产和继承材料向相关部门披露
    └── 全部继承人之间相互知情
```

本条所称"死亡证明",是指医疗机构出具的死亡证明;公安机关出具的死亡证明或者注明了死亡日期的注销户口证明;人民法院宣告死亡的判决书;死亡公证书。

本条所称"亲属关系证明",是指被继承人或者继承人档案所在单位的人事部门出具的证明继承人与被继承人之间具有亲属关系的证明;基层人民政府出具的证明继承人与被继承人之间具有亲属关系的证明;公安机关出具的证明继承人与被继承人之间具有亲属关系的证明;能够证明相关亲属关系的婚姻登记证明、收养登记证明、出生医学证明和公证书。

**第八条** 公证机构办理继承公证,应当询问当事人并制作询问笔录。询问笔录除需要按照《公证程序规则》的规定应当载明的内容外,还应当载明下列内容:

(一)被继承人死亡的时间、地点、原因;

(二)被继承人生前工作单位、住址、婚姻状况;

(三)申请继承的遗产的来源、取得时间、权属及基本状况;

(四)被继承人全部法定继承人(包括尽了主要赡养义务的丧偶儿媳或者女婿)的姓名、性别、与被继承人的亲属关系、工作单位、住址。法定继承人已经死亡的,应当载明死亡的时间;

(五)在继承人以外有无依靠被继承人扶养的缺乏劳动能力又没有生活来源的人或者对被继承人扶养较多的人,有无须要为其保留遗产份额的胎儿;

(六)被继承人生前有无遗嘱或者遗赠扶养协议,有几份;

(七)继承人中有无表示放弃继承的。

## 《民法典》

**第一千一百五十条** 继承开始后,知道被继承人死亡的继承人应当及时通知其他继承人和遗嘱执行人。继承人中无人知道被继承人死亡或者知道被继承人死亡而不能通知的,由被继承人生前所在单位或者住所地的居民委员会、村民委员会负责通知。

## 测试题解析 >>>

**正确答案为 B**

A、C 选项:如果林女士采用立遗嘱的方式,无论事先是否做了公证,遗嘱中列明的房产、车辆、现金等遗产在办理继承手续时,都需要将遗嘱内容向房管局、车管所、银行等相关部门披露,这不符合林女士不愿过多人知悉自己资产状况的要求。此外,如果林女士有其他第一顺序继承人,无论林女士如何立遗嘱,在儿子小宝办理继承权公证时,其他继承人也均要到场,并对遗嘱内容予以确认,显然这也不能满足林女士的要求。A、C 选项错误。

B 选项:保险合同具有较强的私密性,可不被他人知悉。被保险人林女士身故后,只要小宝持保单(或在保险公司查询保单)、林女士的死亡证明、亲属关系证明前来保险公司办理领取手续,保险公司就会将身故保险金按林女士的指定数额理赔给受益人小宝,不需要小宝之外的其他继承人同意,可以满足林女士"秘密"的需求。最后,身故保险金的数额可以对小宝保密,这样就可以保证小宝不会因为知道自己将拥有一笔巨额财产而不思进取。B 选项正确。

## 24 用保险金信托来传承财富,有什么好处?

本节课老师:李爽

**课堂测试题** >>>

已经年过花甲的王老板虽然有三个子女,但他却没有心情享受天伦之乐,因为他为财富传承犯了愁。原来,王老板的大儿子正在和老婆闹离婚;二儿子没个正经工作,整天游手好闲;小女儿想去国外深造,平时花钱大手大脚。如果王老板用保险金信托来传承财富,可以带来以下哪些好处?

A. 针对大儿子的离婚风波,王老板设立保险金信托时可以明确约定子女获得的信托收益为个人财产,这样就能避免信托收益被分割的风险。

B. 针对二儿子不求上进的问题,王老板可以约定二儿子找到工作或者参加社会公益活动之后才能取得信托收益,以激励其努力工作。

C. 针对小女儿花钱大手大脚的问题,设立保险金信托可以约束小女儿的日常花销。

## 保险法商课精讲 >>>

目前在我国，保险金信托还是一种新生事物，很多人对它并不了解。那么，什么是保险金信托呢？简单地说，就是保险和信托的一种结合。投保人一方面与保险公司签订保险合同，指定信托公司作为保险受益人；另一方面与信托公司签订信托合同，约定将保险金作为信托财产，按条件、分期限付给指定的信托受益人。

我国现行保险金信托的法律架构，通常是通过投保人、保险公司和信托公司签署三方合同来实现的。相比传统的保单架构，保险金信托架构更为复杂，所以很多人对保险金信托知之甚少。

接下来，李律师就为大家介绍一下保险金信托的特点：

第一，能够隔离子女的婚姻财富风险。

根据我国民政部的数据统计，现在，年轻人的离婚率逐年上升。为了避免因子女婚姻变故带来的财产损失，父母可以使用保险金信托这一工具，事先隔离子女的婚姻财富风险。父母可以设立保险金信托，指定子女为信托受益人，受益条件明确约定子女获得的信托收益为个人财产。这种方法可以避免由于子女婚姻变故带来的财产损失，且具有相当程度的保密性，也避免伤害他们小夫妻间的感情。

第二，能够增加家庭传承财富。

投保人每年交纳较少的保费，通过保险的杠杆功能，日后可获得的保险金通常要高于保费。保险金进入信托程序，成为信托财产，通过信托机构的资产管理优势，又可实现信托财产的保值、增值，从而使家庭传承财富得以增加。

第三，能够激励和约束子女。

根据信托协议，信托收益不是一次性全部给子女的，而是按条件、分期限给他们的，这样可以长久地给予子女生活保障，同时激励子女在生活和学习方面积极向上。例如，可以设立这样的条件：子女学习成绩进步，奖励3万元；参加社会实践活动，奖励2万元；等等。通过设置信托条件也可以约束子女的行为，防止他们不学无术、挥霍浪费、败坏家风。例如可以约定，子女被发现参与赌博、吸食毒品等，停止发放信托收益，屡教不改者，终止其受益人的身份。这样，可以在一定程度上避免子女沾染恶习或挥霍财产。

## 延伸学习 >>>

保险金信托制度形成于美国，起初是为了解决被保险人未成年子女的教育及抚养问题。其实在我国，富裕阶层也有同样的迫切需求——保险事故发生后，保险金固然可以留给受益人，但如果受益人是无民事行为能力人或限制民事行为能力人，或其他不宜直接支配财产的人（如有赌博或其他恶习者），就很难防止高额保险金被监护人挪用、滥用或被受益人短期内挥霍一空的情况的发生。有的投保人希望将来把保险金按照特定的时间分配给受益人，或者希望在特定事件发生时分配给受益人，而这些仅靠保险法律关系是难以实现的。信托在解决这类问题方面具有独特的优势。保险与信托相结合，能扬长避短，更好地满足投保人多方面的需求。

PART 2
传承保险法商课

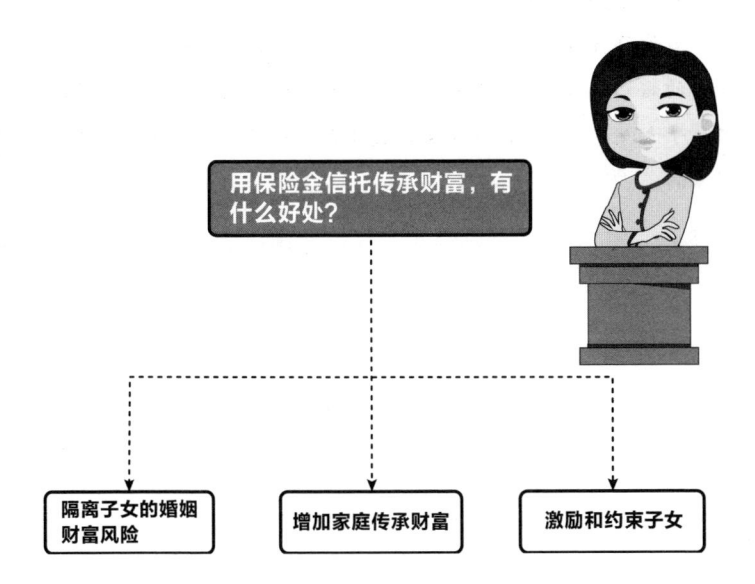

**用保险金信托传承财富,有什么好处?**

- 隔离子女的婚姻财富风险
- 增加家庭传承财富
- 激励和约束子女

## 测试题解析 >>>

**正确答案是 ABC**

就像李律师跟大家讲的,用保险金信托来传承财富,能隔离子女的婚姻财富风险;按条件、分期限给予子女信托收益,可以激励子女发愤图强,防止子女挥霍浪费。A、B、C 三个选项都是正确的。

# 25 如何用保险金信托引导和约束子女及其配偶？

本节课老师：黄利军

## 课堂测试题 >>>

老胡在年少时就背井离乡去打拼，功夫不负有心人，如今老胡家境殷实，还有两个帅气的儿子和一个漂亮的女儿，令人羡慕。但是，随着孩子们渐渐长大，他们和老胡的想法逐渐产生了分歧。老胡希望儿子们学有所成、子承父业，然而刚大学毕业的大儿子对接手家族企业毫无兴趣，一心只想做摄影师，还在读中学的小儿子又整天游手好闲，不成气候。女儿也没让老胡省心，找了个老胡瞧不上的傻小子，还一意孤行地和他领了结婚证。老胡因为担心女婿对女儿不好，整天郁郁寡欢。心力交瘁的老胡向人求助，如果你是老胡的财富顾问，你会如何利用保险金信托帮助老胡呢？

A. 安排一份保险金信托，老胡作投保人和被保险人，受益人为信托公司，大儿子为信托受益人，在信托中对大儿子领取信托收益做出条件限制：（1）如果大儿子愿意子承父业，那么每年可领取信托收益20万元；（2）如果大儿子能在老胡的企业里工作，辅佐老胡经营企业，且企业年利润较前一年有所上升，那么大儿子每年可领取信托收益30万元。

B. 安排一份保险金信托，老胡作投保人和被保险人，受益人为信托公司，小儿子为信托受益人，在信托中对小儿子领取信托收益做出条件限制：（1）如果小儿子每年学习成绩和综合能力都有所提升，那么每年可领取信托收益10万元；（2）如果小儿子能奋发图强，努力学习，考取知名高校，那么可领取信托收益20万元。

C. 安排一份保险金信托，老胡作投保人和被保险人，受益人为信托公司，女儿、女婿为信托受益人，在信托中对女婿领取信托收益做出条件限制：（1）如果女儿女婿婚姻幸福，没有矛盾，女婿对待女儿贴心，那么女婿每年可领取信托收益10万元；（2）女婿一旦有外遇或与其他异性有不正当交往，即刻停止领取信托收益；（3）如果女婿日后和女儿发生婚变，即刻停止领取信托收益。

## 保险法商课精讲 >>>

怎样利用保险金信托这一工具对儿媳和女婿进行正向引导和反向约束呢？我们分别举两个例子，从儿媳和女婿这两个角度来谈一谈。

先说说儿媳。

关先生的儿子因为工作原因经常出差，好在关先生有一个好儿媳。在儿子出差期间,儿媳对关先生夫妇的照顾可谓无微不至,他们对这个儿媳都很满意。但儿子和儿媳只生了一个孙子,这可把关先生给急坏了。关先生家大业大,天天盼着儿子和儿媳能再接再厉,多生几个孙子、孙女,为家族开枝散叶,可儿媳却不想再生了。关先生夫妇干着急,没办法。

黄律师听关先生说了这一情况后,建议他提前安排一份保险金信托,在对家族资产进行规划的同时,还能起到鼓励儿子和儿媳多生育的作用。

该保险金信托架构是这样的:关先生为投保人和被保险人,身故受益人为信托公司,同时把儿子、儿媳或其他人列为信托的受益人。

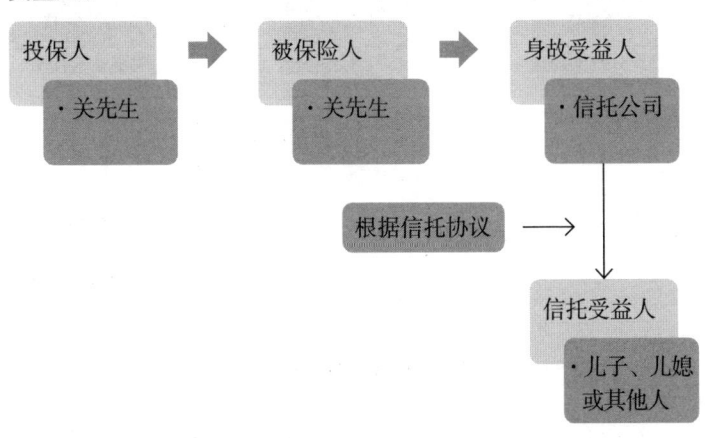

**关先生的保险金信托架构**

为了实现关先生家族人丁兴旺的愿望,在信托条款中可以做出特别约定:(1)儿子儿媳如能生二胎,可获得奖励20万元;(2)孙子女每一人考上名牌大学,儿子儿媳均可额外获得奖励30

万元。这些条件可以鼓励儿子和儿媳生育并用心教育子女。

再说说女婿。

刘女士是一位知名的女强人,目前女婿和女儿都在她的企业工作。刘女士最近打算给女儿一笔现金,却又担心女儿女婿将来发生婚变。

咨询过专业人士后,刘女士决定安排一份保险金信托,在规划家族资产的同时,也在一定程度上防止女儿女婿发生婚变。

该保险金信托架构是这样的:刘女士为投保人和被保险人,身故受益人为信托公司,女儿和女婿均列为信托受益人。

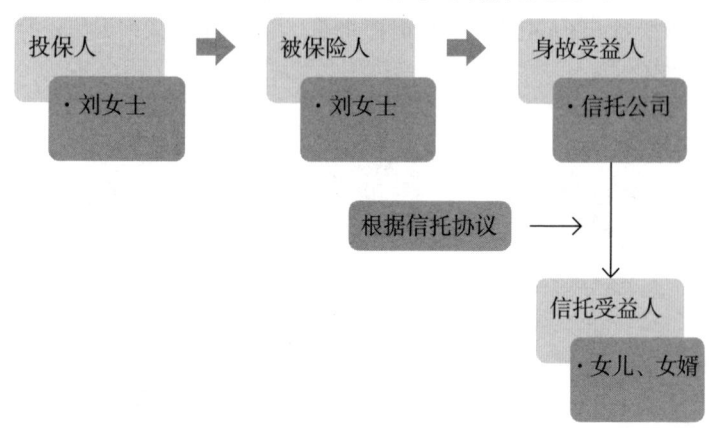

| 投保人 | ⇒ | 被保险人 | ⇒ | 身故受益人 |
|---|---|---|---|---|
| ·刘女士 | | ·刘女士 | | ·信托公司 |

根据信托协议 ⟶

信托受益人
·女儿、女婿

**刘女士的保险金信托架构**

在信托条款中,对女婿领取信托收益做出了条件限制:(1)如果女儿女婿婚姻幸福,没有矛盾,没有争吵,女婿每年可领取信托收益 10 万元;(2)如果女婿有外遇或与其他异性有不正当交往,即刻停止领取信托收益;(3)如果女婿和女儿发生婚变,即刻停止领取信托收益;(4)如果女婿协助女儿管理经营企

PART 2
传承保险法商课

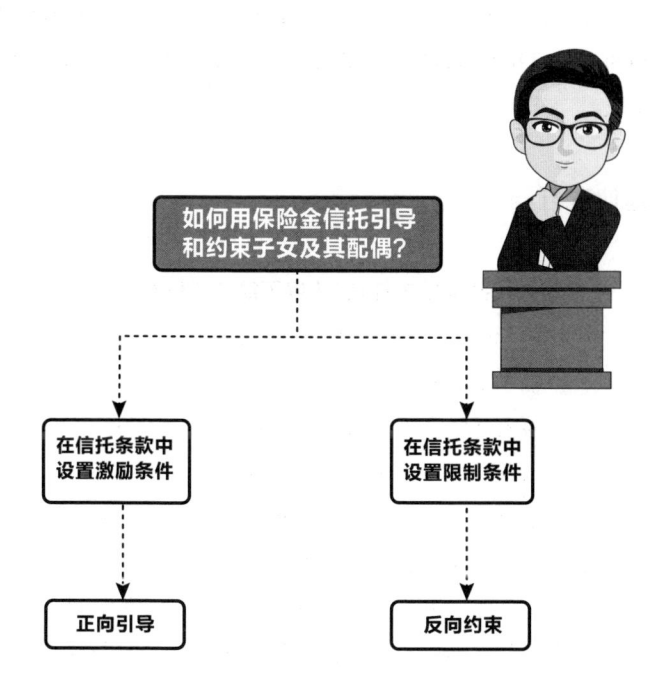

```
         如何用保险金信托引导
          和约束子女及其配偶?
                │
        ┌───────┴───────┐
        ▼               ▼
    在信托条款中       在信托条款中
    设置激励条件       设置限制条件
        ╎               ╎
        ▼               ▼
     正向引导          反向约束
```

业，使企业当年利润大幅上升，女婿可额外获得信托收益10万元。这些条件可以对女婿加以鼓励和约束，以帮助小两口和睦相处，幸福长久。

通过以上两个小案例，关于如何通过保险金信托有效引导和约束儿媳和女婿这些拟制血亲，想必大家都有了更多的理解和认识。

## 延伸学习 >>>

**《中华人民共和国信托法》（以下简称《信托法》）**

**第九条** 设立信托，其书面文件应当载明下列事项：

（一）信托目的；

（二）委托人、受托人的姓名或者名称、住所；

（三）受益人或者受益人范围；

（四）信托财产的范围、种类及状况；

（五）受益人取得信托利益的形式、方法。

除前款所列事项外，可以载明信托期限、信托财产的管理方法、受托人的报酬、新受托人的选任方式、信托终止事由等事项。

**第十五条** 信托财产与委托人未设立信托的其他财产相区别。设立信托后，委托人死亡或者依法解散、被依法撤销、被宣告破产时，委托人是唯一受益人的，信托终止，信托财产作为其遗产或者清算财产；委托人不是唯一受益人的，信托存续，信托财产不作为其遗产或者清算财产；但作为共同受益人的委托人死亡或者依法解散、被依法撤销、被宣告破产时，其信托受益权作为其遗产或者清算财产。

**第四十五条** 共同受益人按照信托文件的规定享受信托利益。信托文件对信托利益的分配比例或者分配方法未做规定的，各受益人按照均等的比例享受信托利益。

**第五十一条** 设立信托后，有下列情形之一的，委托人可以变更受益人或者处分受益人的信托受益权：

（一）受益人对委托人有重大侵权行为；

（二）受益人对其他共同受益人有重大侵权行为；

（三）经受益人同意；

（四）信托文件规定的其他情形。

有前款第（一）项、第（三）项、第（四）项所列情形之一的，委托人可以解除信托。

## 测试题解析 >>>

### 正确答案是 ABC

A、B、C 选项分别是通过设定保险金信托，规划老胡的家族资产，并有效激励大儿子继承家业、小儿子努力学习，有效引导和约束女婿。A、B、C 选项正确。

## 26 给孩子买的人寿保险，将来保险公司没了，该怎么办？

本节课老师：谭啸

### 课堂测试题 >>>

小张一直不大相信保险这个东西，害怕保险公司哪天没了，自己交的保费就打水漂了。这天他听保险代理人说，保险公司不能破产、不能倒闭，小张就放心了，大胆地买了一份终身寿险。那么，保险公司究竟会不会破产、倒闭呢？

A. 会。

B. 不会。

### 保险法商课精讲 >>>

前几天有学员咨询我："如果保险公司没了，那我买的人寿保险还有效吗？如果有效，后续会由谁来赔付？"相信心里这样"犯嘀咕"的客户不在少数。

今天我就为大家解析一下：保险公司到底会不会没了？如果没了该怎么办？

《保险法》有规定，保险公司如果被依法撤销或破产，要么将其转让给其他经营有人寿保险业务的保险公司，要么由国务院保险监管机构指定保险公司接受转让。也就是说，兼并后，原保险公司的客户的保单依然有效，所以购买人寿保险的客户不必担心，总会有人来"兜底"。

一家保险公司虽然可能会被撤销或者破产，但其保单会被其他机构托管，所以购买人寿保险的客户可以完全放心。与此同时，保险公司还有四大制度以保障消费者的权益，在此我也给大家普及一下。

一是保证金制度。保险公司要存20%的注册资本金，除用于偿还债务外，不允许随意动用。

二是准备金制度。保险公司要预估测算将来的理赔金额，并准备一笔保险金用于理赔储备。

三是公积金制度。公积金是保险公司存储以备用的净利润。当保险公司出现亏损时，用于弥补亏损。

四是保险保障基金制度。中国保险保障基金公司管理的保险保障基金，可在保险公司发生风险时，恢复其正常经营。

最后，我再给大家一颗定心丸——监管部门的监管制度。

一是偿付能力监管。《中国第二代偿付能力监管制度体系建设规划》几乎可以确保在99.5%的概率下，保险公司无论发生什么事情都不会倒闭。

二是资金运用监管。投保人所交的保费都是受到严格监管的，不是保险公司想怎么投资就怎么投资。

所以大家可以让客户放心购买保单，即使保险公司出了问题，保单也会继续被履行。更何况，保险行业是安全系数级别最高的行业之一。

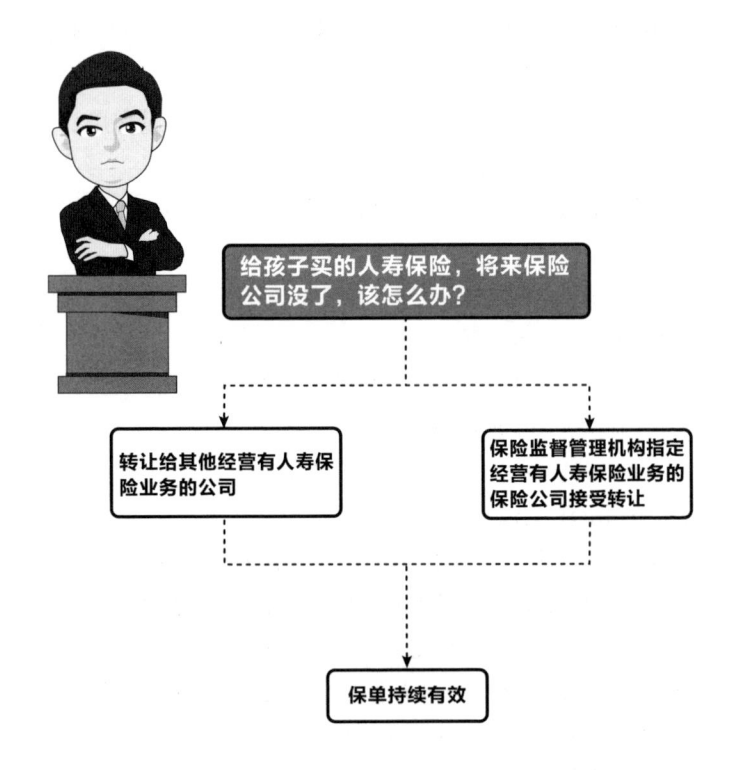

给孩子买的人寿保险,将来保险公司没了,该怎么办?

- 转让给其他经营有人寿保险业务的公司
- 保险监督管理机构指定经营有人寿保险业务的保险公司接受转让

保单持续有效

# 延伸学习 >>>

**《保险法》**

**第九十条** 保险公司有《中华人民共和国企业破产法》第二条规定情形的，经国务院保险监督管理机构同意，保险公司或者其债权人可以依法向人民法院申请重整、和解或者破产清算；国务院保险监督管理机构也可以依法向人民法院申请对该保险公司进行重整或者破产清算。

**第九十二条** 经营有人寿保险业务的保险公司被依法撤销或者被依法宣告破产的，其持有的人寿保险合同及责任准备金，必须转让给其他经营有人寿保险业务的保险公司；不能同其他保险公司达成转让协议的，由国务院保险监督管理机构指定经营有人寿保险业务的保险公司接受转让。

转让或者由国务院保险监督管理机构指定接受转让前款规定的人寿保险合同及责任准备金的，应当维护被保险人、受益人的合法权益。

**第九十七条** 保险公司应当按照其注册资本总额的百分之二十提取保证金，存入国务院保险监督管理机构指定的银行，除公司清算时用于清偿债务外，不得动用。

**第九十八条** 保险公司应当根据保障被保险人利益、保证偿付能力的原则，提取各项责任准备金。

保险公司提取和结转责任准备金的具体办法，由国务院保险监督管理机构制定。

**第一百条** 保险公司应当缴纳保险保障基金。

保险保障基金应当集中管理，并在下列情形下统筹使用：

（一）在保险公司被撤销或者被宣告破产时，向投保人、被保险人或者受益人提供救济；

（二）在保险公司被撤销或者被宣告破产时，向依法接受其人寿保险合同的保险公司提供救济；

（三）国务院规定的其他情形。

保险保障基金筹集、管理和使用的具体办法，由国务院制定。

**第一百零一条** 保险公司应当具有与其业务规模和风险程度相适应的最低偿付能力。保险公司的认可资产减去认可负债的差额不得低于国务院保险监督管理机构规定的数额；低于规定数额的，应当按照国务院保险监督管理机构的要求采取相应措施达到规定的数额。

### 《中国第二代偿付能力监管制度体系建设规划》介绍

简单来说，就是保险公司在每季度末、每年末都会通过建立详尽的数学模型和压力测试，以确保自己有能力在99.5%的概率下，无论发生什么事情都不会倒闭。

## 测试题解析 >>>

**正确答案是 A**

《保险法》第九十条规定：保险公司有《中华人民共和国企业破产法》第二条规定情形的，经国务院保险监督管理机构同意，保险公司或者其债权人可以依法向人民法院申请重整、和解或者破产清算；国务院保险监督管理机构也可以依法向人民法院申请对该保险公司进行重整或者破产清算。

从《保险法》第九十二条的规定也可以看出，经营有人寿保险业务的保险公司可以被依法撤销或者被依法宣告破产。但是被撤销或者破产后，保单由其他保险公司或者银保监会托管，保险合同依旧有效。很多人因此误以为保险公司不能破产。其实，保险公司可以破产，但保险产品不会因为保险公司的破产而失效。A 选项正确，B 选项错误。

# 27 可以给养子女及非婚生子女投保吗？

本节课老师：谭啸

**课堂测试题** >>>

王总是一位知名企业家，经过多年打拼积累了一定的财富。他希望自己的财富可以顺利传承，也希望家人和跟着自己打拼的员工都能有一定的生活保障。为此，王总准备给家里的成员和企业的员工都买上保险。王总家里有六个人，分别是父母二人、配偶、一个婚生子、一个早年间领养的孩子、他自己。企业的员工有近百名。请问，王总可以为谁买保险？

A. 王总本人。

B. 王总的配偶、婚生子、父母。

C. 王总的养子。

D. 王总企业的员工。

## 保险法商课精讲 >>>

随着社会的发展、时代的变迁，婚姻问题带来的财富风险越来越多，尤其是在很多遗产争夺案件中，常常会有情人或非婚生子女参与其中。前几天我接待了一位客户，他有个非婚生子，对这个孩子，客户本来就感觉有所亏欠，所以希望给他一些经济补偿。客户来咨询我，如果自己做投保人，孩子做被保险人，自己给孩子买一份保险，保险公司能同意吗？

实际上，这位客户的疑问具有一定的代表性。那么，到底能不能给非婚生子女购买保险呢？我就给大家解读一下。

这个问题涉及的知识点是"保险利益"（又称"可保利益"），它指的是投保人或者被保险人对保险标的具有的法律上承认的利益。

从法律的角度理解，子女既包括婚生子女，也包括非婚生子女及养子女，所以客户当然可以为非婚生子投保，因为二人存在可保利益。

但在实际操作中，保险公司为了规避相关风险，通常要求比较严格。投保人在投保时，保险公司会要求其出具投保人和被保险人的身份关系证明。如果被保险人是投保人的非婚生子，一般只要投保人能提供其出生证明或者 DNA 亲子关系证明就可以了，相对来说手续还是比较简单的。

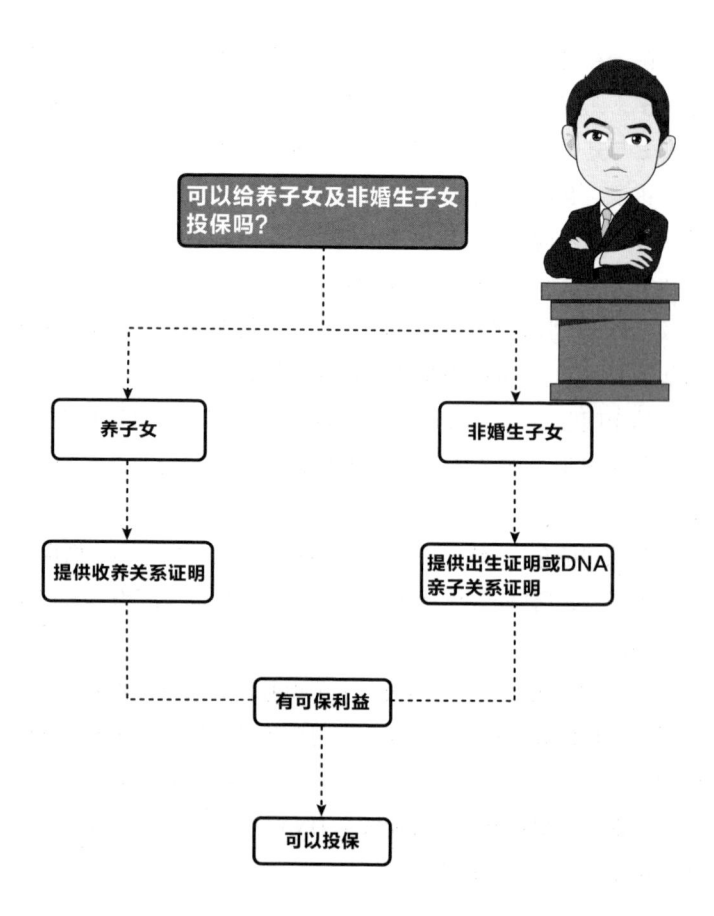

```
可以给养子女及非婚生子女投保吗？
├── 养子女 → 提供收养关系证明
└── 非婚生子女 → 提供出生证明或DNA亲子关系证明
         ↓
       有可保利益
         ↓
       可以投保
```

## 延伸学习 >>>

**《民法典》**

**第一千零六十七条** 父母不履行抚养义务的,未成年子女或者不能独立生活的成年子女,有要求父母给付抚养费的权利。

成年子女不履行赡养义务的,缺乏劳动能力或者生活困难的父母,有要求成年子女给付赡养费的权利。

**第一千零七十一条** 非婚生子女享有与婚生子女同等的权利,任何组织或者个人不得加以危害和歧视。

不直接抚养非婚生子女的生父或者生母,应当负担未成年子女或者不能独立生活的成年子女的抚养费。

**《保险法》**

**第三十一条** 投保人对下列人员具有保险利益:

(一)本人;

(二)配偶、子女、父母;

(三)前项以外与投保人有抚养、赡养或者扶养关系的家庭其他成员、近亲属;

(四)与投保人有劳动关系的劳动者。

除前款规定外,被保险人同意投保人为其订立合同的,视为投保人对被保险人具有保险利益。

订立合同时,投保人对被保险人不具有保险利益的,合同无效。

## 测试题解析 >>>

**正确答案是 ABCD**

根据《保险法》第三十一条规定,投保人对下列人员具有保险利益:(一)本人;(二)配偶、子女、父母;(三)前项以外与投保人有抚养、赡养或者扶养关系的家庭其他成员、近亲属;(四)与投保人有劳动关系的劳动者。所以上述四个选项中的人,都与王总有保险利益,王总都可以为他们购买保险。需要注意的是,为员工买的保险,投保人是王总的企业而非其个人。A、B、C、D四个选项都是正确的。

# 28 再婚后，如何利用保单把财富只传承给我的前婚子女？

本节课老师：黄利军

## 课堂测试题 >>>

周先生今年54岁，再婚过，与前妻育有一子小周。周先生十分疼爱小周，希望把自己手中的积蓄150万元全部传给他，且要防止继女与小周争夺这笔财产，同时他还希望自己健在时对这150万元有牢牢的控制权。在咨询律师后，律师建议他通过购买人寿保险来实现自己的愿望，请问以下哪种保险配置能够完全满足周先生的要求？

A. 为周先生配置高现金价值的终身寿险，周先生为投保人，周先生为被保险人，不指定受益人。

B. 为周先生配置高现金价值的终身寿险，周先生为投保人，周先生为被保险人，受益人为小周。

C. 为周先生配置高现金价值的终身寿险，小周为投保人，周先生为被保险人，不指定受益人。

D. 为周先生配置高现金价值的终身寿险，小周为投保人，周先生为被保险人，受益人为小周。

## 保险法商课精讲 >>>

黄律师曾接待过一位客户夏女士。这位夏女士再婚过,今年55岁,再婚前有一个女儿,今年26岁。夏女士患有严重的风湿病,她咨询黄律师的是:如何把手中的100万元现金安全地传给自己的前婚女儿。夏女士向黄律师提出三个要求:一是自己健在时要有控制权;二是要防止继子和女儿因争夺财产而发生纠纷;三是确保这笔钱一定要付给女儿。

如何满足夏女士的传承要求呢?

结合法律工具和金融工具加以考虑,如大家所想,当前能满足夏女士要求的最好的办法就是购买人寿保险。那么,夏女士到底该配置什么类型的人寿保险呢?黄律师给的答案是:夏女士应该配置高现金价值的终身寿险,夏女士作为投保人和被保险人,受益人为前婚女儿,其保单架构如下图所示。

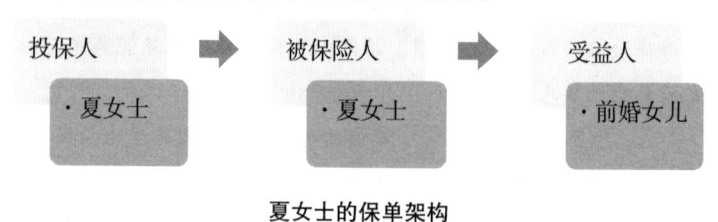

| 投保人 | ➡ | 被保险人 | ➡ | 受益人 |
|---|---|---|---|---|
| ·夏女士 | | ·夏女士 | | ·前婚女儿 |

**夏女士的保单架构**

下面,黄律师结合该保单的功能,给大家分析一下为何对夏女士来说这是最佳配置。

首先,夏女士为投保人,生前对保单有控制权。这张高现金价值的保单,在夏女士交完保费几年后其现金价值将和所交的保费一样，如此，夏女士生前随时都可以用保单质押贷款的方式获得大额资金，以备救急之用。

其次，因身故保险金不属于遗产，所以前婚女儿在领取身故保险金时，不需要继子和再婚后的老公配合，无须办理烦琐的继承手续。如此，就能避免继子和女儿因争夺财产而发生纠纷。而且，前婚女儿获得的身故保险金，属于她的个人财产。

最后，作为被保险人的夏女士一旦身故，经受益人申请，办理理赔手续后，保险公司会将身故保险金付给受益人，即夏女士的前婚女儿。这样一来，利用保险的定向传承功能，可以确保将现金资产定向传承给前婚女儿。

## 延伸学习 >>>

**《最高人民法院关于保险金能否作为被保险人遗产的批复》**

一、根据我国保险法规有关条文规定的精神，人身保险金能否列入被保险人的遗产，取决于被保险人是否指定了受益人。指定了受益人的，被保险人死亡后，其人身保险金应付给受益人；未指定受益人的，被保险人死亡后，其人身保险金应作为遗产处理，可以用来清偿债务或者赔偿。

### 《民法典》

**第一千一百二十七条** 遗产按照下列顺序继承：

（一）第一顺序：配偶、子女、父母；

（二）第二顺序：兄弟姐妹、祖父母、外祖父母。

继承开始后，由第一顺序继承人继承，第二顺序继承人不继

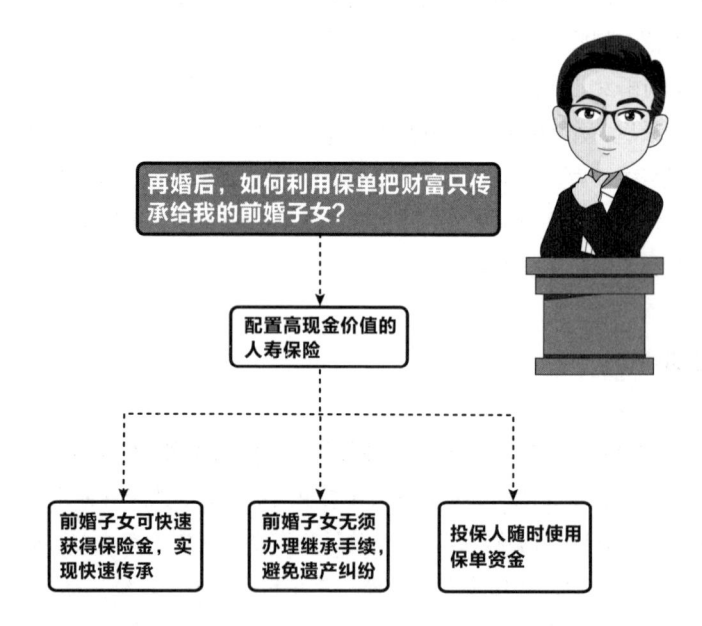

```
再婚后,如何利用保单把财富只传承给我的前婚子女?
                │
                ▼
        配置高现金价值的
           人寿保险
     ┌──────────┼──────────┐
     ▼          ▼          ▼
前婚子女可快速   前婚子女无须    投保人随时使用
获得保险金,实   办理继承手续,   保单资金
现快速传承     避免遗产纠纷
```

承；没有第一顺序继承人继承的，由第二顺序继承人继承。

本编所称子女，包括婚生子女、非婚生子女、养子女和有扶养关系的继子女。

本编所称父母，包括生父母、养父母和有扶养关系的继父母。

本编所称兄弟姐妹，包括同父母的兄弟姐妹、同父异母或者同母异父的兄弟姐妹、养兄弟姐妹、有扶养关系的继兄弟姐妹。

**《最高人民法院第八次全国法院民事商事审判工作会议（民事部分）纪要》**

5.婚姻关系存续期间，夫妻一方作为被保险人依据意外伤害保险合同、健康保险合同获得的具有人身性质的保险金，或者夫妻一方作为受益人依据以死亡为给付条件的人寿保险合同获得的保险金，宜认定为个人财产，但双方另有约定的除外。

## 测试题解析 >>>

**正确答案是 B**

A、C 选项：根据《最高人民法院关于保险金能否作为被保险人遗产的批复》第一条的规定，未指定受益人的人身保险，被保险人死亡后，其保险金应作为遗产处理，故在 A、C 选项的情境下，周先生未指定受益人，那么在周先生身故后，其保险金会被作为遗产处理。根据《民法典》继承编第一千一百二十七条的规定，周先生的子女（包括婚生子女和有扶养关系的继子女）小周及继女均对这笔保险金享有继承权，如此则无法保证 150 万元全部传给小周。A、C 选项错误。

B 选项：首先，周先生自己为高现金价值终身寿险的投保人，生前可以掌控保单。这笔高现金价值的保单在周先生交完保费几年后，其现金价值将和所交的保费一样，如此，周先生生前随时可以用保单质押贷款的方式获得大额资金；其次，周先生为被保险人，一旦身故，保险公司会将这笔保险金付给受益人小周，如此便可利用保险的定向传承功能，将这笔钱定向付给前婚儿子；最后，根据《最高人民法院关于保险金能否作为被保险人遗产的批复》第一条的规定，指定了受益人的人身保险，在被保险人周先生死亡后，其保险金应付给受益人小周，而不会被作为遗产处理，如此便可防止继女等人与小周就这笔财产发生纠纷。因此，B 选项的保险配置可以全面满足周先生的要求。B 选项正确。

C、D 选项：因保单属于投保人的金融资产，如果以小周为投保人，那么周先生会丧失对这笔资产的控制权。因此 C、D 选项无法满足周先生在生前对这笔财产有牢牢控制权的要求。C、D 选项错误。

# 29 财富隔代传承给孙子，用保单有什么优势呢？

本节课老师：黄利军

## 课堂测试题 >>>

和周围人的退休生活不同，今年60岁的老金在退休后对打牌、打麻将毫无兴趣，而是把全部精力都投入到了他那聪明可爱的孙子金小棋身上。见儿子女儿都比较富裕，老金便希望在自己去世后，将毕生积蓄100万元都传给孙子金小棋。但对于采用何种方式传承，老金却犯了愁，于是他决定咨询专业人士。如果你是老金的财富顾问，会推荐他采用以下哪种方式？（要求：确保用最保险且便捷的方式把100万元现金留给孙子。）

A. 立遗嘱，将100万元现金在身故之后全部传给孙子金小棋，并按规定办理遗嘱公证。

B. 购买大额终身寿险，老金自己作为投保人和被保险人，不指定受益人。

C. 购买大额终身寿险，老金自己作为投保人和被保险人，并指定孙子金小棋为受益人。

## 保险法商课精讲 >>>

北京的郭先生夫妇和孙子是典型的"隔代亲"。因为孙子聪明好学，活泼可爱，加上孙子是由自己带大的，郭先生夫妇对他十分疼爱。

郭先生夫妇虽然财产不算太多，只有一套房和150万元现金，但也希望将来都传承给自己的孙子。房产办理了赠与过户手续，已经到了孙子名下，现在老两口正在考虑现金该怎么传承。

在与黄律师交流后，郭先生决定通过购买人寿保险的方式进行传承，为此他给自己配置了一份人寿保险。为什么郭先生选择利用人寿保险把现金传承给孙子呢？接下来黄律师给大家详细说说。

在黄律师的建议下，郭先生的保单架构如下图所示。

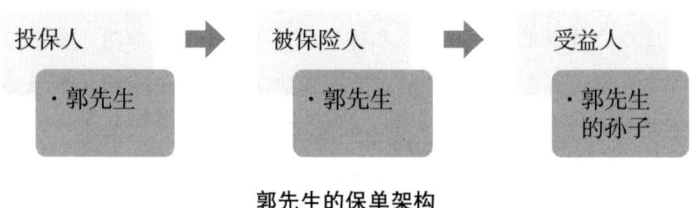

| 投保人 | 被保险人 | 受益人 |
|---|---|---|
| ·郭先生 | ·郭先生 | ·郭先生的孙子 |

**郭先生的保单架构**

采用人寿保险的方式来实现现金的隔代传承，能够充分达成郭先生的传承意愿。因为保险合同中明确指定了受益人，所以能确保现金给付到孙子手中。具体来说，这种传承方式有如下优势：

1.目前郭先生身体状况良好，那么在郭先生健在时，他可以控制保单，并且随时使用保单中的资金，如此能够保障郭先生在世时对现金的需求。

2. 如果郭先生选择的是带有养老社区的保险机构，还可以利用保单安排高端养老。

3. 孙子领取保险公司的保险金时，简便快捷，无须经过郭先生其他继承人的同意，无须面临遗嘱继承流程中获得全部继承人同意的麻烦，避免引起家庭内部矛盾。同时，这一传承方式的私密性非常高。

4. 人寿保险当中的受益人可以随时变更。郭先生若是想法有变，可以随时变更受益人；受益人为多人时，还可以灵活调整受益人的受益比例。

5. 有效防范遗嘱失效的风险。如果是通过遗嘱给孙子留现金，根据《民法典》继承编的规定，在郭先生身故后，孙子需要在知道爷爷的遗嘱后两个月内，向爷爷的其他继承人明确告知自己接受继承；如果孙子没有明确表示接受，两个月后就视为放弃继承，导致爷爷的遗嘱失效。保单指定受益人为孙子，不需要在知道遗嘱后两个月内明确做出继承的表示，也不会有失效的风险。

## 延伸学习 >>>

### 《最高人民法院关于保险金能否作为被保险人遗产的批复》

一、根据我国保险法规有关条文规定的精神，人身保险金能否列入被保险人的遗产，取决于被保险人是否指定了受益人。指定了受益人的，被保险人死亡后，其人身保险金应付给受益人；

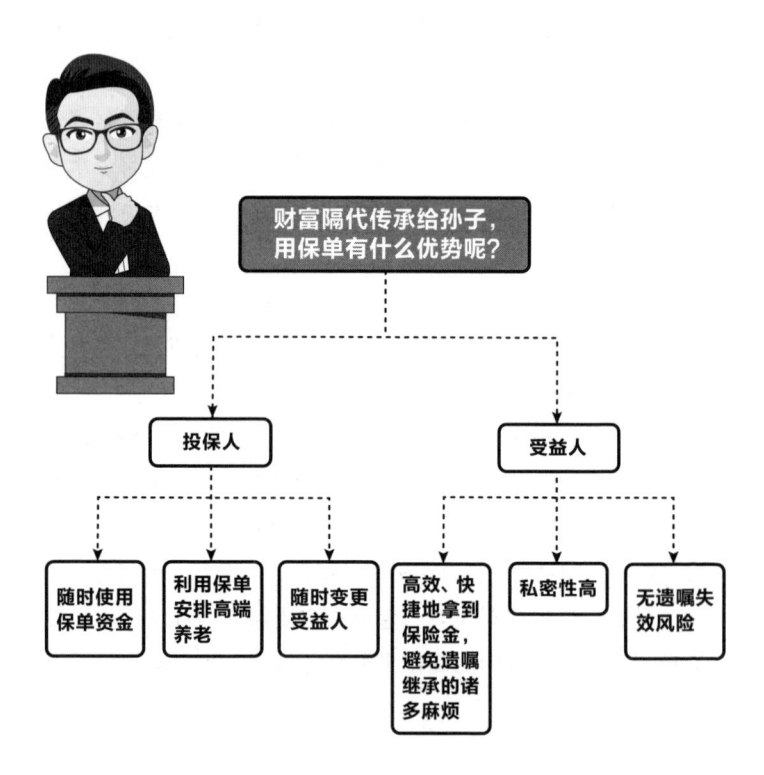

```
                          财富隔代传承给孙子,
                          用保单有什么优势呢?
                    ┌──────────┴──────────┐
                 投保人                  受益人
          ┌────────┼────────┐      ┌──────┼──────┐
      随时使用   利用保单   随时变更   高效、快   私密性高   无遗嘱失
      保单资金   安排高端   受益人    捷地拿到              效风险
                 养老                保险金,
                                    避免遗嘱
                                    继承的诸
                                    多麻烦
```

未指定受益人的,被保险人死亡后,其人身保险金应作为遗产处理,可以用来清偿债务或者赔偿。

### 《民法典》

**第一千一百二十四条** 继承开始后,继承人放弃继承的,应当在遗产处理前,以书面形式作出放弃继承的表示;没有表示的,视为接受继承。

受遗赠人应当在知道受遗赠后六十日内,作出接受或者放弃受遗赠的表示;到期没有表示的,视为放弃受遗赠。

**第一千一百二十七条** 遗产按照下列顺序继承:

(一)第一顺序:配偶、子女、父母;

(二)第二顺序:兄弟姐妹、祖父母、外祖父母。

继承开始后,由第一顺序继承人继承,第二顺序继承人不继承;没有第一顺序继承人继承的,由第二顺序继承人继承。

本编所称子女,包括婚生子女、非婚生子女、养子女和有扶养关系的继子女。

本编所称父母,包括生父母、养父母和有扶养关系的继父母。

本编所称兄弟姐妹,包括同父母的兄弟姐妹、同父异母或者同母异父的兄弟姐妹、养兄弟姐妹、有扶养关系的继兄弟姐妹。

## 测试题解析 >>>

**正确答案是 C**

A 选项：遗嘱继承虽然可以将 100 万元全部传给孙子金小棋，但根据《民法典》继承编第一千一百二十四条的规定，若金小棋在知道受遗赠后的六十日内未作出接受遗赠的表示，则将被视为放弃接受遗赠，就无法获得 100 万元，所以这个方法不够保险。此外，进行遗嘱继承步骤烦琐，需要经过老金其他继承人的同意，还要面临遗嘱继承流程中查找全部继承人的麻烦，所以这个方法也不够便捷。A 选项错误。

B 选项：根据《最高人民法院关于保险金能否作为被保险人遗产的批复》第一条的规定，未指定受益人的人身保险，被保险人死亡后，其保险金应作为遗产处理。根据《民法典》继承编第一千一百二十七条的规定，孙子不属于第一、第二顺序法定继承人。如此，在无其他法定条件发生的情况下，金小棋将无法取得这 100 万元。B 选项错误。

C 选项：根据《最高人民法院关于保险金能否作为被保险人遗产的批复》第一条的规定，指定了受益人的人身保险，在被保险人老金死亡后，其保险金应付给受益人金小棋，而不会被作为遗产处理，如此便可确保将 100 万元稳稳地传给金小棋。同时，金小棋领取该保险金简便快捷，不需要经过老金其他继承人的同意，无须面临遗嘱继承流程中查找全部继承人的麻烦，可避免引起家庭内部矛盾，做到私密传承，而且规避了前述遗嘱失效的风险。综上，这是满足老金要求的最佳选择。C 选项正确。

# 30 爷爷能不能给孙子买保险？

本节课老师：谭啸

## 课堂测试题 >>>

未成年人作为被保险人，死亡保额的上限是多少？
A. 20万元。
B. 10万元。
C. 50万元。

## 保险法商课精讲 >>>

前几天，一个学员咨询我，说一个客户想给自己的孙子买份终身寿险（俗称隔代投保），但保险公司是不允许这样做的。于是，这个学员就问我："有明确的法律条文规定不允许隔代投保吗？"

要想搞清楚这个问题，先得明确一个架构：隔代投保就是爷爷当投保人，孙子当被保险人。从表面上看，这两个人之间具有可保利益，但事实上还得看《保险法》的相关规定。

为了防范道德风险，对以被保险人死亡为给付保险金条件的保险，《保险法》规定了严格的条件。《保险法》规定，投保人不得为无民事行为能力人（无民事行为能力人：《民法典》总则编规定为不满8周岁的未成年人和不能辨认自己行为的成年人，在此不一一列举）投保以死亡为给付保险金条件的人身保险，保险人也不得承保。

父母为其未成年子女投保的人身保险，不受前述规定限制；但是子女未满8周岁，死亡保额上限为20万元，子女8~18周岁，上限为50万元。

也就是说，案例中的这位爷爷不得为8周岁以下的孙子投保以被保险人死亡为给付条件的保险。而以被保险人非死亡为给付条件的保险，目前各家保险公司操作不一。

《保险法》同时规定了以死亡为给付保险金条件的合同，未经被保险人同意并认可保险金额的，合同无效。父母为其未成年子女投保的人身保险，不受此规定限制。

因此，在一般情况下，祖辈对无民事行为能力的孙辈不具备法律承认的保险利益，在其法定监护人不知情或不同意的情况下，其保险合同无效。

但事情也并非如此绝对，在实际操作中，当祖辈为无民事行为能力的孙辈投保满足如下条件时，保险公司也会承认保险单有效：一是投保人须符合投保寿险产品的年龄要求；二是投保人须得到被保险人法定监护人（父母）的书面同意，或者被保险人的法定监护人为投保人本人。

此外，对于隔代投保，部分寿险公司对被保险人的年龄也有要求（一般要求被保险人在8周岁以上），同样是为了最大限度地防范道德风险。

PART 2
传承保险法商课

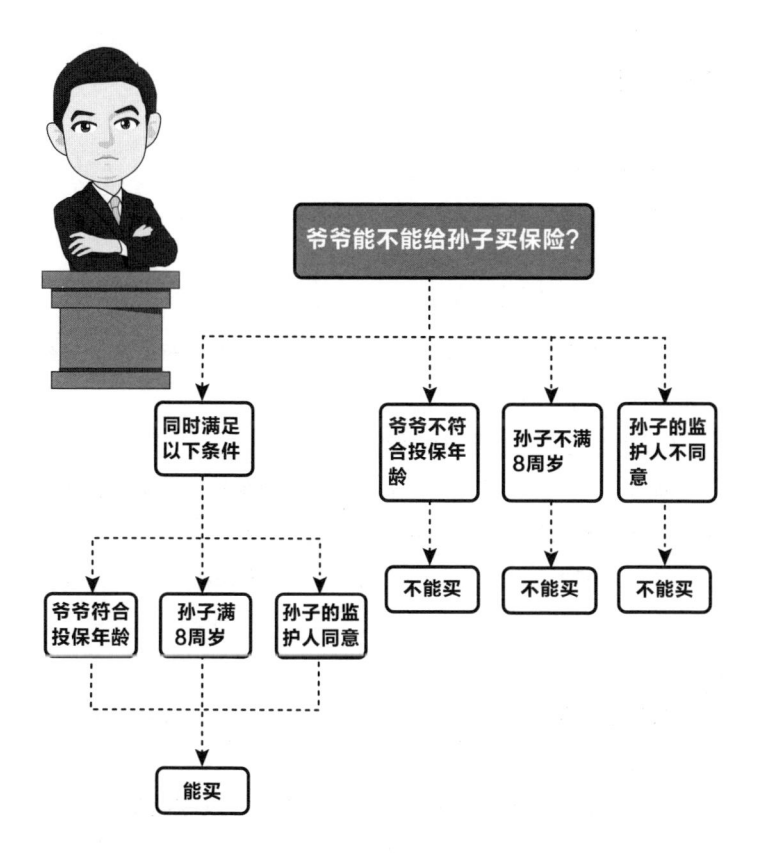

## 爷爷能不能给孙子买保险？

- **同时满足以下条件**
  - 爷爷符合投保年龄
  - 孙子满8周岁
  - 孙子的监护人同意
  
  → **能买**

- **爷爷不符合投保年龄** → 不能买
- **孙子不满8周岁** → 不能买
- **孙子的监护人不同意** → 不能买

这样大家应该明白了吧,隔代投保在实际操作中是基本可行的。

## 延伸学习 >>>

**《保险法》**

**第三十一条** 投保人对下列人员具有保险利益:

(一)本人;

(二)配偶、子女、父母;

(三)前项以外与投保人有抚养、赡养或者扶养关系的家庭其他成员、近亲属;

(四)与投保人有劳动关系的劳动者。

除前款规定外,被保险人同意投保人为其订立合同的,视为投保人对被保险人具有保险利益。

订立合同时,投保人对被保险人不具有保险利益的,合同无效。

**第三十三条** 投保人不得为无民事行为能力人投保以死亡为给付保险金条件的人身保险,保险人也不得承保。

父母为其未成年子女投保的人身保险,不受前款规定限制。但是,因被保险人死亡给付的保险金总和不得超过国务院保险监督管理机构规定的限额。

**《民法典》**

**第十七条** 十八周岁以上的自然人为成年人。不满十八周岁的自然人为未成年人。

**第十八条** 成年人为完全民事行为能力人,可以独立实施民事法律行为。

十六周岁以上的未成年人,以自己的劳动收入为主要生活来源的,视为完全民事行为能力人。

**第十九条** 八周岁以上的未成年人为限制民事行为能力人,实施民事法律行为由其法定代理人代理或者经其法定代理人同意、追认;但是,可以独立实施纯获利益的民事法律行为或者与其年龄、智力相适应的民事法律行为。

**第二十条** 不满八周岁的未成年人为无民事行为能力人,由其法定代理人代理实施民事法律行为。

**《中国保监会关于父母为其未成年子女投保以死亡为给付保险金条件人身保险有关问题的通知》(保监发〔2015〕90号)**

为保护未成年人的合法权益,根据《中华人民共和国保险法》第三十三条规定,现就规范父母作为投保人为其未成年子女投保以死亡为给付保险金条件人身保险的有关问题通知如下:

一、对于父母为其未成年子女投保的人身保险,在被保险人成年之前,各保险合同约定的被保险人死亡给付的保险金额总和、被保险人死亡时各保险公司实际给付的保险金总和按以下限额执行:

（一）对于被保险人不满10周[①]岁的，不得超过人民币20万元。

（二）对于被保险人已满10周岁[②]但未满18周岁的，不得超过人民币50万元。

二、对于投保人为其未成年子女投保以死亡为给付保险金条件的每一份保险合同，以下三项可以不计算在前款规定限额之中：

（一）投保人已交保险费或被保险人死亡时合同的现金价值；对于投资连结保险合同、万能保险合同，该项为投保人已交保险费或被保险人死亡时合同的账户价值。

（二）合同约定的航空意外死亡保险金额。此处航空意外死亡保险金额是指航空意外伤害保险合同约定的死亡保险金额，或其他人身保险合同约定的航空意外身故责任对应的死亡保险金额。

（三）合同约定的重大自然灾害意外死亡保险金额。此处重大自然灾害意外死亡保险金额是指重大自然灾害意外伤害保险合同约定的死亡保险金额，或其他人身保险合同约定的重大自然灾害意外身故责任对应的死亡保险金额。

三、保险公司在订立保险合同前，应向投保人说明父母为其未成年子女投保以死亡为给付保险金条件人身保险的有关政策规定，询问并记录其未成年子女在本公司及其他保险公司已经参保

---

[①] 依据《民法典》，无民事行为能力人的年龄标准已由10周岁改为8周岁。谭啸老师认为，此处规定的年龄亦应随《民法典》改为8周岁。

[②] 同上。

的以死亡为给付保险金条件人身保险的有关情况。各保险合同约定的被保险人死亡给付的保险金额总和已经达到限额的，保险公司不得超过限额继续承保；尚未达到限额的，保险公司可以就差额部分进行承保，保险公司应在保险合同中载明差额部分的计算过程。

## 测试题解析 >>>

**正确答案是 AC**

根据《中国保监会关于父母为其未成年子女投保以死亡为给付保险金条件人身保险有关问题的通知》，被保险人不满10周岁（应根据《民法典》调整为8周岁）的，死亡保额不得超过20万元；被保险人已满10周岁（应根据《民法典》调整为8周岁）但未满18周岁的，死亡保额不得超过50万元。A、C选项正确，B选项错误。

## 31 客户想指定侄子为受益人,行得通吗?

本节课老师:梁磊

### 课堂测试题 >>>

保单指定了受益人,那么,受益人在继承身故保险金方面有哪些好处呢?

A. 受益人领取保险金便利。

B. 保险金分配不会有纠纷。

C. 保险金不缴纳个人所得税。

D. 保险金归受益人本人所有。

### 保险法商课精讲 >>>

陈媛今年 50 岁,因为身体原因没有生育子女。陈媛的哥哥有一个儿子叫陈锋,今年 26 岁,从小就和姑妈陈媛非常亲近。陈媛没有子嗣,就把这个侄子当成自己的儿子看待。最近,陈媛考虑自己的养老问题,想为自己购买一份终身年金保险,在受益人方面,她想指定侄子陈锋为唯一受益人。请问,这种情况在保险公司那里行得通吗?

按照《保险法》第三十九条以及《保险法司法解释(三)》第九条的规定,只要被保险人指定受益人,或者投保人经过被保险人同意后指定受益人的,受益人可以指定为任何人。法律对此没有限制。

但是,在实际操作中,保险公司为了避免受益人的道德风险(比如受益人故意杀害被保人,以骗取理赔金),在执行规范上会严格一些。保险公司对受益人指定为祖父母、外祖父母、父母、配偶和子女的,一般不需要受益人签字。但是如果指定受益人为上述亲属关系之外的人,保险公司一般要求投保人或者被保险人提供书面说明,并要求被保险人和受益人在书面说明上签字确认,审核通过后才能出具保险合同。

所以,陈媛要想指定自己的受益人为侄子陈锋,需要向保险公司提供书面说明,而且陈媛和陈锋都要在书面说明上签字。保险公司审核通过后,就可以出具保险合同了。

## 延伸学习 >>>

### 《保险法》

**第三十九条** 人身保险的受益人由被保险人或者投保人指定。

投保人指定受益人时须经被保险人同意。投保人为与其有劳动关系的劳动者投保人身保险,不得指定被保险人及其近亲属以外的人为受益人。

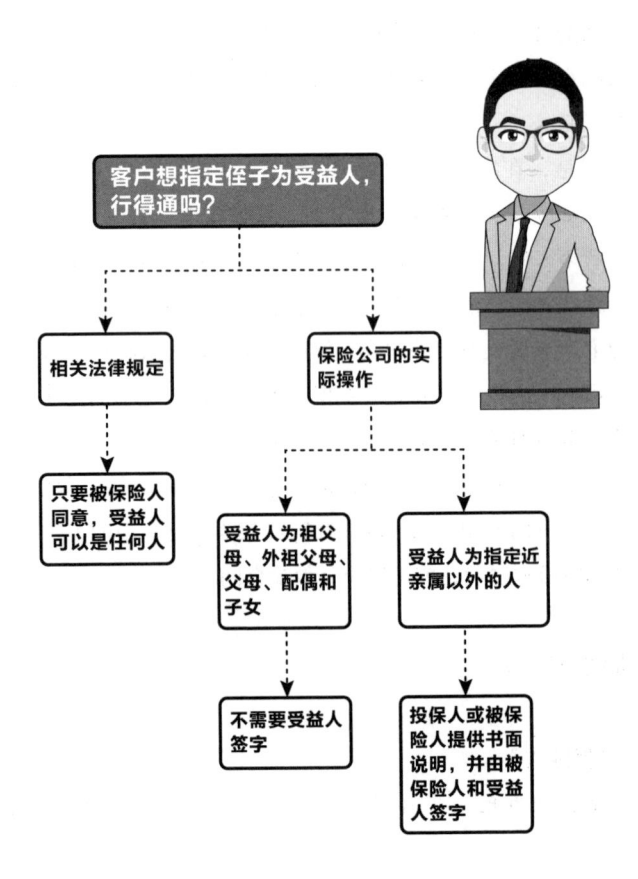

```
客户想指定侄子为受益人，行得通吗？
├── 相关法律规定
│   └── 只要被保险人同意，受益人可以是任何人
└── 保险公司的实际操作
    ├── 受益人为祖父母、外祖父母、父母、配偶和子女
    │   └── 不需要受益人签字
    └── 受益人为指定近亲属以外的人
        └── 投保人或被保险人提供书面说明，并由被保险人和受益人签字
```

被保险人为无民事行为能力人或者限制民事行为能力人的，可以由其监护人指定受益人。

**《保险法司法解释（三）》**

**第九条** 投保人指定受益人未经被保险人同意的，人民法院应认定指定行为无效。

当事人对保险合同约定的受益人存在争议，除投保人、被保险人在保险合同之外另有约定外，按以下情形分别处理：

（一）受益人约定为"法定"或者"法定继承人"的，以民法典规定的法定继承人为受益人；

（二）受益人仅约定为身份关系的，投保人与被保险人为同一主体时，根据保险事故发生时与被保险人的身份关系确定受益人；投保人与被保险人为不同主体时，根据保险合同成立时与被保险人的身份关系确定受益人；

（三）约定的受益人包括姓名和身份关系，保险事故发生时身份关系发生变化的，认定为未指定受益人。

**《中华人民共和国个人所得税法》（以下简称《个人所得税法》）**

**第四条** 下列各项个人所得，免征个人所得税：

（一）省级人民政府、国务院部委和中国人民解放军军以上单位，以及外国组织、国际组织颁发的科学、教育、技术、文化、卫生、体育、环境保护等方面的奖金；

（二）国债和国家发行的金融债券利息；

（三）按照国家统一规定发给的补贴、津贴；

（四）福利费、抚恤金、救济金；

（五）保险赔款；

（六）军人的转业费、复员费、退役金；

（七）按照国家统一规定发给干部、职工的安家费、退职费、基本养老金或者退休费、离休费、离休生活补助费；

（八）依照有关法律规定应予免税的各国驻华使馆、领事馆的外交代表、领事官员和其他人员的所得；

（九）中国政府参加的国际公约、签订的协议中规定免税的所得；

（十）国务院规定的其他免税所得。

前款第十项免税规定，由国务院报全国人民代表大会常务委员会备案。

### 《最高人民法院第八次全国法院民事商事审判工作会议（民事部分）纪要》

（二）关于夫妻共同财产认定问题

5. 婚姻关系存续期间，夫妻一方作为被保险人依据意外伤害保险合同、健康保险合同获得的具有人身性质的保险金，或者夫妻一方作为受益人依据以死亡为给付条件的人寿保险合同获得的保险金，宜认定为个人财产，但双方另有约定的除外。

## 测试题解析 >>>

**正确答案是 ABCD**

A 选项：受益人领取保险金便利。比如重大疾病保险金，只要客户确诊为保险合同中列明的重大疾病，保险公司就可以先行赔付，从而有效缓解须支付庞大治疗资金的燃眉之急。比如身故保险金，被保险人发生意外或疾病身故，受益人领取保险金时不需要办理继承权公证的复杂手续。A选项正确。

B选项：保险金分配不会有纠纷。保险金的领取过程非常私密，除了受益人，无须告知其他人员。而且只要指定了受益人和受益比例，保险公司就会按照合同规定进行赔付，受益人之间不会产生任何理赔纠纷。B选项正确。

C选项：保险金不缴纳个人所得税。按照《个人所得税法》第四条的规定，保险赔款免征个人所得税。这样可以保证受益人领取的保险金属于税后净收入。C选项正确。

D选项：保险金归受益人本人所有。子女婚后，一方父母去世留下的遗产，子女依据法定继承的部分属于夫妻共同财产。但是子女领取的保险金如何判定呢？按照《最高人民法院第八次全国法院民事商事审判工作会议（民事部分）纪要》第二部分"关于夫妻共同财产认定问题"第5条的规定，子女领取的保险金属于子女的个人资产，子女的配偶无权分配。D选项正确。

## 32 爸爸是中国国籍，受益人儿子是外国国籍，儿子将来如何领取身故保险金？

本节课老师：李爽

### 课堂测试题 >>>

伟杰的妈妈早年带着伟杰移民美国。妈妈去世后，伟杰想起妈妈曾对自己说过，她在国内买过一份终身寿险，受益人是伟杰。伟杰现在想要回国请保险公司给付这笔保险金，下列哪一种说法是正确的？

A. 由于伟杰已经加入美国国籍，所以妈妈在中国买的保险与伟杰无关，伟杰不能向保险公司申请理赔。

B. 伟杰可以向保险公司申请理赔，但是所得的保险金只能用于中国境内的消费。

C. 伟杰可以取得保险金，且可以向外汇管理部门申请将这笔保险金转到美国。

### 保险法商课精讲 >>>

吴先生是我的一位客户，最近有一件事让他十分焦虑。原来，吴先生的父亲吴老爷子生前为自己投保过一份大额的终身寿险，受益人为吴先生。前不久吴老爷子去世，吴先生回国为父亲办理后事，整理遗物时发现了这张保单。吴先生突然意识到一个问题：购买保单的时候自己还是中国人，可现在自己已经成为外国公民了！况且自己常年在国外，这笔身故保险金该如何合法地带到国外呢？

李律师劝吴先生不用着急，并对他面临的情况进行了分析。

首先，外国人也可以做中国保单的受益人。

外国人也可以做中国保单的受益人，只要理赔手续齐备，就可以去保险公司申请理赔，领取身故保险金。受益人需要准备下列材料：（1）保险单；（2）申请人法定身份证明；（3）公安部门或二级以上（含二级）医院出具的被保险人死亡证明；（4）被保险人户籍注销证明；（5）保险公司要求的申请人所能提供的与确认保险事故的性质、原因等相关的其他证明和资料。

其次，外国人拿到身故保险金后，可以通过外汇途径合法地把钱带到国外。

根据我国《个人财产对外转移售付汇管理暂行办法》，已经移民成为他国公民的吴先生，可以正常向外汇管理部门申请办理将境内获得的身故保险金通过移民转移的方式转到境外，且转移的金额不受我国外汇管理部门规定的每人每年5万美元的外汇限制。保险金虽是吴先生移民之后取得，但我认为，吴先生移民前保险合同已成立，吴先生已享有保险金请求权，因此，保险金可以进行移民财产转移。若保险合同成立时被保险人已移民，则保险金属于"境外个人在境内的合法财产"，根据《个人外汇管理办法》，可以向外汇部门申请转移。

**爸爸是中国国籍，受益人儿子是外国国籍，儿子将来如何领取身故保险金？**

提供相应材料，直接领取身故保险金

- 保险单
- 申请人法定身份证明
- 被保险人死亡证明
- 被保险人户籍注销证明
- 其他证明和资料
- 领取保险金后，可通过外汇途径合法地把钱带到国外

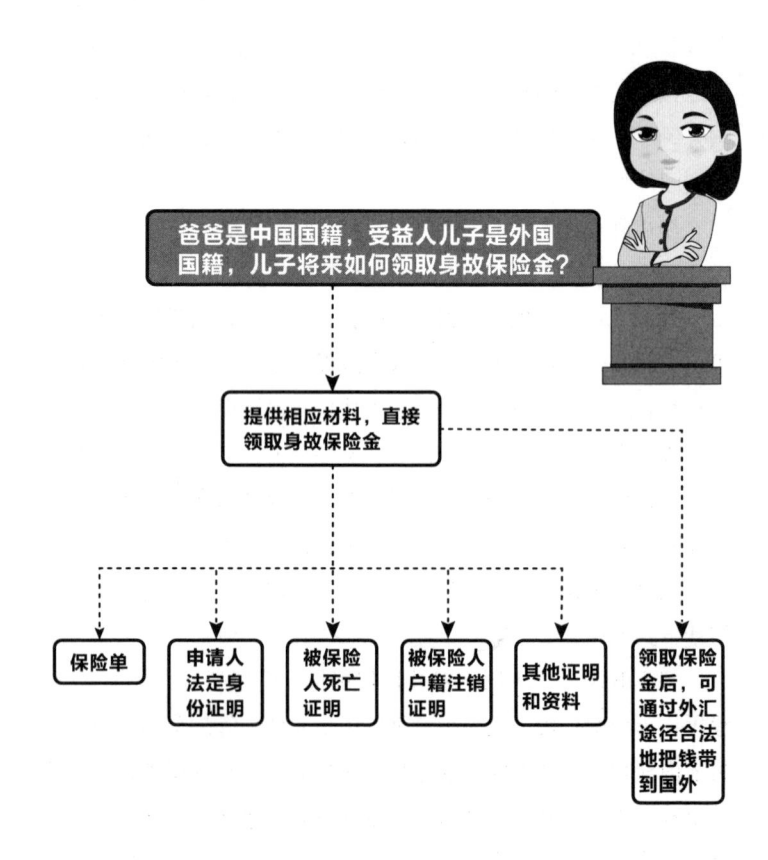

## 延伸学习 >>>

**《关于公布保险理赔（给付）程序 进一步做好理赔服务工作的通知》（保监发〔2008〕100号）**

一、各保险公司应在公司外部网站上公布，并在各营业网点（包括代理网点）明显位置公示理赔（给付）服务的具体流程、所需材料的清单、联系电话等，方便保险消费者了解相关的服务标准和具体程序。[①]

**《个人财产对外转移售付汇管理暂行办法》（中国人民银行公告〔2004〕第16号）**

**第二条** 本办法所称个人财产对外转移包括移民财产转移（以下简称移民转移）和继承财产转移（以下简称继承转移）。移民转移是指从中国内地移居外国，或者赴香港特别行政区、澳门特别行政区定居的自然人（以下简称移民），将其在取得移民身份之前在境内拥有的合法财产变现，通过外汇指定银行购汇和汇出境外的行为。继承转移是指外国公民或香港特别行政区、澳门特别行政区居民（以下简称继承人）将依法继承的境内遗产变现，通过外汇指定银行购汇和汇出境外的行为。

**第五条** 申请人办理移民转移需向移民原户籍所在地外汇管理分局、外汇管理部（以下简称所在地外汇局）申请；申请人办理继承转移需向被继承人生前户籍所在地外汇局申请。申请人所

---

① 由此可见，受益人可以在保险公司官网上查询具体的理赔流程和所需材料。

在地国家外汇管理局中心支局可以代为接受申请材料。

**第六条** 移民转移必须一次性申请拟转移出境的全部财产金额,分步汇出。首次可汇出金额不得超过全部申请转移财产的一半;自首次汇出满一年后,可汇出不超过剩余财产的一半;自首次汇出满两年后,可汇出全部剩余财产。全部申请转移财产在等值人民币20万元以下(含20万元)的,经批准后可一次性汇出。

**第八条** 申请人申请办理移民转移,需向所在地外汇局提交以下材料:

(一)书面申请。内容包括:申请移民转移的原因;财产收入来源和财产变现的详细说明等。

(二)由申请人本人签名的《移民财产对外转移申请人情况表》。

(三)由申请人或其代理人签名的《个人财产对外转移外汇业务申请表》。

(四)申请人身份证明文件。

移居外国的,应当提供公安机关出具的中国户籍注销证明和中国驻外使领馆出具或认证的申请人在国外定居证明。

赴香港特别行政区或者澳门特别行政区定居的,应提交公安机关出具的内地户籍注销证明、香港特别行政区或者澳门特别行政区的居民身份证以及回乡证或者特区护照。

(五)申请人财产权利证明文件。如房屋产权证复印件、房地产买卖契约或拆迁补偿安置协议书以及其他证明文件。

（六）申请转移财产所在地或收入来源地主管税务机关开具的税收证明或完税凭证。

（七）外汇局要求提供的其他资料。

**《个人外汇管理办法》（人民银行令〔2006〕第 3 号）**

第二十六条　境外个人在境内的合法财产对外转移，应当按照个人财产对外转移的有关外汇管理规定办理。

## 测试题解析 >>>

**正确答案是 C**

A 选项：虽然伟杰已经加入美国国籍，但是他只要按照保险公司的规定提交相关材料，完成理赔手续，就可以获得保险金。A 选项错误。

B、C 选项：根据《个人财产对外转移售付汇管理暂行办法》《个人外汇管理办法》，伟杰在取得身故保险金之后，可以通过外汇途径合法地将这笔保险金转到美国。B 选项错误，C 选项正确。

## 33 被保险人身故后,受益人领取身故保险金时需要公证吗?

本节课老师:谭啸

### 课堂测试题 >>>

保单中的受益人以下列哪些方式填写,在领取身故保险金时可能需要继承权公证?

A. 未指定受益人。

B. 法定受益人。

C. 指定受益人,关系为配偶,且身故前双方已离婚。

D. 指定受益人,且明确填写了受益人的姓名和身份证号码。

### 保险法商课精讲 >>>

我的一位客户前几天去保险公司办理理赔手续,保险公司却告知他,要去公证处办理继承权公证才能获得理赔。他对此很不理解:保单是父亲购买的,虽然没写明受益人,但父亲就他一个儿子,父亲身故后,保单的受益人不就应该是自己吗?为什么还要去办理继承权公证呢?

其实,这里面的学问可大了,且听我一一道来。

被保险人身故后,受益人的保险金领取分为三种情况:

第一种情况:指定受益人(以受益人的身份关系和姓名都不发生变化为例)。在这种情况下,该受益人只要提供保险公司要求的相关文件(例如,死亡证明、关系证明、销户证明等),即可顺利拿到身故保险金。

第二种情况:法定受益人。《保险法司法解释(三)》第九条规定:受益人约定为"法定"或者"法定继承人"的,以民法典规定的法定继承人为受益人。所有法定继承人作为法定受益人,等份享有受益权。保险公司在办理法定受益人的理赔时,一般有两种办理方式:(1)法定继承人只须提交(由户籍地派出所、居委会、单位出具的)直系亲属关系证明、保险金分割方案书面文件、保险金领取声明,即可申请保险金;(2)法定继承人需要进行继承权公证,然后才能向保险公司申领保险金。

第三种情况:未指定受益人。此时身故保险金是被保险人的遗产,遗产由其法定继承人继承,所以领取手续和上述第二种情况的领取手续相同。

综上所述,明确指定受益人,能够简单直接地拿到保险金,如果没有指定受益人或者指定法定受益人,则需要费一番周折,甚至需要进行继承权公证。

在这里,我也要提醒大家:在填写受益人时,受益人的姓名、性别、身份证号码、与被保险人的关系、本人亲笔签名、住址、联系方式等信息都要明确具体,这样才能为日后申领保险金减少不必要的麻烦。

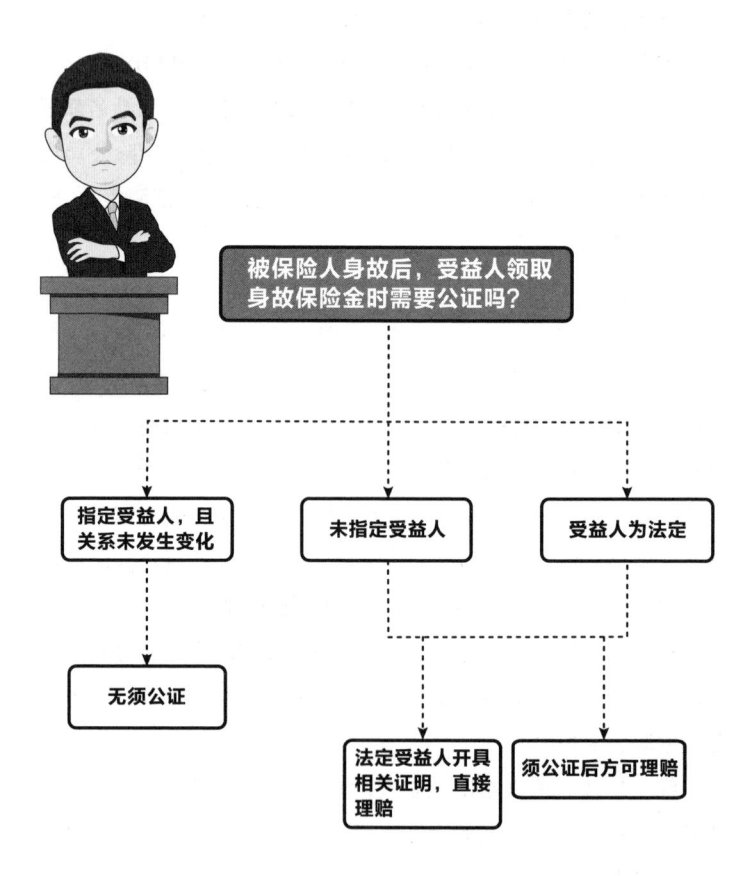

## 被保险人身故后,受益人领取身故保险金时需要公证吗?

- **指定受益人,且关系未发生变化** → 无须公证
- **未指定受益人** → 法定受益人开具相关证明,直接理赔
- **受益人为法定** → 须公证后方可理赔

## 延伸学习 >>>

### 《保险法司法解释（三）》

**第九条** 投保人指定受益人未经被保险人同意的，人民法院应认定指定行为无效。

当事人对保险合同约定的受益人存在争议，除投保人、被保险人在保险合同之外另有约定外，按以下情形分别处理：

（一）受益人约定为"法定"或者"法定继承人"的，以民法典规定的法定继承人为受益人；

（二）受益人仅约定为身份关系的，投保人与被保险人为同一主体时，根据保险事故发生时与被保险人的身份关系确定受益人；投保人与被保险人为不同主体时，根据保险合同成立时与被保险人的身份关系确定受益人；

（三）约定的受益人包括姓名和身份关系，保险事故发生时身份关系发生变化的，认定为未指定受益人。

**第十二条** 投保人或者被保险人指定数人为受益人，部分受益人在保险事故发生前死亡、放弃受益权或者依法丧失受益权的，该受益人应得的受益份额按照保险合同的约定处理；保险合同没有约定或者约定不明的，该受益人应得的受益份额按照以下情形分别处理：

（一）未约定受益顺序及受益份额的，由其他受益人平均享有；

（二）未约定受益顺序但约定受益份额的，由其他受益人按照相应比例享有；

（三）约定受益顺序但未约定受益份额的，由同顺序的其他受益人平均享有；同一顺序没有其他受益人的，由后一顺序的受益人平均享有；

（四）约定受益顺序及受益份额的，由同顺序的其他受益人按照相应比例享有；同一顺序没有其他受益人的，由后一顺序的受益人按照相应比例享有。

**《民法典》**

**第一千一百二十七条** 遗产按照下列顺序继承：

（一）第一顺序：配偶、子女、父母；

（二）第二顺序：兄弟姐妹、祖父母、外祖父母。

继承开始后，由第一顺序继承人继承，第二顺序继承人不继承；没有第一顺序继承人继承的，由第二顺序继承人继承。

本编所称子女，包括婚生子女、非婚生子女、养子女和有扶养关系的继子女。

本编所称父母，包括生父母、养父母和有扶养关系的继父母。

本编所称兄弟姐妹，包括同父母的兄弟姐妹、同父异母或者同母异父的兄弟姐妹、养兄弟姐妹、有扶养关系的继兄弟姐妹。

## 测试题解析 >>>

**正确答案是 ABC**

A、B 选项：未指定受益人时，身故保险金属于被保险人的遗产，由其法定继承人继承，法定继承人根据《民法典》继承编来确定。在申领身故保险金时，保险公司可能需要相关法定继承人到公证处开具继承权公证书。指定为法定受益人的，身故保险金不作为遗产处理，但法定继承人在领取保险金时，依旧可能需要办理继承权公证。A、B 选项正确。

C 选项：根据《保险法司法解释（三）》，约定的受益人包括姓名和身份关系。此选项中，保险事故发生时受益人的身份关系已发生变化，因此会被认定为未指定受益人，所以也有可能需要办理继承权公证。C 选项正确。

D 选项：受益人的姓名等信息明确，且身份关系未发生变化，故无须办理继承权公证。D 选项错误。

# 34 我可以分期领取身故保险金吗？

本节课老师：李爽

## 课堂测试题 >>>

思达的父亲想购买一份人寿保险，以便在自己去世之后，思达作为受益人可以领取保险金。但是，思达的父亲又担心思达取得一大笔保险金后会将其挥霍一空，或者不再努力工作。在下列选项中，哪些可以解决思达父亲忧虑的问题呢？

A. 购买创新型类信托人寿保险，约定思达每个月只能领取2万元，25年领完。

B. 购买创新型类信托人寿保险，约定思达30周岁以前每月领取2万元，30周岁后一次性领取剩余的保险金。

C. 购买创新型类信托人寿保险，约定思达从25周岁开始才能领取保险金，且每月领取5万元，10年领完。

D. 设立保险金信托，约定思达的月收入达到8000元时才可以领取信托收益。

## 保险法商课精讲 >>>

前不久，客户赵先生联系了我，一阵寒暄之后，赵先生问："李律师，我可以要求保险公司分期支付身故保险金吗？我担心我们家那不让人省心的孩子，在我去世后如果一下子拿到一大笔保险金，会很快挥霍掉的。"

其实不只赵先生有这样的担心，其他很多客户也问过我同样的问题。下面李律师就来为大家说一说，身故保险金给付的现状和解决此问题的方法。

第一，传统型人寿保险是一次性给付的，不能分期。

传统型人寿保险不存在分期给付的情况，只要被保险人去世或者出现保险合同中约定的理赔事项后，保险公司就会将保险金一次性全部付给受益人。此时，就有可能出现受益人拿到保险金后大肆挥霍的情况。

第二，创新型类信托人寿保险，可以实现分期给付。

目前国内多家保险公司设计出了类信托的保险产品，可以实现身故保险金的分期给付。具体来说，领取身故保险金可以有以下三种方式：

一是按固定比例领取，即按约定的比例领取，直至领完。比如，父母担心日后子女挥霍保险金，可以选择此种方式，让子女每月只能领取 3 万元的保险金作为基本生活费，全部保险金需要 20 年才能领完。这样既能避免子女挥霍，还能长久地保障子女的基本生活品质。

二是混合领取，即按约定的比例领取，到特定年龄领取剩余所有的身故保险金。比如，父母担心子女年轻时不擅长理财，可以选择此种方式，约定儿子30周岁之前每年领取20万元，满30周岁时就可以将全部保险金一次性领走。

三是延期领取，即从设定的时间开始按照约定的比例领取，直至领完。比如，父母担心自己出现意外时子女还未成年，就可以选择此种方式，约定受益人必须在年满22周岁时才能开始领取保险金，每年领取50万元，20年后领取完毕。这样的好处是避免其他监护人侵吞未成年人的资产，同时也能避免子女成年后胡乱挥霍，从而长久地给予子女生活保障。

第三，保险金信托，可以将身故保险金分期给付。

保险金信托就是将保险和信托相结合。投保人首先自己为自己购买保险，并指定信托公司为身故保险金的受益人。同时，投保人与信托公司签订信托合同，约定将其取得的身故保险金作为信托资产，指定子女作为信托的受益人，按照委托人（投保人）设立的条件和情况，将身故保险金分期给予子女。这样做，可以有效地防止子女因为突然间拿到一大笔资金而将其胡乱挥霍。

## 延伸学习 >>>

### 《信托法》

**第二条** 本法所称信托，是指委托人基于对受托人的信任，将其财产权委托给受托人，由受托人按委托人的意愿以自己的名义，为受益人的利益或者特定目的，进行管理或者处分的行为。

**第九条** 设立信托，其书面文件应当载明下列事项：

PART 2
传承保险法商课

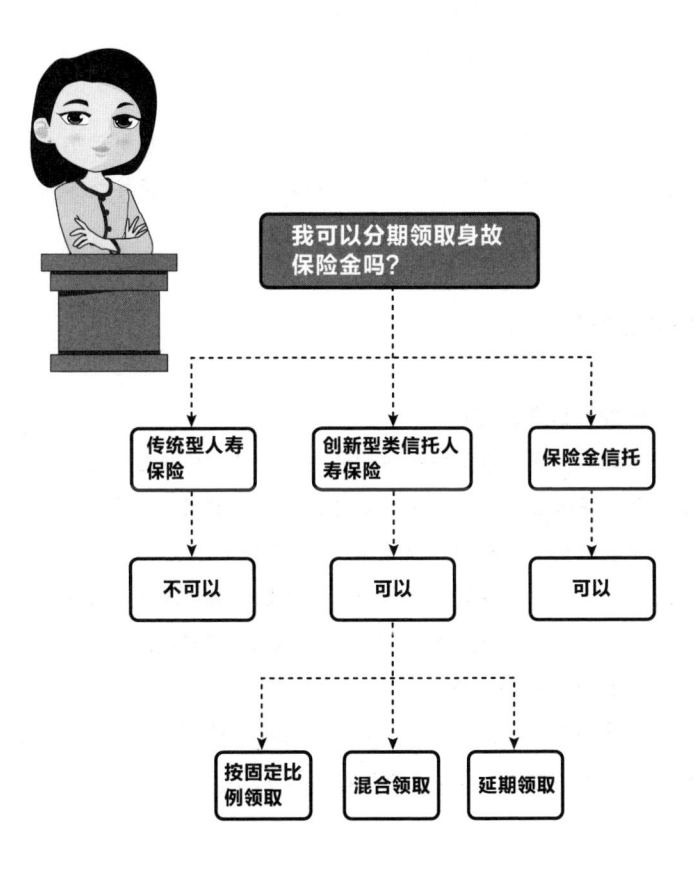

**我可以分期领取身故保险金吗?**

- 传统型人寿保险 → 不可以
- 创新型类信托人寿保险 → 可以
  - 按固定比例领取
  - 混合领取
  - 延期领取
- 保险金信托 → 可以

（一）信托目的；

（二）委托人、受托人的姓名或者名称、住所；

（三）受益人或者受益人范围；

（四）信托财产的范围、种类及状况；

（五）受益人取得信托利益的形式、方法。

除前款所列事项外，可以载明信托期限、信托财产的管理方法、受托人的报酬、新受托人的选任方式、信托终止事由等事项。

## 测试题解析 >>>

**正确答案是 ABCD**

回顾本节课中李律师所讲授的内容，针对传统型人寿保险的保险金，保险公司只能一次性支付，而这却不利于父母给予子女激励和长期的生活保障。父母可以购买创新型类信托人寿保险，并约定按固定比例领取、混合领取或延期领取；或者父母可以设立保险金信托，约定在特定条件下子女才能领取信托收益。A、B、C、D 四个选项都正确。

李律师在这里提醒大家，要善于运用各种财富传承工具，根据客户的实际情况，选择最合适的传承方式。

# 35 投保人先于被保险人去世,此时该如何处理这张保单?

本节课老师:谭啸

## 课堂测试题 >>>

目前很多人投保的保单架构都是父亲做投保人,孩子做被保险人,而事实上父亲先于孩子身故的可能性更大。保单存在将来投保人先于被保险人身故而造成投保人缺失的可能性,出现下列哪种情况时必须进行投保人变更?

A. 保单交费已完毕。
B. 保单交费未完毕,但保单有豁免功能。
C. 保单交费未完毕。
D. 保单交费未完毕,交费银行卡的余额足够支撑余下交费。

## 保险法商课精讲 >>>

一个月前,小张的父亲因病去世,在整理父亲的遗物时,小张发现了一张父亲几年前买的保单,投保人是父亲,被保险人是小张。小张拿着保单到保险公司申请变更投保人，但保险公司却说，需要父亲的全部法定继承人共同到场才可以变更。这究竟是怎么回事呢？

这种情况将来可能会频繁出现，因为现在很多保单都是父母给孩子购买的，而父母一般会先于孩子过世，因而可能就会出现很多保单没有投保人的情况。

今天我就带着大家研究一下：如果投保人先于被保险人去世，那么该如何处理保单呢？

当这种情况发生时，保单的交费状况一般有两种：

第一种：保单交费完毕（或保单有投保人豁免功能）。此时即使不进行投保人变更，保险公司也会按时给付被保险人和受益人相关的保单利益，所以可以不用变更。如需变更，则需要投保人的全部法定继承人到保险公司，签署声明文件并指定其中一人为新的投保人。

第二种：保单交费未完毕。此时要进行投保人变更，因为投保人负责交保险费，如超过两年不交费，则该保单会被强制解除，现金价值成为投保人的遗产。变更投保人的方法，也是全部法定继承人到保险公司，签署声明文件并指定新的投保人。

其实无论是否交费完毕，我都建议设置新的投保人，这样保单架构和保险利益才完整。在实际操作中，全部法定继承人到场有一定的难度，为了规避风险，建议大家设置保单第二投保人，一旦投保人发生意外，指定的第二投保人就可以直接变为新的投保人，以便保险利益顺延。

综上所述，最佳选择是提前设置第二投保人，如果没有，则需要投保人的法定继承人全部到场并同意变更。

PART 2
传承保险法商课

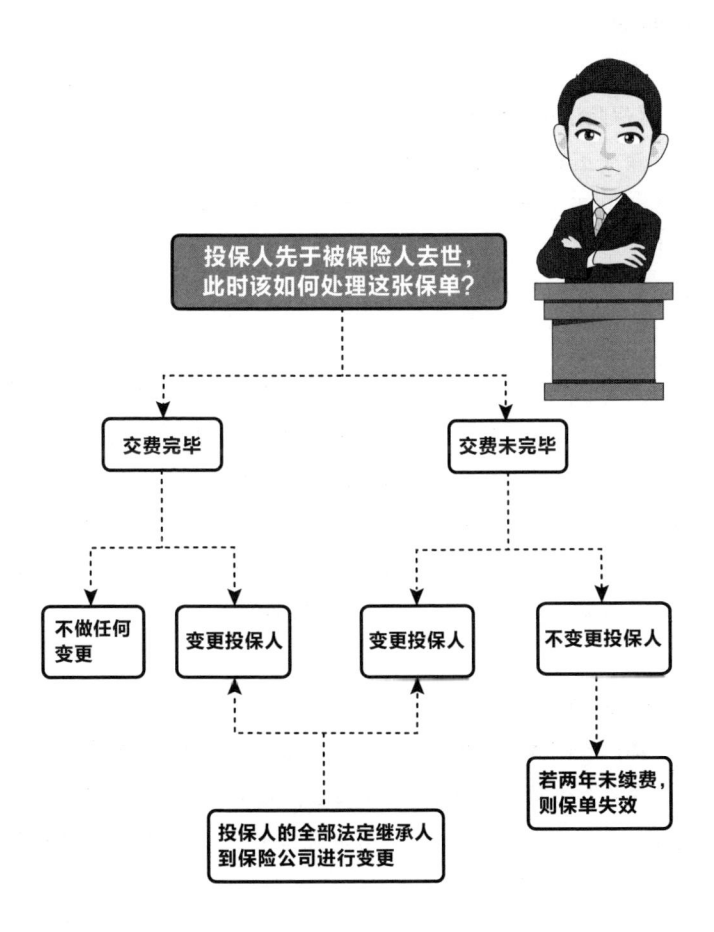

**投保人先于被保险人去世,此时该如何处理这张保单?**

- 交费完毕
  - 不做任何变更
  - 变更投保人
- 交费未完毕
  - 变更投保人
  - 不变更投保人
    - 若两年未续费,则保单失效

投保人的全部法定继承人到保险公司进行变更

## 延伸学习 >>>

**《保险法司法解释（三）》**

**第十五条** 受益人与被保险人存在继承关系，在同一事件中死亡且不能确定死亡先后顺序的，人民法院应依据保险法第四十二条第二款推定受益人死亡在先，并按照保险法及本解释的相关规定确定保险金归属。

**第十六条** 人身保险合同解除时，投保人与被保险人、受益人为不同主体，被保险人或者受益人要求退还保险单的现金价值的，人民法院不予支持，但保险合同另有约定的除外。

投保人故意造成被保险人死亡、伤残或者疾病，保险人依照保险法第四十三条规定退还保险单的现金价值的，其他权利人按照被保险人、被保险人的继承人的顺序确定。

**《保险法》**

**第四十三条** 投保人故意造成被保险人死亡、伤残或者疾病的，保险人不承担给付保险金的责任。投保人已交足二年以上保险费的，保险人应当按照合同约定向其他权利人退还保险单的现金价值。

受益人故意造成被保险人死亡、伤残、疾病的，或者故意杀害被保险人未遂的，该受益人丧失受益权。

**名词解释：保险宽限期**

是指保险公司对投保人未按时交纳续期保费所给予的宽限时间，一般规定为60天。在宽限期内，即使没有交纳续期保费，保险合同依然有效，如果在此期间发生保险事故，保险公司仍要承担保险责任，不过要从给付金额中扣除欠交的保险费。但若过了60天宽限期，投保人仍未足额交纳续期保费，则保险合同将会中止。保险合同中止后，只有提出复效（复效期一般为2年），才会重新恢复效力。另外，短期保险是没有保险宽限期的。

## 测试题解析 >>>

**正确答案是 C**

A选项交费已经完毕，B选项因为有豁免功能，可以免除余下交费，都可以看作交费已经完毕，投保人的交费责任完成。故可以不变更。D选项同理。A、B、D选项错误。

C选项交费未完毕，各大保险公司规定如未及时交费，有60天的宽限期和2年的复效期，如复效期内依然未交费，则视为保单解除，退还的现金价值将作为投保人的遗产处理。C选项正确。

## 36 投保人可以指定第二投保人吗？这么做有什么好处？

本节课老师：谭啸

**课堂测试题** >>>

老王因突发意外身故，妻子刘女士在整理遗物时发现了老王当年买的一份保险，老王是投保人，刘女士是被保险人。刘女士就拿着这张保单去保险公司，要求变更投保人为她自己。保险公司经过调查发现，老王以前有过一次婚姻，并且和前任妻子有个孩子，所以没有同意刘女士要求变更投保人的诉求，并告诉刘女士还得请几个人来签署放弃声明。那么，究竟需要谁的同意，该保单才能变更刘女士为新的投保人呢？

A. 老王和前任妻子的孩子。
B. 前任妻子。
C. 老王和现任妻子的孩子。
D. 现任妻子自己。

## 保险法商课精讲 >>>

前几天讲课时，我问了学员一个问题："投保人身故后，这张保单该怎么办？"学员们给出的答案主要有两种，一是被保险人可以直接做新的投保人；二是保单变成投保人的遗产，进行遗产继承分割。究竟哪一种正确呢？其实这两种答案都不完全正确。

正确答案是：保单归投保人所有，如果离世，属于投保人的遗产，可以直接清算现金价值并进行遗产继承分割；但在现实中，很多人不希望退保去继承分割，而是设立新的投保人，让保单继续有效。这时候，就得全部法定继承人都同意某一人成为新的投保人。为了避免出现在推举过程中众多继承人无法达成一致意见的状况，也为了让原投保人的投保意愿得以延续，所以现在部分保险公司推出了一项创新业务：设置第二投保人，即鼓励原投保人设置第二投保人，如果自己不幸身故，那么第二投保人会自动成为该保单新的投保人。

因此，设立第二投保人，就能避免投保人身故后保单归属权的不确定性。那么，除此之外，设置第二投保人还有哪些好处呢？

1. 保单定向传承，签署时无须他人知晓（部分公司须被保险人知晓），具有私密性。

2. 绕过继承权公证这一关。第二投保人自动继承保单，无须继承人到场、公证等。

3. 避免保单成为遗产。如果无法设置新的投保人，则该保单很可能成为遗产，进而容易导致继承纠纷和债务纠纷。

4.投保人的投保意愿得以延续，投保人在设置保单时的意愿得以顺利延续而非退保。

虽然设置第二投保人有这么多的好处，但也有一定的风险：第二投保人擅自退保。对于这一风险，可以通过保单＋法律文件的方式加以防范。

如果保险公司没有这项业务，该怎么办呢？其实也没关系，可以通过设置"保单遗嘱"来确定保单未来的归属。

目前国内投保的很多保单都是父母为子女投保，但在将来父母作为投保人先于被保险人子女离世的概率很大，因此我判断，将来第二投保人业务会成为一项普遍的增值服务。

## 延伸学习 >>>

### 《民法典》

**第一千一百二十七条** 遗产按照下列顺序继承：

（一）第一顺序：配偶、子女、父母；

（二）第二顺序：兄弟姐妹、祖父母、外祖父母。

继承开始后，由第一顺序继承人继承，第二顺序继承人不继承；没有第一顺序继承人继承的，由第二顺序继承人继承。

本编所称子女，包括婚生子女、非婚生子女、养子女和有扶养关系的继子女。

本编所称父母，包括生父母、养父母和有扶养关系的继父母。

本编所称兄弟姐妹，包括同父母的兄弟姐妹、同父异母或者

PART 2
传承保险法商课

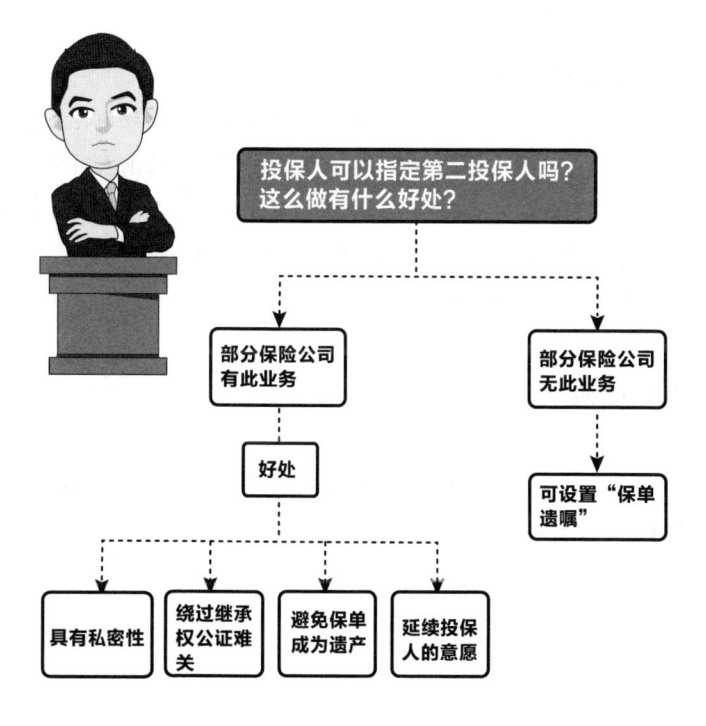

```
          投保人可以指定第二投保人吗？
          这么做有什么好处？
         ┌──────────┴──────────┐
    部分保险公司              部分保险公司
    有此业务                  无此业务
         │                        │
        好处                  可设置"保单
         │                    遗嘱"
  ┌────┬──┴──┬────┐
具有  绕过继承  避免保单  延续投保
私密性  权公证难  成为遗产  人的意愿
       关
```

199

同母异父的兄弟姐妹、养兄弟姐妹、有扶养关系的继兄弟姐妹。

## 测试题解析 >>>

**正确答案是 ACD**

老王身故后，该保单属于投保人老王的遗产，故由其法定继承人继承，如果要变更投保人，则需要全部法定继承人同意才可以。老王和前任妻子的孩子，老王和现任妻子的孩子，以及老王的现任妻子，三人都是老王的第一顺序法定继承人。A、C、D选项正确，B选项错误。

## 课堂福利 >>>

在此，谭老师给大家提供一份《关于指定第二投保人的保全规则》，供大家参考。

# 关于指定第二投保人的保全规则

投保人在保单生效、签署回执并完成新契约回访后,可申请办理指定第二投保人手续。若在保险合同有效期内投保人身故,则被指定的第二投保人凭约定即可向公司申请变更成为保单的新投保人,无须提供《公证书》或全部继承人共同签署的《遗产继承人声明》等文件,有效简化服务手续和办理要求。

一、适用范围

投保人与被保险人非同一人的保单。

二、申请时间

在保单生效且已经完成回执签署和新契约回访后,保单有效期内均可申请办理。

三、申请方式

投保人须亲至公司柜面申请。

四、申请材料

1. 个人保险合同保全业务申请书

2.《指定第二投保人申请书》[须投保人、投保人的配偶、被保险人(或其监护人)、第二投保人共同签署]

3. 投保人身份证明原件

4. 投保人的配偶身份证明原件

5. 被保险人身份证明原件

6. 第二投保人身份证明原件

7. 投保人及其配偶的结婚证明原件

五、存档文件

1. 个人保险合同保全业务申请书

2.《指定第二投保人申请书》[须投保人、投保人的配偶、被保险人（或其监护人）、第二投保人共同签署]

3. 投保人身份证明复印件

4. 投保人的配偶身份证明复印件

5. 被保险人身份证明复印件

6. 第二投保人身份证明复印件

7. 投保人及其配偶的结婚证明复印件

六、受理规则

1. 须经投保人、投保人的配偶、被保险人（或其监护人）、第二投保人共同签字同意后方能受理申请；

2. 指定时，如果被保险人已年满18周岁，第二投保人为被保险人本人，填写《指定第二投保人申请书》的1.1项；

3. 指定时，如果被保险人已满8周岁未满18周岁（不含），则指定与被保险人有可保利益的近亲属为第二投保人；若保险合同含有身故责任，须经被保险人父母同意后，可指定被保险人的祖父母、外祖父母或其父母的兄弟姐妹为第二投保人，填写《指定第二投保人申请书》的1.2项；

4. 指定时，如果被保险人未满8周岁，被保险人的父母作为第二投保人，填写《指定第二投保人申请书》的1.3项。

该项目的近亲属是指被保险人的父母、子女、配偶、兄弟姐妹、祖父母、外祖父母。

**七、投保人身故，第二投保人申请变更投保人的业务规则**

1. 投保人身故时，如果被保险人已年满18周岁，那么第二投保人默认为被保险人本人，由被保险人作为新的投保人；

2. 投保人身故时，如果被保险人未满18周岁（不含），那么先前指定的第二投保人即为新的投保人。

**八、其他**

当保单原投保人身故后，第二投保人在保险合同满期或合同效力终止前可按约定亲至公司服务柜台申请变更投保人，变更后的投保人须符合本业务规则，提供投保人变更保全作业申请书［新投保人、被保险人（或其监护人）共同签署］、原投保人死亡证明、新投保人身份证明、新投保人与被保险人关系证明即可，进一步简化服务流程和手续。

## 37 父亲保单中的受益人是我,那他生前做生意欠的债用我还吗?

本节课老师:李爽

### 课堂测试题 >>>

老张在商海里打拼了一生,最后却马失前蹄,导致公司破产,去世前欠下了50万元的债务。老张的儿子小张继承了老张的遗产,那么下列哪些财物应当用于偿还老张生前的债务?请选出正确的选项:

A. 老张生前买了一份保险,受益人指定为小张,小张凭这张保单取得的保险金。
B. 老张传给小张的价值500万元的房子。
C. 老张生前买了一份保险,但未指定受益人,小张作为老张的唯一亲属所取得的保险金。

### 保险法商课精讲 >>>

张先生购买了一份大额人寿保险,保单中的受益人写的是自己的儿子小张。现在张先生离世,小张从保险公司获得了500万元的身故保险金。

但让小张苦恼的是,这笔钱在自己手中还没焐热,父亲生前的债主就上门来了。债主说张先生生前欠自己500万元债务没还,要求小张把刚取得的500万元身故保险金拿出来"替父还债"!

现在问题来了:小张要不要替父还债呢?这500万元身故保险金还能保住吗?

下面请大家跟着李律师一探究竟。

第一,500万元身故保险金属于小张的个人财产,不用替父还债。根据《保险法》相关规定,小张是保险合同明确指定的受益人,他拿到的身故保险金属于其个人财产,不属于继承的父亲的遗产,所以这500万元不用拿来替父还债。

第二,小张从父亲处继承的其他遗产,要用来替父还债。假设小张还继承了父亲一套价值300万元的房产,那么这套房产就要先用来偿还父亲的债务了。因为根据我国相关法律规定,遗产要先还债,剩余部分才可继承。

综上所述,儿子作为父亲保单中的受益人所获得的身故保险金属于儿子的个人财产,无须替父还债。不过,儿子从父亲处继承而来的其他财产,需要先偿还父亲生前的债务,剩余部分方可继承。

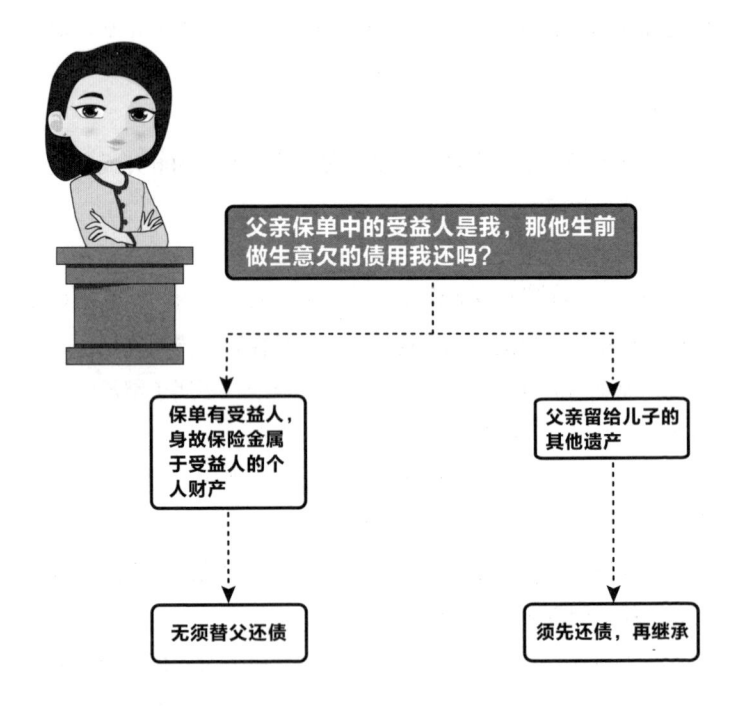

父亲保单中的受益人是我，那他生前做生意欠的债用我还吗？

- 保单有受益人，身故保险金属于受益人的个人财产 → 无须替父还债
- 父亲留给儿子的其他遗产 → 须先还债，再继承

## 延伸学习 >>>

### 《保险法》

**第十八条** 受益人是指人身保险合同中由被保险人或者投保人指定的享有保险金请求权的人。投保人、被保险人可以为受益人。

**第四十二条** 被保险人死亡后,有下列情形之一的,保险金作为被保险人的遗产,由保险人依照《中华人民共和国继承法》[①]的规定履行给付保险金的义务:

(一)没有指定受益人,或者受益人指定不明无法确定的;

(二)受益人先于被保险人死亡,没有其他受益人的;

(三)受益人依法丧失受益权或者放弃受益权,没有其他受益人的。

受益人与被保险人在同一事件中死亡,且不能确定死亡先后顺序的,推定受益人死亡在先。

### 《民法典》

**第一千一百六十一条** 继承人以所得遗产实际价值为限清偿被继承人依法应当缴纳的税款和债务。超过遗产实际价值部分,继承人自愿偿还的不在此限。

继承人放弃继承的,对被继承人依法应当缴纳的税款和债务可以不负清偿责任。

---

① 自2021年1月1日起,《民法典》开始施行,同时《继承法》废止,与继承相关的条文详见《民法典》继承编。

## 测试题解析 >>>

**正确答案是 BC**

A 选项：如果保单中指定受益人为小张，那么小张取得的保险金是小张的个人财产，不算作遗产，因此小张无须用这笔保险金偿还老张的债务。A 选项错误。

B 选项：根据《民法典》继承编第一千一百六十一条的规定，小张从老张那里继承的遗产需要先被用来清偿被继承人老张生前的债务，因此该房产应先被用于偿还老张的债务。B 选项正确。

C 选项：根据《保险法》第四十二条的规定，如果保单中没有指定受益人，那么保险金应被视为被保险人老张的遗产。因此，即使最后全部保险金还是归小张所有，这笔保险金的性质也是老张的遗产，需要首先用于偿还老张生前的债务。C 选项正确。

# 38 身故保险金是优先被继承，还是优先被用于偿还债务？

本节课老师：谭啸

## 课堂测试题 >>>

"父债子不偿"，这句话经常听保险代理人说起，它的意思是如果父亲作为被保险人身故，子女得到的身故保险金无须被用于偿还父亲的生前债务，因为身故保险金不属于父亲的遗产。那么，在什么情况下身故保险金会被认定为遗产呢？

A. 被保险人指定了受益人。

B. 受益人为法定受益人。

C. 受益人放弃或者依法丧失受益权。

## 保险法商课精讲 >>>

前几天，一位学员向我咨询："我的客户遇到了一个官司，和保险的身故保险金有关。客户想知道，他获得的身故保险金，是优先继承，还是优先用于还债呢？"

我告诉他这两种情况都有可能发生，需要具体情况具体分析。下面让我们先来看看这个案例。

2012年A向B借了4万元。2013年A买了一份保险，保额为6万元。A家有三口人，因此A指定其妻子和女儿作为第一受益人，份额各占50%。2016年A夫妇一同遭遇车祸不幸死亡，其女到保险公司领取了6万元的身故保险金。

此时，B闻讯找到A的女儿，要求她以该笔保险金清偿A在2012年欠B的4万元钱。遭到拒绝后，B将A的女儿告上了法庭。

那么，这笔身故保险金是否应该首先用于清偿债务呢？要解答这个问题，先要分清身故保险金的两个属性，即保险金属性和遗产属性。如果该案中的身故保险金是A的女儿作为受益人所获得的保险金，那么因为此保险金不是遗产，所以也就无须拿去偿还债务；如果A女儿获得的身故保险金是遗产，那么它就应该首先被用于偿还债务。

在上述案例中，A同时指定了其妻子和女儿为受益人，而其妻子又和他同时死亡，在这种情况下，如何确定身故保险金的性质呢？按照《保险法司法解释（三）》第十五条的规定，当受益人和被保险人谁先死亡无法确定或者同时死亡时，应推定受益人先于被保险人死亡。同时根据《保险法司法解释（三）》第十二条的规定，受益人为数人，部分受益人在保险事故发生前死亡的，"约定受益顺序及受益份额的，由同顺序的其他受益人按照相应比例享有"。所以A妻子享有的受益份额归女儿所有，A女儿的受益份额因此变为100%。

总结来说，A夫妇同时死亡后，A所购买的保险，身故保险金的受益份额100%归A的女儿所有。因此，A的女儿拿到的身

PART 2
传承保险法商课

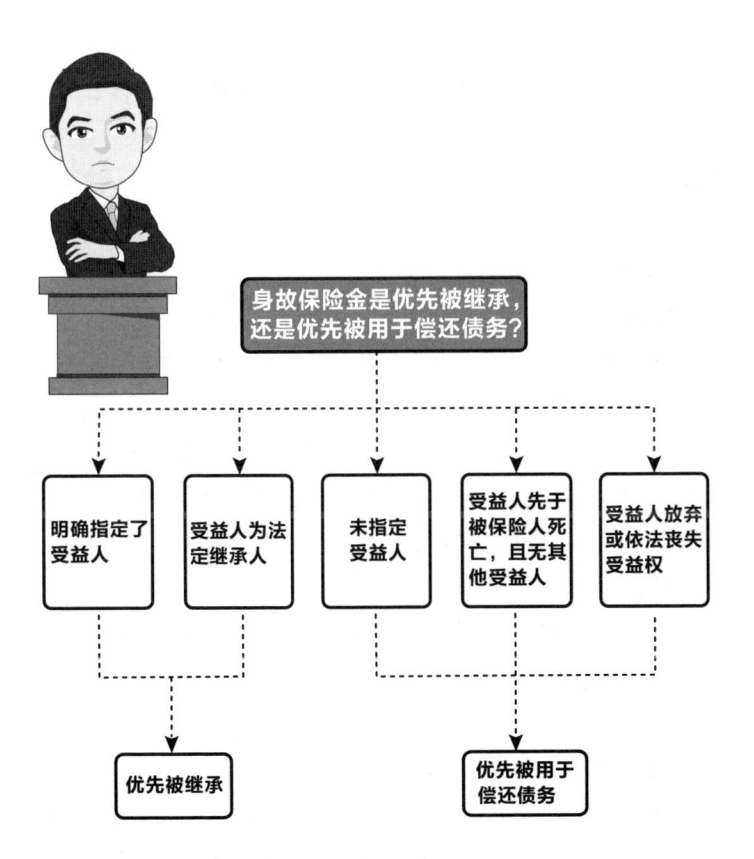

**身故保险金是优先被继承，还是优先被用于偿还债务？**

- 明确指定了受益人 → 优先被继承
- 受益人为法定继承人 → 优先被继承
- 未指定受益人 → 优先被用于偿还债务
- 受益人先于被保险人死亡，且无其他受益人 → 优先被用于偿还债务
- 受益人放弃或依法丧失受益权 → 优先被用于偿还债务

故保险金不是被保险人的遗产，无须用于偿还 A 生前的债务。

最高人民法院于 2015 年发布了《保险法司法解释（三）》，其中第十二条规定了四种关于受益顺序和受益份额的情况，大家认真学习之后，若再次面对类似情况，就能做到胸有成竹了。

## 延伸学习 >>>

### 《保险法》

**第四十二条** 被保险人死亡后，有下列情形之一的，保险金作为被保险人的遗产，由保险人依照《中华人民共和国继承法》[①]的规定履行给付保险金的义务：

（一）没有指定受益人，或者受益人指定不明无法确定的；

（二）受益人先于被保险人死亡，没有其他受益人的；

（三）受益人依法丧失受益权或者放弃受益权，没有其他受益人的。

受益人与被保险人在同一事件中死亡，且不能确定死亡先后顺序的，推定受益人死亡在先。

### 《保险法司法解释（三）》

**第十二条** 投保人或者被保险人指定数人为受益人，部分受益人在保险事故发生前死亡、放弃受益权或者依法丧失受益权的，该受益人应得的受益份额按照保险合同的约定处理；保险合

---

① 自 2021 年 1 月 1 日起，《民法典》开始施行，同时《继承法》废止，与继承相关的条文详见《民法典》继承编。

同没有约定或者约定不明的，该受益人应得的受益份额按照以下情形分别处理：

（一）未约定受益顺序及受益份额的，由其他受益人平均享有；

（二）未约定受益顺序但约定受益份额的，由其他受益人按照相应比例享有；

（三）约定受益顺序但未约定受益份额的，由同顺序的其他受益人平均享有；同一顺序没有其他受益人的，由后一顺序的受益人平均享有；

（四）约定受益顺序及受益份额的，由同顺序的其他受益人按照相应比例享有；同一顺序没有其他受益人的，由后一顺序的受益人按照相应比例享有。

**第十五条** 受益人与被保险人存在继承关系，在同一事件中死亡且不能确定死亡先后顺序的，人民法院应依据保险法第四十二条第二款推定受益人死亡在先，并按照保险法及本解释的相关规定确定保险金归属。

## 《最高人民法院关于保险金能否作为被保险人遗产的批复》

一、根据我国保险法规有关条文规定的精神，人身保险金能否列入被保险人的遗产，取决于被保险人是否指定了受益人。指定了受益人的，被保险人死亡后，其人身保险金应付给受益人；未指定受益人的，被保险人死亡后，其人身保险金应作为遗产处理，可以用来清偿债务或者赔偿。

## 测试题解析 >>>

**正确答案是 C**

A、B 选项：在保单中有明确的受益人或受益人为法定继承人的情况下，身故保险金不属于被保险人的遗产。A、B 选项错误。

C 选项：受益人放弃或者丧失受益权，是指受益人空缺，在此情况下，身故保险金会被认定为遗产。C 选项正确。

# PART 3
# 税务
## 保险法商课

---

**◆ 潜在客户肖像 ◆**

想通过保险进行税务筹划的

有境外保单的

想更省钱地传承财富的

··········

## 39 我把钱拿来买了保险,是否可以合法避税?

本节课老师:冯鹜

### 课堂测试题 >>>

下列哪个选项的说法不正确?
A. 买人寿保险是购买行为,针对这一购买行为,个人无须缴纳个人所得税。
B. 买保险,需要缴纳个人所得税。
C. 买汽车,需要缴纳车辆购置税。
D. 买房子,需要缴纳契税。

### 保险法商课精讲 >>>

王姐是沃晟学院的一位老朋友,她经常听身边的人说,买保险就可以避税。为了确认这个说法到底对不对,王姐登录了沃晟学院 App,向我发起了提问。

王姐的疑惑也是很多人的疑惑,在这里我就给大家做一个梳理。关于人寿保险是否面临缴税这个问题,可以分成三个环节进行分析:

第一,购买保险环节是否面临缴税的问题;

第二，保单持有环节是否面临缴税的问题；

第三，保险合同终止环节是否面临缴税的问题。

由此我们可以知道，王姐的问题实际上就是，在购买保险环节是否需要缴税。

"买保险避税"是坊间的口头话术，意在宣传购买保险可以避税。其实这个说法不够严谨。在保险营销专业化、现代化的阶段，这样含糊不清、以偏概全的描述，容易造成误解，已经不再适用于专业的保险代理人。那么，如何描述才更加专业、准确，并且能够保护保险代理人的从业安全呢？

最准确的描述是：购买保险本身这个购买行为，不涉及缴纳个人所得税。不像买房要交契税、买车要缴车辆购置税，购买保险是不涉及缴税的。但是，购买保险缴纳的保费不能是偷逃税款的钱，购买保险的保费必须是合法的完税收入。

"买保险避税"这样的宣传，容易使消费者产生这样的误解：只要是公司或者个人的收入，买了保险就可以不用承担企业面临的增值税、企业所得税和个人面临的个人所得税。这样的理解是完全行不通的。通常我们用于购买健康保险、重大疾病保险、人寿保险的保费，都必须是合法取得的完税收入。

## 延伸学习 >>>

### 买房子要缴纳契税

契税是土地、房屋权属发生转移时向其承受者征收的一种税收。

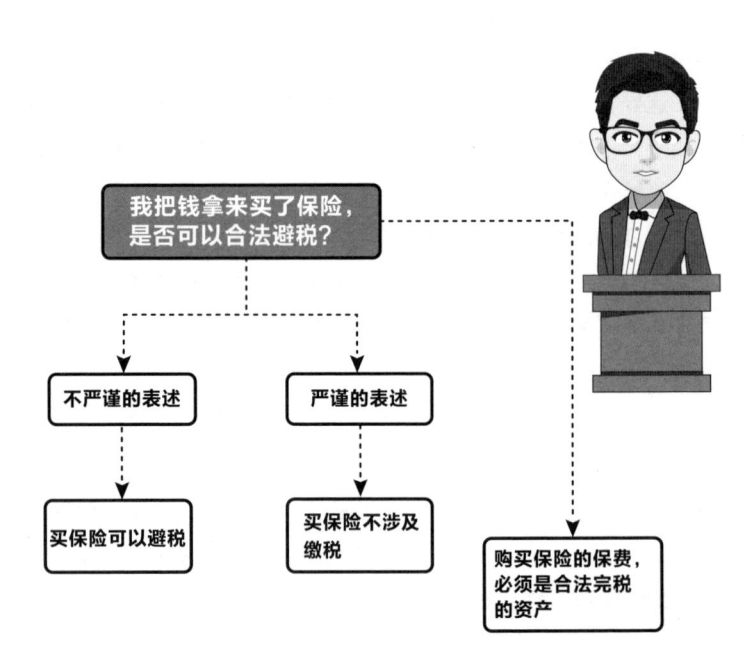

```
我把钱拿来买了保险，
是否可以合法避税？
├── 不严谨的表述 → 买保险可以避税
├── 严谨的表述 → 买保险不涉及缴税
└── 购买保险的保费，必须是合法完税的资产
```

现行的《中华人民共和国契税暂行条例》[①]于1997年10月1日起施行。在中国境内取得土地、房屋权属的企业和个人，应当依法缴纳契税。上述取得土地、房屋权属包括下列方式：国有土地使用权出让，土地使用权转让（包括出售、赠与和交换），房屋买卖、赠与和交换。以下列方式转移土地房屋权属的，视同土地使用权转让、房屋买卖或者房屋赠与征收契税：以土地、房屋权属作价投资、入股，以土地、房屋权属抵偿债务，以获奖的方式承受土地、房屋权属，以预购方式或者预付集资建房款的方式承受土地、房屋权属。

**买汽车要缴纳车辆购置税**

自2019年7月1日起施行《中华人民共和国车辆购置税法》。车辆购置税的纳税人为在中华人民共和国境内购置汽车、有轨电车、汽车挂车、排气量超过一百五十毫升的摩托车（以下统称应税车辆）的单位和个人。

## 测试题解析 >>>

**正确答案是 B**

B 选项：购买保险是一种消费行为，目前在中国不需要针对这一消费行为缴纳个人所得税。只有当个人取得收入的时候，才会面临个人所得税的问题。B 选项的说法不正确。

A、C、D 选项的表述都很准确。

---

[①] 自2021年9月1日起，《中华人民共和国契税法》（以下简称《契税法》）开始施行，同时于1997年10月1日起施行的《中华人民共和国契税暂行条例》废止，与房屋契税相关的条文详见《契税法》。

# 40 我买了保险,将来从保险公司领取年金时,要不要在中国缴税?

本节课老师:冯鹫

## 课堂测试题 >>>

我在中国的保险公司给女儿投保年金保险,将来女儿(被保险人)领取生存年金时,是否需要缴纳个人所得税?

A. 需要缴纳个人所得税,因为女儿有了收入。
B. 不需要缴纳,因为女儿没有任何付出,凭空获得赠与,不属于收入。

## 保险法商课精讲 >>>

我们已经知道,人寿保险涉及税务的问题,可以分成三个环节加以考察。现在,我们聊聊第二个环节——保险持有阶段是否涉及缴税?

我们中国的年金保险,年金的分配如下图所示。

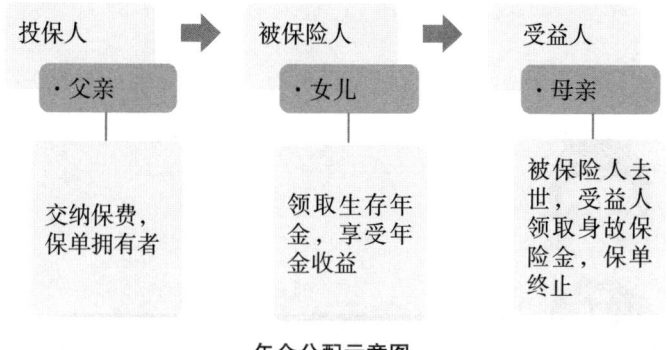

```
投保人  →  被保险人  →  受益人
 ·父亲      ·女儿       ·母亲

交纳保费,   领取生存年    被保险人去
保单拥有者  金,享受年    世,受益人
           金收益        领取身故保
                         险金,保单
                         终止
```

**年金分配示意图**

通过这张示意图我们可以发现,被保险人可以领取生存年金。那么,女儿作为被保险人领取生存年金时,要不要在中国缴税呢?

答案是:被保险人领取的生存年金,无须缴税,赠与税、个人所得税都无须缴纳。

这其中的道理,我给大家详细分析一下。

首先,我们要明确一个基本逻辑,就是只有在取得收入时,才会面临缴纳个人所得税的问题。而所谓的"收入",往往是指我们通过提供劳动、资本、精力等获取的回报。

在年金保险中,如上图所示,被保险人(女儿)作为生存年金的受益人,取得年金的同时并没有付出任何劳动、资本、精力等,而是"坐享其成"。因此,被保险人(女儿)获得生存年金的行为,属于接受赠与行为,不属于劳动行为,所以女儿获得的年金部分不会涉及个人所得税的问题。

其次,由于我国现阶段没有开征赠与税和遗产税,所以女儿领到的生存年金目前也不会面临赠与税的缴纳。

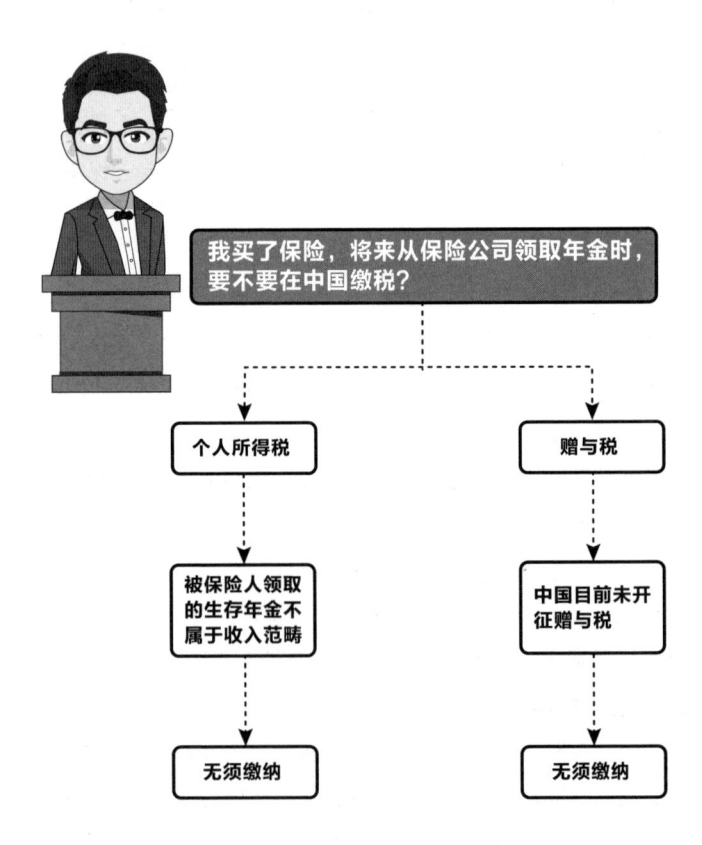

我买了保险，将来从保险公司领取年金时，要不要在中国缴税？

- 个人所得税
  - 被保险人领取的生存年金不属于收入范畴
  - 无须缴纳

- 赠与税
  - 中国目前未开征赠与税
  - 无须缴纳

## 延伸学习 >>>

大家可以参考《蒙格斯报告五：蒙格斯社会公平指数的构建》，其中分析了最新的以中国贫富差距为核心的社会公平指数，该报告持续观察我国社会公平和贫富差距问题。贫富差距越大，对遗产税的呼声就越高。

## 测试题解析 >>>

**正确答案是 B**

投保人（父亲）交纳保费，被保险人（女儿）无偿地领取生存年金，女儿领取的钱被视作接受的赠与，而非收入，因为这并非她付出劳动或者资本而换来的回报。因此，她不需要缴纳个人所得税。A 选项错误，B 选项正确。

## 41 我买了保险，将来从保险公司领取红利时，要不要在中国缴税？

本节课老师：冯鹜

**课堂测试题** >>>

以下说法不正确的是：
A. 投保人从人寿保险中取得的红利，会面临保险公司代扣代缴个人所得税的情况。
B. 投保人从人寿保险中取得的红利，目前在实际操作中不会面临被征收个人所得税的情况。

**保险法商课精讲** >>>

通过前面两节的讲解我们已经知道，购买保险和领取生存年金时都不用缴税。现在我们再来谈谈，买了保险，将来从保险公司领取红利时，要不要在中国缴税？

在我国，人寿保险的红利分配通常如下图所示。

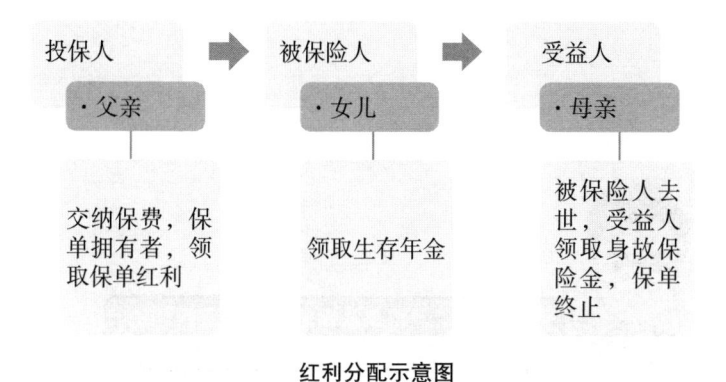

```
投保人          被保险人         受益人
 ·父亲           ·女儿            ·母亲

交纳保费,保      领取生存年金      被保险人去
单拥有者,领                      世,受益人
取保单红利                       领取身故保
                                险金,保单
                                终止
```

**红利分配示意图**

通过上图我们可以发现,投保人可以领取保单红利。那么,父亲作为投保人领取保单红利时,要不要在中国缴税呢?

答案是:在实际操作过程中,中国各家人寿保险公司不需要在支付投保人红利环节进行个人所得税的代扣代缴,所以,不存在投保人缴纳个人所得税的情况。

下面我们从专业视角给大家解读一下为什么领取保险红利时无须缴纳个人所得税。

首先,根据财政部、国家税务总局《关于储蓄存款利息所得有关个人所得税政策的通知》的规定,自2008年10月9日起,对储蓄存款利息所得暂免征收个人所得税。

其次,国家对公募基金分红免征个人所得税。从本质上讲,人寿保险的险资投资类似于公募基金,且更加长期稳定,因此国家给予了免税的待遇。

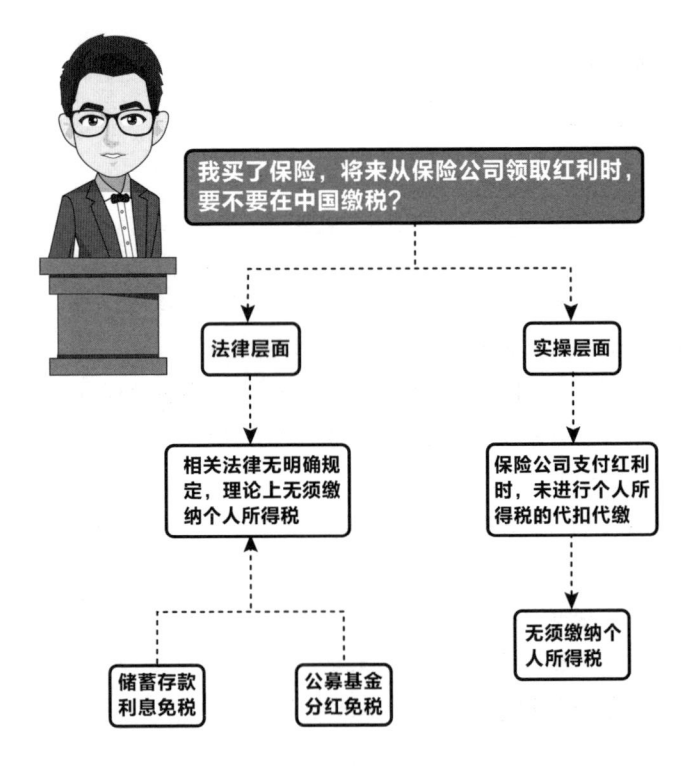

```
我买了保险，将来从保险公司领取红利时，
要不要在中国缴税？
```

- 法律层面
  - 相关法律无明确规定，理论上无须缴纳个人所得税
    - 储蓄存款利息免税
    - 公募基金分红免税

- 实操层面
  - 保险公司支付红利时，未进行个人所得税的代扣代缴
    - 无须缴纳个人所得税

## 延伸学习 >>>

**《财政部 国家税务总局关于储蓄存款利息所得有关个人所得税政策的通知》(财税〔2008〕132号)**

各省、自治区、直辖市、计划单列市财政厅(局)、国家税务局、新疆生产建设兵团财务局:

为配合国家宏观调控政策需要,经国务院批准,自2008年10月9日起,对储蓄存款利息所得暂免征收个人所得税。即储蓄存款在1999年10月31日前孳生的利息所得,不征收个人所得税;储蓄存款在1999年11月1日至2007年8月14日孳生的利息所得,按照20%的比例税率征收个人所得税;储蓄存款在2007年8月15日至2008年10月8日孳生的利息所得,按照5%的比例税率征收个人所得税;储蓄存款在2008年10月9日后(含10月9日)孳生的利息所得,暂免征收个人所得税。

## 测试题解析 >>>

**正确答案是A**

目前中国的保险公司对于给投保人分配的保险红利,不涉及个人所得税的代扣代缴。A选项错误,B选项正确。

## 42 我买了保险，将来孩子从保险公司领取身故保险金时，要不要在中国缴税？

本节课老师：梁磊

### 课堂测试题 >>>

假设中国已开征遗产税，王云为自己购买了一份终身寿险，该保单的架构为：投保人是王云，被保险人是王云，受益人是王云的儿子。如果王云在带儿子旅游的途中发生意外，二人当场死亡。请问，这笔身故保险金需要缴纳遗产税吗？

A. 不需要。
B. 需要。

### 保险法商课精讲 >>>

王云是上海一家化妆品销售企业的老板，她在平时的工作中接触了很多保险代理人。经过一段时间的了解，王云想通过一位保险代理人购买大额保险，为自己和孩子的未来做好规划。她知道，购买保险时不用缴税，被保险人领取生存年金、投保人领取保单红利时也都不用缴税。"可是，"王云还是有疑问，"以后孩子从保险公司领取身故保险金时，需不需要缴税呢？"

为了解答这个问题，我们先要弄清楚一件事：与身故保险金相关的税种有哪些？

主要有两个税种与身故保险金相关：一是个人所得税，二是遗产税（目前中国还未征收）。

先说个人所得税。根据《个人所得税法》第四条的规定，对保险赔款免征个人所得税。所以，领取身故保险金时不必缴纳个人所得税。

接下来说说遗产税。如果将来中国征收遗产税，那么领取身故保险金时是否要缴纳遗产税，取决于身故保险金是否属于被保险人的遗产。

根据《最高人民法院关于保险金能否作为被保险人遗产的批复》的规定，身故保险金是否被列入被保险人的遗产，取决于被保险人是否指定了受益人。指定了受益人的，被保险人死亡后，其身故保险金应付给受益人。

所以，如果保单中明确指定了受益人是自己的子女，那么身故保险金就不属于被保险人的遗产，即便将来开征了遗产税，也很可能不必缴纳。如果受益人这一栏是空白的，那就视同未指定受益人，身故保险金就成了被保险人的遗产，继承人就很可能要缴纳可能会开征的遗产税。

## 延伸学习 >>>

《保险法》

**第四十二条** 被保险人死亡后，有下列情形之一的，保险金

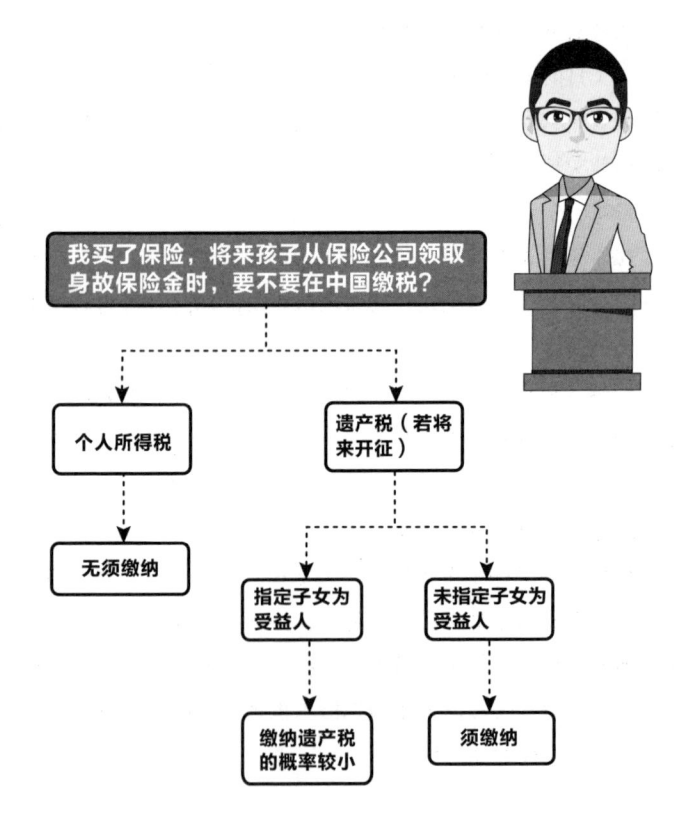

## 66节保险法商课（修订版）

**我买了保险，将来孩子从保险公司领取身故保险金时，要不要在中国缴税？**

- 个人所得税
  - 无须缴纳
- 遗产税（若将来开征）
  - 指定子女为受益人
    - 缴纳遗产税的概率较小
  - 未指定子女为受益人
    - 须缴纳

作为被保险人的遗产，由保险人依照《中华人民共和国继承法》[①]的规定履行给付保险金的义务：

（一）没有指定受益人，或者受益人指定不明无法确定的；

（二）受益人先于被保险人死亡，没有其他受益人的；

（三）受益人依法丧失受益权或者放弃受益权，没有其他受益人的。

受益人与被保险人在同一事件中死亡，且不能确定死亡先后顺序的，推定受益人死亡在先。

**《个人所得税法》**

**第四条** 下列各项个人所得，免征个人所得税：

（一）省级人民政府、国务院部委和中国人民解放军军以上单位，以及外国组织、国际组织颁发的科学、教育、技术、文化、卫生、体育、环境保护等方面的奖金；

（二）国债和国家发行的金融债券利息；

（三）按照国家统一规定发给的补贴、津贴；

（四）福利费、抚恤金、救济金；

（五）保险赔款；

（六）军人的转业费、复员费、退役金；

（七）按照国家统一规定发给干部、职工的安家费、退职费、基本养老金或者退休费、离休费、离休生活补助费；

（八）依照有关法律规定应予免税的各国驻华使馆、领事馆

---

[①] 自2021年1月1日起，《民法典》开始施行，同时《继承法》废止，与继承相关的条文详见《民法典》继承编。

的外交代表、领事官员和其他人员的所得；

（九）中国政府参加的国际公约、签订的协议中规定免税的所得；

（十）国务院规定的其他免税所得。

前款第十项免税规定，由国务院报全国人民代表大会常务委员会备案。

### 《最高人民法院关于保险金能否作为被保险人遗产的批复》

一、根据我国保险法规有关条文规定的精神，人身保险金能否列入被保险人的遗产，取决于被保险人是否指定了受益人。指定了受益人的，被保险人死亡后，其人身保险金应付给受益人；未指定受益人的，被保险人死亡后，其人身保险金应作为遗产处理，可以用来清偿债务或者赔偿。

二、财产保险与人身保险不同。财产保险不存在指定受益人的问题。因而，财产保险金属于被保险人的遗产。

## 测试题解析 >>>

**正确答案是 B**

根据《保险法》第四十二条的规定，受益人与被保险人在同一事件中死亡，且不能确定死亡先后顺序的，推定受益人死亡在先。在这种情况下，保险金作为被保险人的遗产处理，也就无法豁免遗产税，因此需要缴纳。B 选项正确。

# 43 我买了保险，万一将来退保，要不要在中国缴税？

本节课老师：冯鹜

## 课堂测试题 >>>

关于人寿保险的退保环节，以下理解正确的是：
A. 需要缴纳个人所得税，因为退保，投保人领到了钱。
B. 不需要缴纳个人所得税。
C. 退保需要慎重，考虑退保损失。
D. 退保是投保人的权利。

## 保险法商课精讲 >>>

现在我们已经知道在购买保险、领取生存年金、领取保单红利和领取身故保险金时是否需要纳税。可能有的客户想得比较周全，还会问我们的保险代理人："我现在买了保险，万一将来退保了，要不要缴税呢？"

我们先看一例中国人寿保险的保单架构，如下图所示，看看投保人、被保险人、受益人谁有退保的权利。

```
投保人 → 被保险人 → 受益人
·父亲      ·女儿      ·母亲

交纳保费，保单拥有者，可以随时解除保险合同（退保），领取保单的现金价值

领取生存年金

被保险人去世，受益人领取身故保险金，保单终止
```

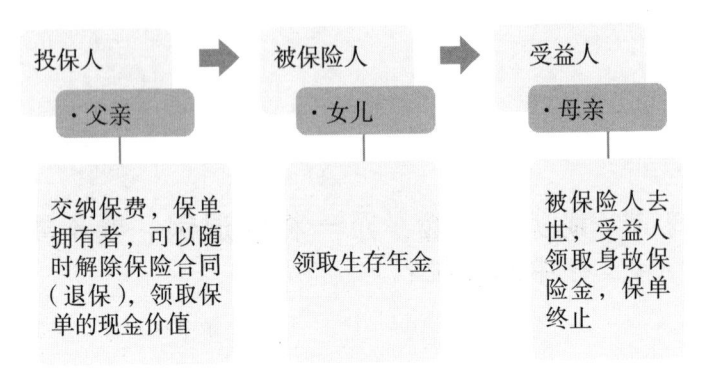

**中国人寿保险的保单架构示意图**

通过上图我们可以发现，投保人拥有退保的权利。所以，客户的问题更具体的表述就是：父亲作为投保人退保，领取保单的现金价值，此时要不要在中国缴税？

这个问题的答案是：投保人解除保险合同（退保），领取保单的现金价值，在实际操作过程中，中国各家人寿保险公司不存在进行个人所得税代扣代缴的行为，故不存缴纳个人所得税的情况。

但是，我们需要提醒各位：退保可能会面临投资损失。人寿保险都会设置犹豫期，一般是十天。在犹豫期内，如果投保人觉得购买的保险不合适，可以选择撤销合同，收回全部已交保费，保险公司仅扣除少量工本费。

但若在犹豫期后解除保险合同（退保），通常这时人寿保单的现金价值较低，没有达到所投入的保费，退保的话往往会造成投资损失。

PART 3
税务保险法商课

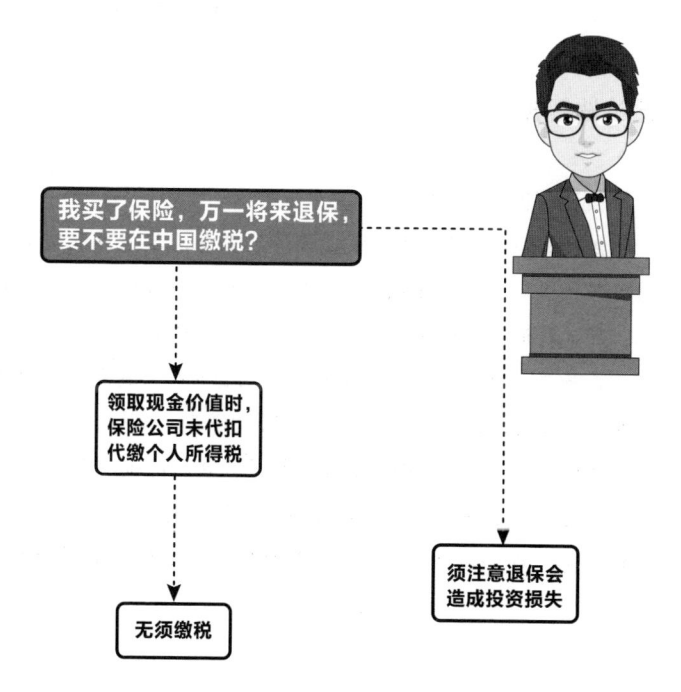

我买了保险,万一将来退保,要不要在中国缴税?

领取现金价值时,保险公司未代扣代缴个人所得税

无须缴税

须注意退保会造成投资损失

235

## 延伸学习 >>>

**《保险法》**

**第四十七条** 投保人解除合同的,保险人应当自收到解除合同通知之日起三十日内,按照合同约定退还保险单的现金价值。

## 测试题解析 >>>

**正确答案是 BCD**

A、B 选项:在实际操作过程中,投保人退保领取现金价值时,中国各家人寿保险公司不存在进行个人所得税代扣代缴的行为,因此退保无须缴纳个人所得税。A 选项错误,B 选项正确。

C 选项:退保时可以领到保单的现金价值,通常保单持有时间越长,现金价值就越高,所以退保需要谨慎,最好不要在持有保单的初期就退保,否则容易造成投资损失。C 选项正确。

D 选项:根据《保险法》第四十七条的规定,投保人拥有退保的权利,且退保行为不会涉及缴纳个人所得税的问题。D 选项正确。

# 44 我买了保险，将来如果变更投保人，要不要在中国缴税？

本节课老师：冯鹜

## 课堂测试题 >>>

关于人寿保险变更投保人的行为，以下理解不正确的是：

A. 中国税务居民，变更所购的中国人寿保险的投保人，不会面临缴税的问题，所得税、赠与税都没有。

B. 美国税务居民，变更所购买的美国人寿保险的投保人，会面临美国的赠与税。

C. 变更投保人，就相当于把保单资产转移给别人。

D. 变更投保人，接受保单的人应该在中国缴纳个人所得税。

## 保险法商课精讲 >>>

现在越来越多的人开始重视财富保障及传承的问题，并逐渐接受通过购买保险进行传承的方式。我接待过这样一位年纪不小的客户，他担心自己一旦发生意外，财产传承给下一代或者妻子时，可能会面临很多中国法定继承的手续和难关。于是，客户提议变更自己名下保单的投保人，将其放到比他年龄小的妻子名下，以避免因自己可能的突然离世而产生的财产继承的麻烦。

接下来我们一起看看，在中国的人寿保险领域，所谓"变更投保人"指的是什么？

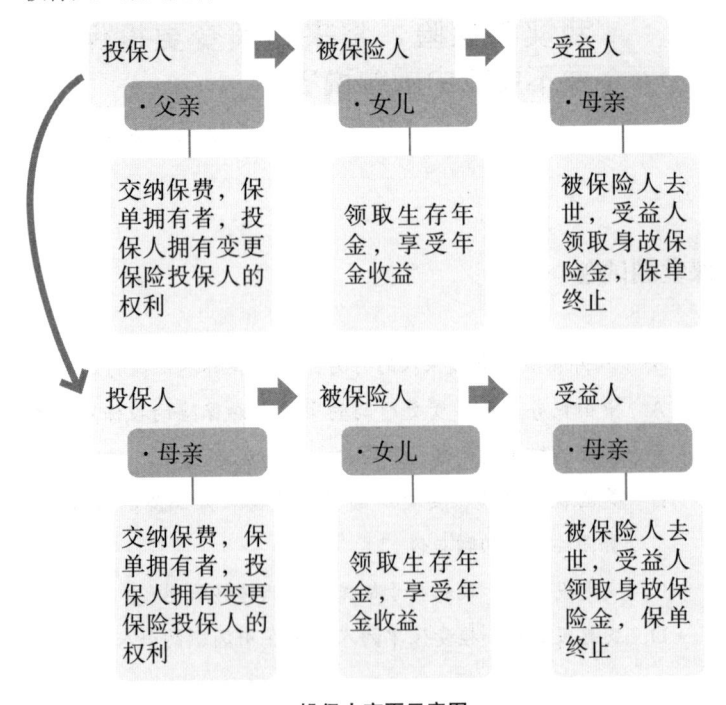

```
投保人 ➡ 被保险人 ➡ 受益人
·父亲      ·女儿       ·母亲
交纳保费，保   领取生存年    被保险人去
单拥有者，投   金，享受年    世，受益人
保人拥有变更   金收益        领取身故保
保险投保人的                 险金，保单
权利                         终止

        ⬇

投保人 ➡ 被保险人 ➡ 受益人
·母亲      ·女儿       ·母亲
交纳保费，保   领取生存年    被保险人去
单拥有者，投   金，享受年    世，受益人
保人拥有变更   金收益        领取身故保
保险投保人的                 险金，保单
权利                         终止
```

**投保人变更示意图**

通过上图我们可以知道，投保人可以随时变更投保人为他人。那么，在这个过程中，要不要在中国缴税呢？

这个问题的答案是：投保人变更，无须缴税，赠与税、个人所得税都无须缴纳。

首先，我们要明确一个基本逻辑：变更投保人，涉及的是赠与税范畴，而非所得税范畴。因为变更投保人，相当于把保单资产赠送给了下一个投保人。在投保人变更示意图中，父亲把保单投保人变更为母亲，母亲接受保单资产，这个行为是赠与行为。

由于中国现阶段还没有开征赠与税和遗产税，所以母亲接受这笔保单资产，成为保单持有人，在此过程中，不用缴纳赠与税。

## 延伸学习 >>>

**变更投保人需要注意的问题如下：**

1. 投保人的变更原因若是原投保人死亡，须提供投保人的死亡证明，由原投保人的合法继承人书面委托其中一名代表亲自到保险公司办理，而且新的投保人与被保险人一定要有利益关系。办理变更投保人时，须提供原投保人的父母、配偶、子女等全部第一顺序继承人的授权委托书、有效身份证件及其与原投保人的关系证明。如果继承人中有的已经去世了，须提供死亡证明或关系证明，难以提供的，须由其他继承人共同声明才可以。

2. 若委托他人变更投保人，受托人只有申请资格人的父母、配偶、子女等直系亲属才可以。

综上所述，在征得被保险人的书面同意后，可以变更投保人。但是，若保险合同中规定不能变更投保人，则不可以变更。

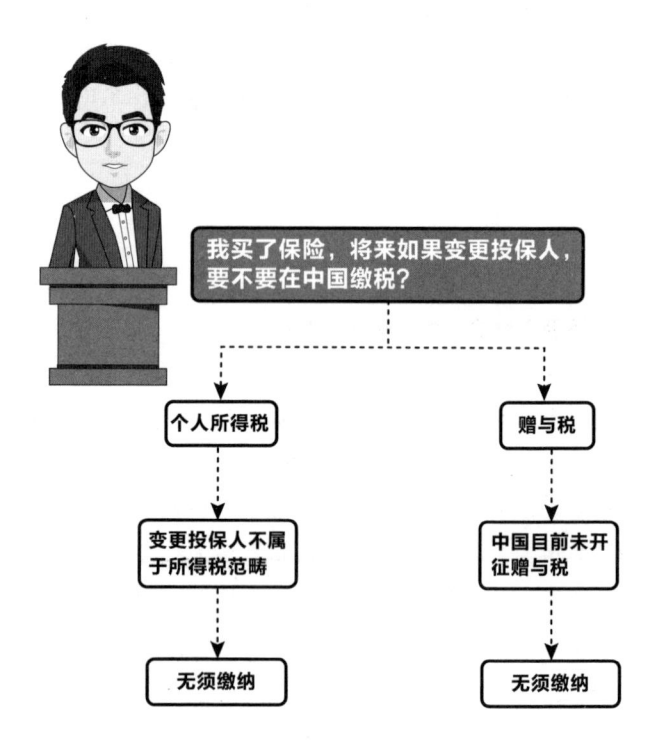

我买了保险，将来如果变更投保人，要不要在中国缴税？

- 个人所得税
  - 变更投保人不属于所得税范畴
  - 无须缴纳

- 赠与税
  - 中国目前未开征赠与税
  - 无须缴纳

## 测试题解析 >>>

**正确答案是 D**

A、C、D 选项：变更投保人，相当于把保单资产赠送给别人，无论是赠与方还是接受方，都无须缴纳个人所得税。同时，中国尚未开征赠与税，所以在保单变更环节，也不涉及赠与税。A 选项、C 选项的说法都是正确的，D 选项的说法错误。应选 D。

B 选项：美国是征收赠与税的国家。变更投保人时，在美国需要考虑赠与税的问题。B 选项的说法是正确的。

## 45 CRS[①] 执行后,我在境外买的保险要缴税吗?

本节课老师:冯鹜

### 课堂测试题 >>>

关于 CRS 和保险,以下理解正确的是:

A. CRS 执行后,我就不能在境外购置保险了。
B. CRS 执行后,我在境外买保险就要缴纳中国个人所得税。
C. CRS 执行后,我的境外保单的现金价值有可能被披露给中国税务总局。
D. CRS 执行后,我就不在境外购买人寿保险了。

### 保险法商课精讲 >>>

随着中国的高净值人士越来越多,全球化的资产配置成为越来越多中国客户的选择。很多客户就考虑持有非人民币计价的资

---

[①] CRS,即 Common Reporting Standard,简称CRS,译为"共同申报准则",旨在推动各国(地区)之间税务信息自动交换,目前正循序渐进地在各国(地区)实施。

产，比如境外的人寿保险配置。

从 2018 年 9 月开始，中国税务总局会根据 CRS 的规则，获取中国税务居民在境外的金融账户信息，高净值客户（个人境外金融资产超过 100 万美元）的信息将被首先披露回中国。

需要提醒大家，CRS 只是金融账户信息的交换，并不会限制我们在境外的任何消费。比如，我自己在外旅游或出差的时候，就会购买境外的意外险等保险，这样能够最大限度地保护自己的生命和财产安全，而完全不用考虑 CRS 的影响。

就像之前我们谈到的，购买中国的保险，无须缴纳个人所得税。购买境外的保险时，也是如此，而不像我们买房要缴契税、买车要缴车辆购置税，购买保险是不涉及缴税的。但是，购买境外保险所交的保费不能是偷逃税款的钱，必须是合法完税的资产。

## 测试题解析 >>>

**正确答案是 C**

A 选项：CRS 的执行并不会限制我们在境外的消费行为，包括在境外购置保险。A 选项错误。

B 选项：CRS 的执行并不会增加客户的税负，且购买保险本身也无须缴纳个人所得税。B 选项错误。

C 选项：CRS 执行后，境外的税务主管部门有可能将中国税务居民的金融账户信息披露给中国税务总局，其中包括境外保单的现金价值。C 选项正确。

D 选项：是否在境外购买人寿保险，应按照自身的需求加以考虑，无须过多考虑 CRS 的因素。D 选项错误。

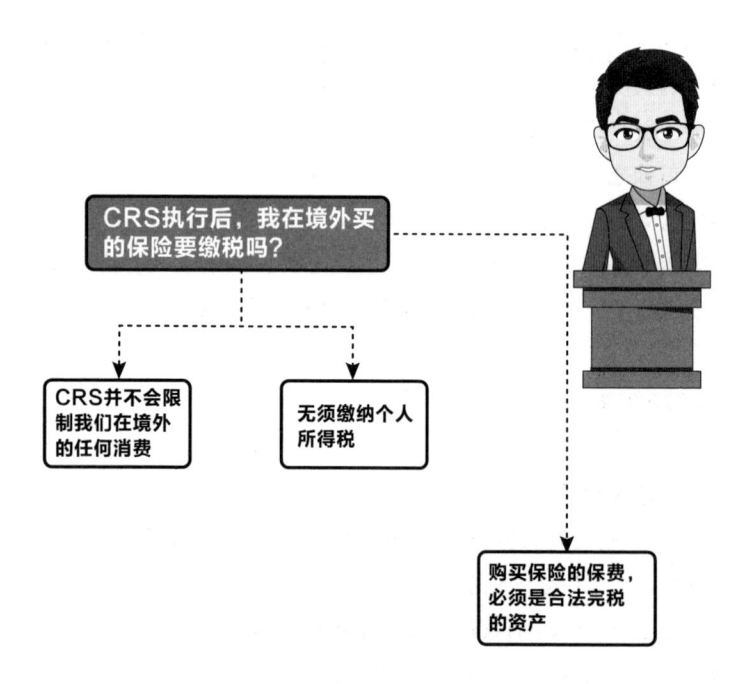

## CRS执行后,我在境外买的保险要缴税吗?

- CRS并不会限制我们在境外的任何消费
- 无须缴纳个人所得税
- 购买保险的保费,必须是合法完税的资产

# 46 CRS 执行后,我移民到国外,当初在国内买的保险会不会被移民国家发现?是否能规避境外所得税?

本节课老师:冯鹜

## 课堂测试题 >>>

关于保险和税收,以下理解正确的是:

A. 我移民去了美国,取得美国身份,从中国的人寿保险公司领取的身故保险金,在美国不需要为其缴纳个人所得税。

B. 我移民去了美国,取得美国身份,在中国所交的人寿保险保费可以冲抵美国的个人所得税。

C. 我移民去了美国,取得美国身份,就不能在中国继续持有人寿保险了。

D. 我移民去了美国,取得美国身份,仍然可以在中国购买人寿保险。

## 保险法商课精讲 >>>

CRS 的执行，使很多已经或者打算移民的朋友内心忐忑不安，他们担心移民之前在中国购买的人寿保险是否会被境外国家查到？如果被查到，在境外是否要缴税？

我们先来简单地看看 CRS 的影响。

根据《非居民金融账户涉税信息尽职调查管理办法》，境内保险公司需要收集和报送非居民账户信息，并注明报送信息的金融机构名称、地址及纳税人识别号，披露自然年度年末具有现金价值的保险合同或者年金合同的现金价值。

根据上述规定，我们发现，如果您移民海外并取得了境外税务居民的身份，那么您在中国购买的人寿保险可能会被披露给移民国的税务主管部门。

但是，这样的概率并不大，因为很多中国人移民海外往往是"移民不移居"，他们虽然取得了境外永久居留身份或者护照，但还是会将大量的时间和精力留在中国（是中国的税务居民），并且使用中国的身份证持有国内的人寿保险。在实际操作环节，这样的人寿保险会被定义为中国的税务居民账户，不会对外披露。

我们都知道，税务居民的定义主要看其在该国停留的时间或者是否有固定居所，如果您只是取得境外身份，但是仍然居住在中国，通常不会成为境外国家的税务居民。

此外，根据很多国家的规定，人寿保险的保险金不涉及所得税范畴。所以即使您移民国外，在国内购置的保险也可以实现财富传承，享受在境外不缴所得税的优惠待遇。

PART 3
税务保险法商课

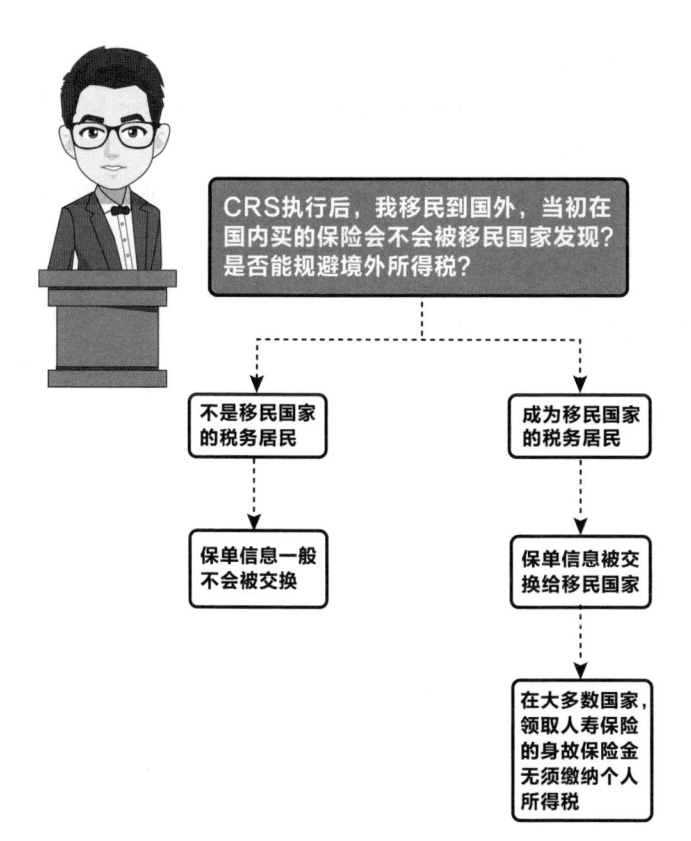

**CRS执行后，我移民到国外，当初在国内买的保险会不会被移民国家发现？是否能规避境外所得税？**

- 不是移民国家的税务居民
  - 保单信息一般不会被交换

- 成为移民国家的税务居民
  - 保单信息被交换给移民国家
  - 在大多数国家，领取人寿保险的身故保险金无须缴纳个人所得税

## 测试题解析 >>>

**正确答案是 AD**

A 选项：在美国，领取身故保险金时，无须缴纳个人所得税。A 选项正确。

B 选项：美国税务居民在中国购买人寿保险所交的保费，不能冲抵美国的个人所得税。B 选项错误。

C、D 选项：美国税务居民可以购买、持有中国的人寿保险。C 选项错误，D 选项正确。

# 47 在中国买什么样的保险可以合法避税？

本节课老师：冯鹜

## 课堂测试题 >>>

关于保险和税收，以下理解不正确的是：
A. 我们购买的年金保险，其保费支出可以合法避税。
B. 我们购买的终身寿险，其保费支出可以合法避税。
C. 我们购买的商业健康保险，其保费支出可以合法避税。
D. 我们购买的意外保险，其保费支出可以合法避税。

## 保险法商课精讲 >>>

在一次展业培训班上，一位学员向我提问："有个客户听说买保险可以避税，就咨询我该如何操作。"

有人称 2019 年是中国的"税收年"，税务问题成为大家热议的话题。很多客户希望通过各种方式合法避税，也很关心这样的问题：在中国买什么样的保险可以合法避税？或者说，买什么样的保险可以税前列支，从而减少个人所得税征税的税基，合理合法地少缴税？

先告诉大家答案：在中国购买的商业健康保险可以合法避税。

根据财政部、税务总局、保监会联合颁布的《关于将商业健康保险个人所得税试点政策推广到全国范围实施的通知》（财税〔2017〕39号）：对个人购买符合规定的商业健康保险产品的支出，允许在当年（月）计算应纳税所得额时予以税前扣除，扣除限额为2400元/年（200元/月）。2400元/年（200元/月）的限额扣除为个人所得税法规定减除费用标准之外的扣除。

但是，对于个人购买除商业健康保险外的其他人寿保险，我国目前不能税前列支。在国际上，一般也只有购买商业健康保险才能享受税收优惠。在德国、美国等国家购买的长期护理保险、商业健康保险，可以当作个人所得税的抵扣项目。

## 延伸学习 >>>

**《财政部 税务总局 保监会关于将商业健康保险个人所得税试点政策推广到全国范围实施的通知》（财税〔2017〕39号）**

一、关于政策内容

对个人购买符合规定的商业健康保险产品的支出，允许在当年（月）计算应纳税所得额时予以税前扣除，扣除限额为2400元/年（200元/月）。单位统一为员工购买符合规定的商业健康保险产品的支出，应分别计入员工个人工资薪金，视同个人购买，按上述限额予以扣除。

2400元/年（200元/月）的限额扣除为个人所得税法规定

PART 3
税务保险法商课

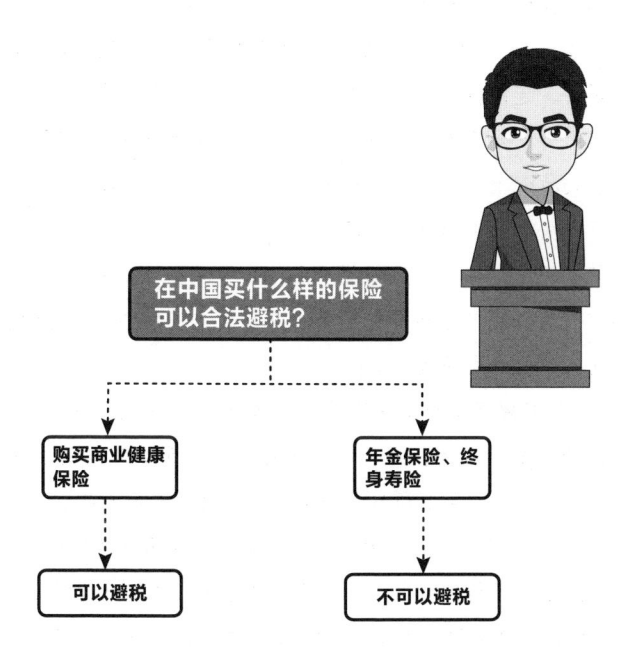

在中国买什么样的保险可以合法避税?

- 购买商业健康保险 → 可以避税
- 年金保险、终身寿险 → 不可以避税

减除费用标准之外的扣除。

二、关于适用对象

适用商业健康保险税收优惠政策的纳税人,是指取得工资薪金所得、连续性劳务报酬所得的个人,以及取得个体工商户生产经营所得、对企事业单位的承包承租经营所得的个体工商户业主、个人独资企业投资者、合伙企业合伙人和承包承租经营者。

三、关于商业健康保险产品的规范和条件

符合规定的商业健康保险产品,是指保险公司参照个人税收优惠型健康保险产品指引框架及示范条款(见附件)开发的、符合下列条件的健康保险产品:

(一)健康保险产品采取具有保障功能并设立有最低保证收益账户的万能险方式,包含医疗保险和个人账户积累两项责任。被保险人个人账户由其所投保的保险公司负责管理维护。

(二)被保险人为16周岁以上、未满法定退休年龄的纳税人群。保险公司不得因被保险人既往病史拒保,并保证续保。

(三)医疗保险保障责任范围包括被保险人医保所在地基本医疗保险基金支付范围内的自付费用及部分基本医疗保险基金支付范围外的费用,费用的报销范围、比例和额度由各保险公司根据具体产品特点自行确定。

(四)同一款健康保险产品,可依据被保险人的不同情况,设置不同的保险金额,具体保险金额下限由保监会规定。

(五)健康保险产品坚持"保本微利"原则,对医疗保险部分的简单赔付率低于规定比例的,保险公司要将实际赔付率与规定比例之间的差额部分返还到被保险人的个人账户。

根据目标人群已有保障项目和保障需求的不同,符合规定的健康保险产品共有三类，分别适用于：1.对公费医疗或基本医疗保险报销后个人负担的医疗费用有报销意愿的人群；2.对公费医疗或基本医疗保险报销后个人负担的特定大额医疗费用有报销意愿的人群；3.未参加公费医疗或基本医疗保险，对个人负担的医疗费用有报销意愿的人群。

符合上述条件的个人税收优惠型健康保险产品，保险公司应按《保险法》规定程序上报保监会审批。

四、关于税收征管

（一）单位统一组织为员工购买或者单位和个人共同负担购买符合规定的商业健康保险产品，单位负担部分应当实名计入个人工资薪金明细清单，视同个人购买，并自购买产品次月起，在不超过200元/月的标准内按月扣除。一年内保费金额超过2400元的部分，不得税前扣除。以后年度续保时，按上述规定执行。个人自行退保时，应及时告知扣缴单位。个人相关退保信息保险公司应及时传递给税务机关。

（二）取得工资薪金所得或连续性劳务报酬所得的个人，自行购买符合规定的商业健康保险产品的，应当及时向代扣代缴单位提供保单凭证。扣缴单位自个人提交保单凭证的次月起，在不超过200元/月的标准内按月扣除。一年内保费金额超过2400元的部分，不得税前扣除。以后年度续保时，按上述规定执行。个人自行退保时，应及时告知扣缴义务人。

（三）个体工商户业主、企事业单位承包承租经营者、个人独资和合伙企业投资者自行购买符合条件的商业健康保险产品的，在不超过2400元/年的标准内据实扣除。一年内保费金额超过2400元的部分，不得税前扣除。以后年度续保时，按上述规定执行。

## 测试题解析 >>>

**正确答案是 ABD**

根据《财政部 税务总局 保监会关于将商业健康保险个人所得税试点政策推广到全国范围实施的通知》的规定,只有购买商业健康保险的保费支出可不纳入个人所得税税基,从而少缴纳个人所得税。年金保险、终身寿险、意外保险均不在此列。因此,C选项的说法是正确的,A、B、D选项的说法都不正确,应选A、B、D。

# 48 用企业的钱给自己或者员工买保险，需要缴纳所得税吗？

本节课老师：冯鹜

## 课堂测试题 >>>

关于保险和税收，以下理解正确的是：
A. 企业给员工缴纳的基本养老保险可以降低企业所得税。
B. 企业给员工缴纳的基本医疗保险可以降低企业所得税。
C. 企业给员工缴纳的失业保险可以降低企业所得税。
D. 企业给企业高管缴纳的商业人寿保险可以降低企业所得税。

## 保险法商课精讲 >>>

很多企业主发现自己公司里的钱很多，要是用于给自己分红或者给员工发奖金，需要缴纳不少的个人所得税。于是企业主就想：假如把公司的钱拿来给自己或者员工买保险，是不是就能省下不少的企业所得税呢？

对此，我们需要从企业所得税和个人所得税两个角度进行阐述。

从企业所得税的角度，企业为员工缴纳国家规定的保险保费，可以实现少缴企业所得税的目的。

根据《中华人民共和国企业所得税法实施条例》的有关规定，在国务院有关主管部门或者省级人民政府规定的范围和标准之内，企业为职工缴纳的基本养老保险费、基本医疗保险费、失业保险费、工伤保险费、生育保险费等基本社会保险费和住房公积金，在计算企业应纳税额时，这部分支出可以扣除。

但是，在上述国务院有关主管部门或者省级人民政府规定的范围和标准之外，企业为投资者或员工支付的商业保险费，不得扣除税额。

也就是说，在规定的范围和标准之内，为企业投资者或员工购买保险，可以少缴企业所得税。

从个人所得税的角度，企业为员工缴纳的国家规定的保险保费，关于员工缴纳的部分，可以进行个人所得税抵扣。如果企业为员工缴纳其他商业补充保险，需要视同个人取得收入，应缴纳个人所得税。

根据《国家税务总局关于单位为员工支付有关保险缴纳个人所得税问题的批复》(国税函〔2005〕318号)的规定，企业为员工支付各项免税之外的保险金，应在企业向保险公司实际缴付时并入员工当期的工资收入，按"工资、薪金所得"项目计征个人所得税。

所以，企业为员工支付的商业保险的保费，其个人所得税，企业只是代缴，税款还是需要个人承担的。

PART 3
税务保险法商课

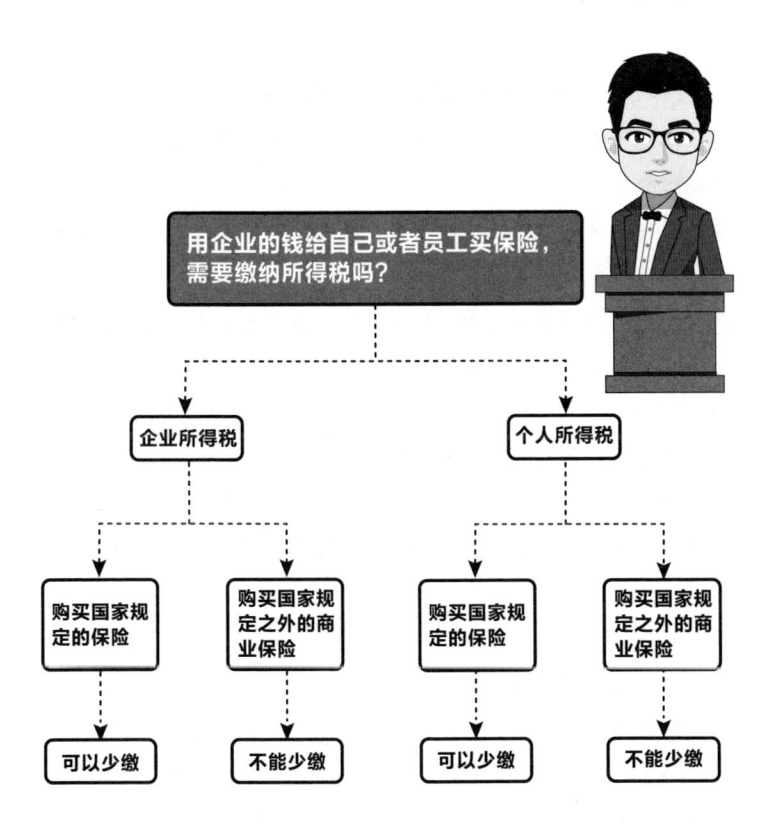

```
                 用企业的钱给自己或者员工买保险，
                 需要缴纳所得税吗？
                         │
              ┌──────────┴──────────┐
              ▼                     ▼
          企业所得税              个人所得税
              │                     │
         ┌────┴────┐           ┌────┴────┐
         ▼         ▼           ▼         ▼
      购买国家规  购买国家规   购买国家规  购买国家规
      定的保险    定之外的商   定的保险    定之外的商
                  业保险                   业保险
         │         │           │         │
         ▼         ▼           ▼         ▼
      可以少缴   不能少缴    可以少缴   不能少缴
```

## 延伸阅读 >>>

### 《中华人民共和国企业所得税法实施条例》

**第三十五条** 企业依照国务院有关主管部门或者省级人民政府规定的范围和标准为职工缴纳的基本养老保险费、基本医疗保险费、失业保险费、工伤保险费、生育保险费等基本社会保险费和住房公积金，准予扣除。

企业为投资者或者职工支付的补充养老保险费、补充医疗保险费，在国务院财政、税务主管部门规定的范围和标准内，准予扣除。

**第三十六条** 除企业依照国家有关规定为特殊工种职工支付的人身安全保险费和国务院财政、税务主管部门规定可以扣除的其他商业保险费外，企业为投资者或者职工支付的商业保险费，不得扣除。

### 《个人所得税法》

**第六条** 应纳税所得额的计算：

（一）居民个人的综合所得，以每一纳税年度的收入额减除费用六万元以及专项扣除、专项附加扣除和依法确定的其他扣除后的余额，为应纳税所得额。

…………

本条第一款第一项规定的专项扣除，包括居民个人按照国家规定的范围和标准缴纳的基本养老保险、基本医疗保险、失业保险等社会保险费和住房公积金等；专项附加扣除，包括子女教育、继续教育、大病医疗、住房贷款利息或者住房租金、赡养老人等支出，具体范围、标准和实施步骤由国务院确定，并报全国人民代表大会常务委员会备案。

**《国家税务总局关于单位为员工支付有关保险缴纳个人所得税问题的批复》（国税函〔2005〕318号）**

依据《中华人民共和国个人所得税法》及有关规定，对企业为员工支付各项免税之外的保险金，应在企业向保险公司缴付时（即该保险落到被保险人的保险账户）并入员工当期的工资收入，按"工资、薪金所得"项目计征个人所得税，税款由企业负责代扣代缴。

## 测试题解析 >>>

**正确答案是 ABC**

A、B、C选项：根据《中华人民共和国企业所得税法实施条例》第三十五条的规定，企业依照国务院有关主管部门或者省级人民政府规定的范围和标准为职工缴纳的基本养老保险费、基本医疗保险费、失业保险费、工伤保险费、生育保险费等基本社会保险费和住房公积金，准予扣除税额。A、B、C选项正确。

D选项：根据《中华人民共和国企业所得税法实施条例》第三十六条的规定，企业给企业高管缴纳的商业人寿保险，不得扣除税额。D选项错误。

## 49 针对金融资产，法定继承和买保险，哪种财富传承方式更省钱？

本节课老师：冯鹫

### 课堂测试题 >>>

以下说法不正确的是：

A. 人寿保险传承是合同契约形式的传承，如果指定了受益人，不需要办理继承权公证。

B. 人寿保险传承是合同契约形式的传承，如果指定了受益人，不需要缴纳继承权公证费。

C. 人寿保险传承是金融资产传承中成本最低的方式之一。

D. 即使购买了人寿保险，指定了受益人，将来受益人只有在办理继承权公证、缴纳公证费后，才能领到保险金。

### 保险法商课精讲 >>>

先告诉大家：购买人寿保险一定能为客户节省财富传承的税费成本。

我们知道，只要保单明确指定了受益人为子女，子女就可以方便地领取保险金，并且不用缴税。

那么，法定继承呢？

法定继承是指在被继承人对其遗产的处理没有设立遗嘱的情况下，由法律直接规定继承人的范围、继承顺序、遗产分配原则的一种继承形式。法定继承又称无遗嘱继承。

在法定继承中，可参加继承的继承人、继承人参加继承的顺序、继承人应继承的遗产份额以及遗产的分配原则，都是由法律直接规定的。因而法定继承并不直接体现被继承人的意愿，仅是根据法律推定的被继承人的意思，而将其遗产由其近亲属继承。

很多人觉得，既然中国现在没有遗产税，父母的遗产传承给子女也就不用花钱。其实在中国，很多继承父母遗产的人，都要面临一些费用，分别是：

1. 继承权公证费。每个继承父母遗产的人，都需要先去公证处开个证明，这个证明叫作继承权公证书。继承权公证书的收费标准如下：20万元以下的部分，按不超过1.2%收取；超过20万元不满50万元的部分，按不超过1%收取；超过50万元不满500万元的部分，按不超过0.8%收取；超过500万元不满1000万元的部分，按不超过0.5%收取；超过1000万元的部分，按不超过0.1%收取。所以我们可以得出一个结论：继承父母的遗产越多（价值越高），公证费也就越高。

2. 继承诉讼费。如果继承父母遗产时面临一些不好调和的问题，需要法律的帮助，就有可能需要去法院进行遗产继承诉讼。遗产继承案件属于财产案件，其诉讼费标准如下：

（1）标的金额1万元以下的，诉讼费用50元；

（2）标的金额1万元以上10万元以下的，按照标的金额的

2.5% 减去 200 元计算；

（3）标的金额 10 万元以上 20 万元以下的，按照标的金额的 2% 加上 300 元计算；

（4）标的金额 20 万元以上 50 万元以下的，按照标的金额的 1.5% 加上 1300 元计算；

（5）标的金额 50 万元以上 100 万元以下的，按照标的金额的 1% 加上 3800 元计算；

（6）标的金额 100 万元以上 200 万元以下的，按照标的金额的 0.9% 加上 4800 元计算；

（7）标的金额 200 万元以上 500 万元以下的，按照标的金额的 0.8% 加上 6800 元计算；

（8）标的金额 500 万元以上 1000 万元以下的，按照标的金额的 0.7% 加上 11800 元计算；

（9）标的金额 1000 万元以上 2000 万元以下的，按照标的金额的 0.6% 加上 21800 元计算；

（10）标的金额 2000 万元以上的，按照标的金额的 0.5% 加上 41800 元计算。

3. 律师费。如果您需要请律师去处理继承案件，律师事务所的收费标准也是建立在继承财产的规模比例基础之上的。

对比之后，对于这两种传承方式哪种更省钱，想必您已经有了自己的答案。

PART 3
税务保险法商课

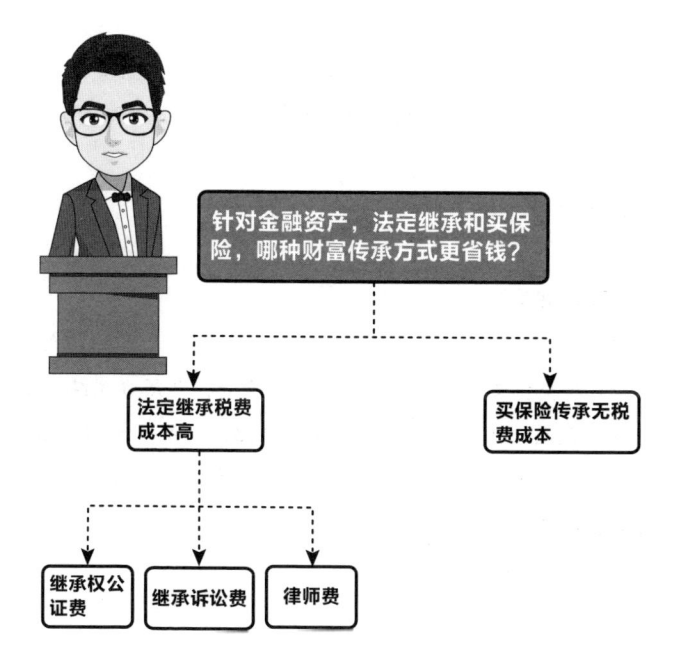

针对金融资产,法定继承和买保险,哪种财富传承方式更省钱?

- 法定继承税费成本高
  - 继承权公证费
  - 继承诉讼费
  - 律师费
- 买保险传承无税费成本

## 延伸学习 >>>

请参阅由王芳律师家族办公室团队编著的《家族财富保障及传承》一书第三章《如何攻克财富传承之继承权公证难关》。

## 测试题解析 >>>

**正确答案是 D**

购买了人寿保险,如果明确指定了受益人,只需要按照保险公司的要求提供文件就可以领取身故保险金,无须办理继承权公证,当然也无须缴纳继承权公证费。相比法定继承和遗嘱继承,人寿保险的传承成本更低。A、B、C 选项的说法是正确的,D 选项的说法错误。

# 50 遗嘱继承和买保险,哪种财富传承方式更省钱?

本节课老师:冯鹜

## 课堂测试题 >>>

以下说法正确的是:
A. 如果立下遗嘱,就不需要办理继承权公证。
B. 如果立下遗嘱,就可以免费继承父母的财产。
C. 相对于遗嘱继承,人寿保险可以降低传承的税费。
D. 立下遗嘱就不需要购买人寿保险了。

## 保险法商课精讲 >>>

买保险这种传承方式没有税负成本,这一点我们已经知道了。那么,遗嘱继承有没有成本?如果有,会有哪些成本呢?

遗嘱继承又称"指定继承",是按照被继承人所立的合法有效的遗嘱,指定其遗产的继承方式。遗嘱继承由设立遗嘱和遗嘱人死亡两个法律事实构成,它们分别具有设立效力和执行效力。

很多人觉得,既然我生前做好了遗嘱安排,将来财产按照我的意愿直接给到继承人，就应该没有任何费用。其实不然，即使遗嘱人做了遗嘱安排，财富传承也要面临以下费用：

1. 继承权公证费。即使父母做了遗嘱，将来子女在继承父母的银行存款时，银行的柜员也需要子女提供公证处出具的继承权公证书，以证明子女是其父母银行存款的合法继承人。很多人疑惑了，不是有遗嘱吗，干吗还要去公证处开具继承权公证书呀？原因很简单，因为公证处要判断这份遗嘱是否真实有效。在办理继承权公证书的时候，也会面临缴费的问题。具体的收费标准前面已经讲了，此处不再赘述。

2. 诉讼费和律师费。即使立下了遗嘱，可是如果遗嘱效力出现问题，继承人也有可能要打遗产继承官司。遗产继承案件属于财产案件，诉讼费的标准前面也有介绍。当然，打官司要请律师，请律师又得花钱。

总结来说，遗嘱继承和法定继承一样，都需要面临继承权公证的问题，甚至可能面临遗产继承诉讼。相对而言，通过买保险传承财富就方便、省钱多了。

## 延伸学习 >>>

据媒体报道，2016年12月29日，标的金额达21亿元的许麟庐遗产纠纷案终审落槌。许麟庐先生生前虽然留下了遗嘱，但仍给子女和夫人造成了极大的继承困境。因标的金额巨大，导致本案的诉讼费、律师费等费用的数额也都极为可观。

PART 3
税务保险法商课

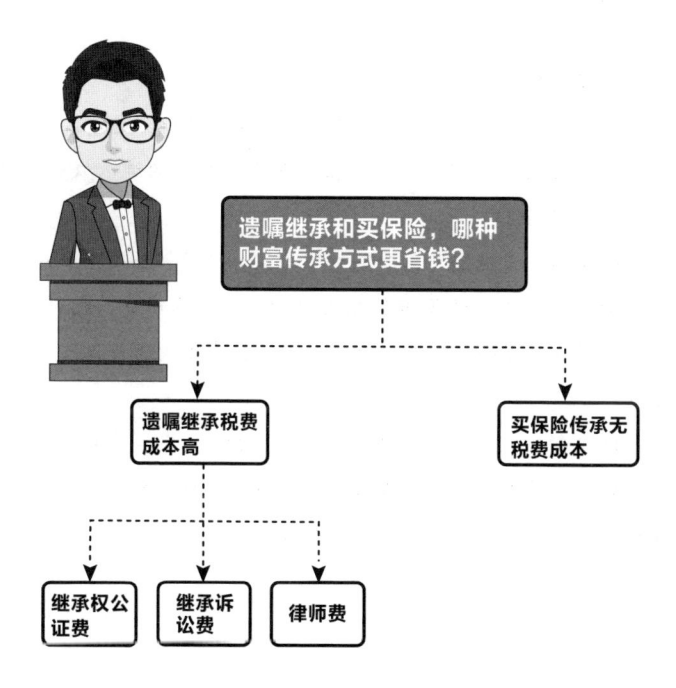

## 遗嘱继承和买保险,哪种财富传承方式更省钱?

- 遗嘱继承税费成本高
  - 继承权公证费
  - 继承诉讼费
  - 律师费
- 买保险传承无税费成本

267

## 测试题解析 >>>

**正确答案是 C**

A、B 选项：无论是法定继承还是遗嘱继承，继承人在继承遗产时，都需要办理继承权公证，并缴纳相应的继承权公证费。A、B 选项错误。

C 选项：遗嘱继承需要缴纳继承权公证费，如果继承人就遗产继承发生诉讼，还需承担相应的诉讼费、律师费。相对而言，通过购买人寿保险传承就没有这些费用，成本大大降低。C 选项正确。

D 选项：遗嘱和人寿保险是不同的传承工具。不动产、股票、古董字画等更适合遗嘱继承，金融资产更适合通过购买人寿保险传承，两者不可偏废。D 选项错误。

# PART 4
# 债务
## 保险法商课

---

**◆ 潜在客户肖像 ◆**

想用保单隔离债务风险的

公司或自己被列为失信被执行人的

持有香港保单的

…………

## 51 买了保险没告诉别人,法院能查出来吗?

*本节课老师:薛京*

### 课堂测试题 >>>

江苏省的陈先生购买了一份大额人寿保险,他想,如果除了自己没有其他人知道这张保单,那么即使自己欠了债或者离了婚,保单也是绝对安全的。请问,陈先生的想法是正确的吗?

A. 正确,因为保单不能被强制执行,可以用于避债。

B. 错误,因为保单的现金价值可以被法院强制执行,且法院可以到江苏省保险行业协会查询陈先生的保单信息。

C. 正确,因为保单的私密性较好,且现在还未建立保险实名查验登记平台。

### 保险法商课精讲 >>>

前不久,一位孙老板问我:"薛律师,如果我买了一张保单,没有告诉任何人。我要是欠了债,债权人根本不知道这张保单的存在,全国那么多家保险公司,保单信息又没有全国联网,法院不会帮他一家一家查吧？如果这张保单没有被发现，就不会被执行，是不是就很安全呢？"

孙老板的思路其实就是借助保单资产所谓的"隐藏性"，来避免欠债时保单被执行。甚至有很多保险代理人也会主动给客户介绍这个"套路"。

2018年6月，中国银行保险监督管理委员会（简称银保监会）公布了《保险实名登记管理办法（征求意见稿）》，其中提到，对自然人的保险信息进行实名认证，包括投保人、被保险人、受益人。银保监会建立保险实名查验登记平台，负责保险实名信息查验、登记和保险账户管理，委托第三方机构承担平台建设和运行。

这种保险实名查验登记平台建立之后，投保人的信息就有可能因法院发出的协助调查通知而被平台提供，债务人保单曝光的风险因此大大增加。

2018年7月，江苏省高级人民法院发布《关于加强和规范被执行人所有的人身保险产品财产性权益执行的通知》，规定保单的现金价值可以被执行。通知同时还规定，申请执行人无法提供被执行人所有的人身保险产品所属保险公司或保险合同编号的，人民法院可以到江苏省保险行业协会进行查询。

也就是说，江苏省高院认为，如果债权人不知道债务人有没有保单，法院执行机构可以依法去保险公司甚至省级保险行业协会查询。也许将来越来越多的省级高院会像江苏省高院一样，明确要求本辖区的保险公司、保险行业协会配合调查。

所以，即使客户买了保险之后谁也不告诉，将来一旦建立统一的保险信息实名登记平台，且法院要求协助调查的，投保人的保单信息也会被法院掌握，进而存在被强制执行的风险。

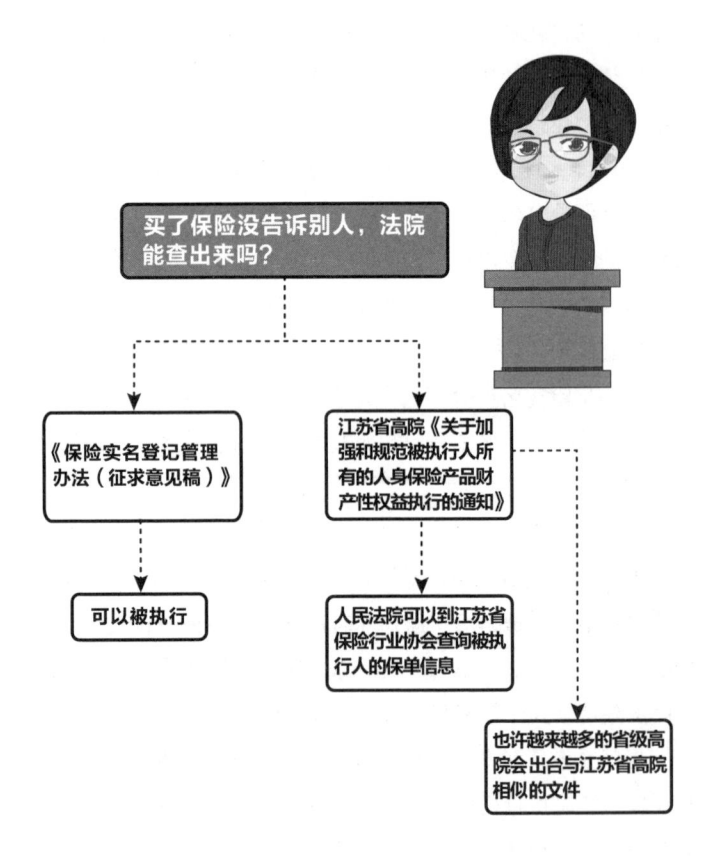

## 买了保险没告诉别人，法院能查出来吗？

- 《保险实名登记管理办法（征求意见稿）》
  - 可以被执行

- 江苏省高院《关于加强和规范被执行人所有的人身保险产品财产性权益执行的通知》
  - 人民法院可以到江苏省保险行业协会查询被执行人的保单信息
  - 也许越来越多的省级高院会出台与江苏省高院相似的文件

## 延伸学习 >>>

**《保险实名登记管理办法（征求意见稿）》**

**第二条** 本办法所称保险实名登记，是指保险机构、保险中介机构、第三方网络平台及其从业人员在为投保人、被保险人、受益人办理保险业务时，依照本办法要求核对身份证件，并查验和登记实名信息的行为。

**第八条** 中国银保监会建立保险实名查验登记平台，用于保险实名信息查验、登记和保险账户管理。中国银保监会委托、指导第三方机构承担保险实名查验登记平台的建设和运行管理。

## 2018 年江苏省高级人民法院《关于加强和规范被执行人所有的人身保险产品财产性权益执行的通知》

一、保险合同存续期间，人身保险产品财产性权益依照法律、法规规定，或依照保险合同约定归属于被执行人的，人民法院可以执行。人身保险产品财产性权益包括依保险合同约定可领取的生存保险金、现金红利、退保可获得的现金价值（账户价值、未到期保费），依保险合同可确认但尚未完成支付的保险金，及其他权属明确的财产性权益。

人民法院执行人身保险产品财产性权益时，应遵守《中华人民共和国民事诉讼法》第二百四十三条、《最高人民法院关于人民法院民事执行中查封、扣押、冻结财产的规定》第五条的规定。例如，对于被保险人或受益人为被执行人的重疾型保险合同，已经发生保险事故，依保险合同可确认但尚未完成支付的保险金，人民法院执行时应当充分保障被执行人及其所扶养家属的生存权利及基本生活保障。

二、人民法院要求保险公司协助查询、冻结、处置被执行人所有的人身保险产品及其财产性权益时，执行人员应当出具本人工作证和执行公务证，并出具执行裁定书、协助执行通知书等法律文书。

申请执行人无法提供被执行人所有的人身保险产品所属保险公司或保险合同编号的，人民法院可以到江苏省保险行业协会进行查询。执行人员查询时应当出具本人工作证、执行公务证以及协助执行通知书等法律文书。

## 测试题解析 >>>

**正确答案是 B**

A 选项：根据江苏省高级人民法院《关于加强和规范被执行人所有的人身保险产品财产性权益执行的通知》第一条的规定，保单的现金价值可以被法院强制执行。A 选项错误。

B 选项：根据江苏省高级人民法院《关于加强和规范被执行人所有的人身保险产品财产性权益执行的通知》第二条的规定，法院可以到江苏省保险行业协会查询陈先生的保单信息。B 选项正确。

C 选项：根据《保险实名登记管理办法（征求意见稿）》，银保监会很有可能会建立保险实名查验登记平台，因此陈先生最好不要抱有侥幸心理。C 选项错误。

# 52 法院要执行我的资产，我从保险公司获得的保险金能保住吗？

本节课老师：黄利军

## 课堂测试题 >>>

下列哪些说法是正确的？

A. 投保人欠债时，投保人退保后的保单现金价值可能会被执行。
B. 被保险人欠债时，被保险人获得的生存年金可能会被执行。
C. 受益人欠债时，受益人获得的身故保险金可能会被执行。

## 保险法商课精讲 >>>

多年前，朱总下海经商创建了现在的公司。朱先生作为朱总唯一的孩子，从小家里人就对他呵护备至，并为他购买了保险。朱先生自己也有保险意识，也为自己买了不同险种的保险。可以说，朱先生成长的路上一直有保险的陪伴。

2013年，朱总将公司交由朱先生掌管，2016年，朱总因突发心脏病不幸离世。朱先生着手运作一个新的投资项目，由于资金不足，就向亲戚朋友、借贷公司、银行等筹集资金。可到现在，项目还没做出来，钱却用完了，债权人纷纷上门讨债。朱先生将所有的钱都投到了项目里，不动产也都做了抵押，确实没钱还债。于是，债权人便将目光转向朱先生的其他财产，发现他有许多保险金。

在这种情况下，朱先生能保住他的那些保险金吗？这要分两种情况来看，分别举例说明。

第一种情况，被保险人获得的生存年金。

王先生在北京工作，单位虽然已为王先生缴纳了社保，但其父亲希望他日后能有高质量的生活，便为他购买了一份年金保险，王先生作为被保险人，每年可以领到3万元的生存年金。一次和朋友聚餐后，王先生执意要自己驾车回家，在路上与一辆正常行驶的车辆相撞，造成对方车上的两个人重伤。经公安机关调查取证，这场车祸，王先生负全责。法院判决王先生赔偿对方车辆及人员的全部损失，王先生以没有钱为由拒绝支付赔偿。后经法院查明，王先生每过一段时间会从某保险公司领取一份生存年金。经法院调查，王先生系该保单的被保险人，根据保险合同约定，王先生每年领取生存年金3万元。由于每年领取的3万元已到王先生手里，属于王先生的财产，与其他财产并无区别，最终法院强制执行了王先生领取的年金，将其赔付给了受害者。

第二种情况，受益人获得的身故保险金。

开宇和涵阳是一对刚结婚不久的小夫妻。开宇在一家外企当销售经理，涵阳则与几个闺蜜合开了一家化妆品公司。在结婚两周年纪念日的时候，开宇作为投保人和被保险人在一家保险公司投保了一份终身寿险，保额为50万元，受益人指定为涵阳。一年后开宇因钓鱼触电不幸身亡，涵阳随即根据保险合同的约定，以受益人的身份得到了保险公司全额给付的身故保险金60万元。

领取身故保险金后没多久，涵阳和几个闺蜜合开的化妆品公司就因经营不善面临倒闭，公司还欠下200万元外债。债权人将涵阳和她的几个闺蜜一起告上了法庭，法院执行了她们的资产。因涵阳领取身故保险金后，身故保险金就属于涵阳个人的合法财产，如果其对外负债，这笔保险金和涵阳的其他财产并无区别，所以法院强制执行了涵阳领到的60万元身故保险金。

## 延伸学习 >>>

### 2015年浙江省高级人民法院《关于加强和规范对被执行人拥有的人身保险产品财产利益执行的通知》

一、投保人购买传统型、分红型、投资连接型、万能型人身保险产品、依保单约定可获得的生存保险金、或以现金方式支付的保单红利、或退保后保单的现金价值，均属于投保人、被保险人或受益人的财产权。当投保人、被保险人或受益人作为被执行人时，该财产权属于责任财产，人民法院可以执行。

五、人民法院要求保险机构协助扣划保险产品退保后可得财产利益时，一般应提供投保人签署的退保申请书，但被执行人下落不明，或者拒绝签署退保申请书的，执行法院可以向保险机构发出执行裁定书、协助执行通知书要求协助扣划保险产品退保后可得财产利益，保险机构负有协助义务。

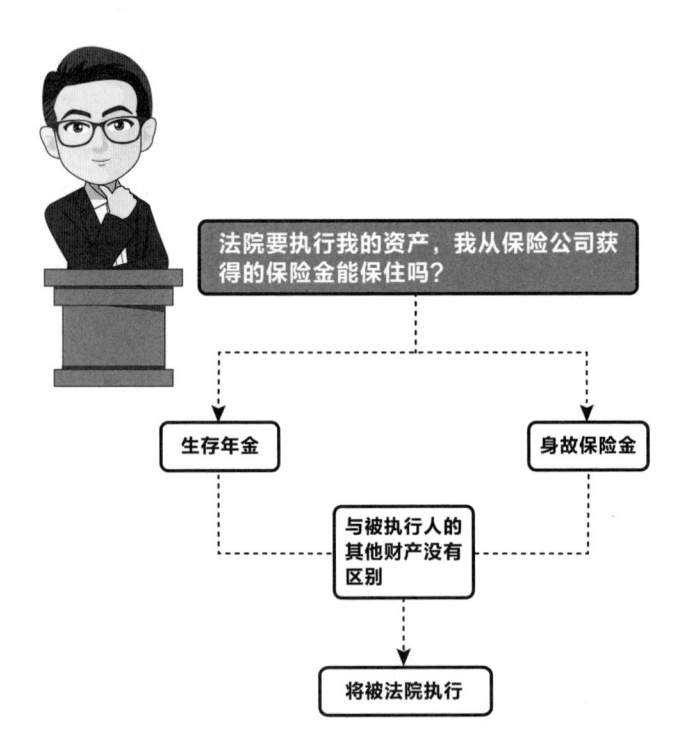

法院要执行我的资产，我从保险公司获得的保险金能保住吗？

- 生存年金
- 身故保险金

与被执行人的其他财产没有区别

将被法院执行

## 测试题解析 >>>

**正确答案是 ABC**

A 选项：根据浙江省高院《关于加强和规范对被执行人拥有的人身保险产品财产利益执行的通知》第一条的规定，退保后保单的现金价值是投保人的财产，人民法院可以执行。A 选项正确。

B 选项：根据浙江省高院《关于加强和规范对被执行人拥有的人身保险产品财产利益执行的通知》第一条的规定，生存年金是投保人、被保险人的财产，人民法院可以执行。B 选项正确。

C 选项：根据相关司法实践，受益人获得的身故保险金属于受益人的责任财产，人民法院可以执行。C 选项正确。

## 53 法院要执行我的资产,我买过的很多保险还保得住吗?

本节课老师:谭啸

### 课堂测试题 >>>

下列哪些说法是正确的?

A. 在北京市,人寿保险的权益可以被冻结、处分,但人寿保险合同不可以被强制解除。

B. 在浙江省,退保后保单的现金价值可以被执行,符合条件的,法院可以强制退保。

C. 在广东省,被执行人同意退保,法院可以执行保单的现金价值;被执行人不同意退保,法院不可强制退保。

### 保险法商课精讲 >>>

如果投保人欠债,被法院判决还钱,那么他投保的人寿保险是否会被法院强制解除并执行保单的现金价值呢?

目前我国法律对上述问题没有统一规定,所以各省份在执行的尺度上也有差别。

我在全国范围内选取了三个具有代表性的地区，跟大家具体说一说这三个地区的执行标准。

一、在北京市，人寿保单能否被强制执行？

根据北京市高级人民法院《关于印发修订后的〈北京市法院执行工作规范〉的通知》（2013年修订）第四百四十九条规定：对被执行人所投的商业保险，人民法院可以冻结并处分被执行人基于保险合同享有的权益，但不得强制解除该保险合同法律关系。保险公司和被执行人对理赔金额有争议的，对无争议的部分可予执行；对有争议的部分，待争议解决后再决定是否执行。对被执行人所设的用于交纳保险费的账户，人民法院可以冻结并扣划该账户内的款项。

总结：在北京市，人寿保险的权益可以被冻结、处分，但人寿保险合同不可以被强制解除。

二、在浙江省，人寿保单能否被强制执行？

根据2015年浙江省高级人民法院《关于加强和规范对被执行人拥有的人身保险产品财产利益执行的通知》第一条规定：投保人购头传统型、分红型、投资连接型、万能型人身保险产品、依保单约定可获得的生存保险金、或以现金方式支付的保单红利、或退保后保单的现金价值，均属于投保人、被保险人或受益人的财产权。当投保人、被保险人或受益人作为被执行人时，该财产权属于责任财产，人民法院可以执行。

第五条规定：人民法院要求保险机构协助扣划保险产品退保后可得财产利益时，一般应提供投保人签署的退保申请书，但被执行人下落不明，或者拒绝签署退保申请书的，执行法院可以向保险机构发出执行裁定书、协助执行通知书要求协助扣划保险产品退保后可得财产利益，保险机构负有协助义务。

总结：在浙江省，传统型、分红型、投资连接型、万能型人身保险产品、依保单约定可获得的生存保险金、或以现金方式支付的保单红利、或退保后保单的现金价值均可被执行。符合条件的，法院可强制退保。

三、在广东省，人寿保单能否被强制执行？

2016年广东省高级人民法院《关于执行案件法律适用疑难问题的解答意见》：

问题十一、被执行人的人身保险产品具有现金价值，法院能否强制执行？

处理意见：首先，虽然人身保险产品的现金价值是被执行人的，但关系人的生命价值，如果被执行人同意退保，法院可以执行保单的现金价值，如果不同意退保，法院不能强制被执行人退保。其次，如果人身保险有指定受益人且受益人不是被执行人，依据《保险法》第四十二条的规定，保险金不作为被执行人的财产，人民法院不能执行。再次，如果人身保险没有指定受益人或者指定的受益人为被执行人，发生保险事故后理赔的保险金可以认定为被执行人的遗产，可以用来清偿债务。

总结：在广东省，被执行人若同意退保，法院可以执行保单的现金价值；被执行人若不同意退保，法院不可强制退保。

PART 4
债务编保险法商课

```
法院要执行我的资产,我买过的很多保险还保得住吗?
├── 北京市
│   └── 可冻结、处分,但不可强制解除保险合同
├── 浙江省
│   └── 符合规定的,可强制退保
└── 广东省
    ├── 被执行人同意
    │   └── 可执行保单的现金价值
    └── 被执行人不同意
        └── 不可强制退保
```

283

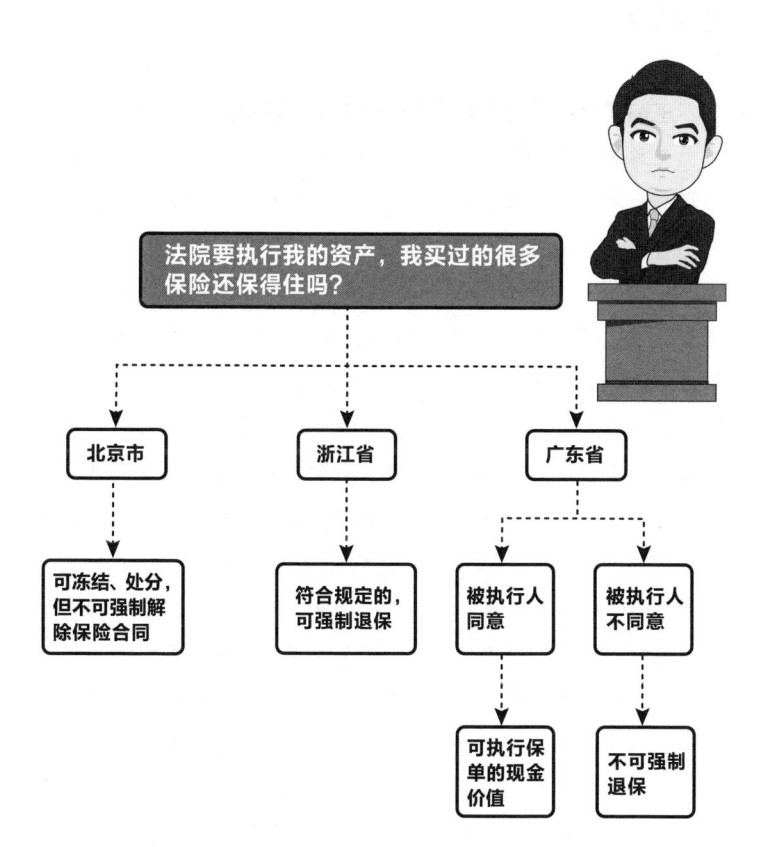

## 延伸学习 >>>

**王静《保单现金价值强制执行若干问题研究》（节选）**

保单现金价值是属于投保人的财产，权利主体及给付请求权指向的债务人明确；保险合同往往附有现金价值计算表，在数额上也具有确定性，便于查询、冻结，具有执行可能性。就法律性质而言，保单现金价值是投保人可以向保险人主张的金钱债权。有学者认为，现金价值以投保人解除合同为前提，属于附停止条件的债权；也有学者认为，现金价值实质上是保险人所负担的确定债务，仅是给付时机与名义因保险合同维持至保险事故发生或提前终止而有所不同，但保险人的给付义务在法律上始终是确定的，并可由投保人任意决定请求时机，故不同于附条件债权，性质上更类似于存款或信托契约。《中华人民共和国民事诉讼法》（以下简称《民事诉讼法》）虽然没有明确执行对象是否包括债权，但最高人民法院通过一系列司法解释及相关规定将执行对象扩展至债权，且包括了未到期债权。（《民事诉讼法》第二百四十一、二百四十二、二百四十三条；《最高人民法院关于人民法院民事执行中查封、扣押、冻结财产的规定》第一条；《最高人民法院关于适用〈中华人民共和国民事诉讼法〉执行程序若干问题的解释》第三十二条；《最高人民法院关于依法制裁规避执行行为的若干意见》第十三条。）而且，学理上也认为，附条件的债权（包括附停止条件的债权）在条件成就前可以成为强制执行的对象。所以，不论保单现金价值是否属于附条件债权，都具有可执行性。而且，无论是否退保，我国离婚案件中已经普遍确认了保单现金价值作为夫妻共同财产的确定性及可分割性。《最高人民法院第八次全国法院民事商事审判工作会议（民事部分）纪要》就夫妻共同财产认定问题上指出，婚姻关系存续期间以夫妻共同财产投保，投保人和被保险人同为夫妻一方，离婚时处于保险期内，投保人不愿意继续投保的，保险人退还的保单现金价值部分应按照夫妻共同财产处理；离婚时投保人选择继续投保的，投保人应当支付保单现金价值的一半给另一方。这也佐证了保单现金价值能够成为强制执行的标的。

## 测试题解析 >>>

**正确答案是 ABC**

投保人购买的人寿保险是否可以被法院强制退保，我国各省份的规定不尽相同。北京市规定不可以强制退保，浙江省规定在一定条件下法院可以强制退保，广东省规定被执行人不同意退保的，法院不可以强制退保。但是，如果投保人退保，退保后保单的现金价值是可以被法院强制执行的。A、B、C选项均正确。

## 54 欠债前买了一份保险,这种行为能避债吗?

本节课老师:薛京

### 课堂测试题 >>>

冯老板欠了李老板一笔债务,冯老板投保了一张人寿保险的保单。请问,下列哪些选项是正确的?

A. 如果保单是冯老板欠债后买的,且支付保费后严重影响了冯老板的还债能力,李老板可以以恶意避债为由向法院申请撤销保险合同。

B. 如果保单是冯老板欠债前买的,法院不会强制解除保单,更不会执行其现金价值。

C. 如果保单是冯老板欠债后买的,法院可能会强制解除保单并执行其现金价值。

### 保险法商课精讲 >>>

我经常接触企业家客户。这些客户的主要特点之一就是举债经营,不但企业要贷款,就连老板个人也常常会举债用于经营。

其中一位企业家客户赵总咨询我:"保险代理人天天给我打电话,说保单有避债功能,如果我现在买一份大额保单,将来我要是欠钱了,投到这个保单里的钱是不是就不用拿来还债了?"

在回答"欠债前投保,将来保单现金价值会不会被强制执行?"这个问题之前,我先分析一下举债后投保的保单能否被强制执行。

对于欠债后突击投保的保单,债权人可以以恶意避债进而损害了其利益为由要求法院撤销保险合同。如果法院判决撤销合同,保险公司退回的保费或保单现金价值是可以被执行的,因为这属于债务人的财产。

即使没有恶意避债的动机,如果是欠债后投保的保单,因为其现金价值属于投保人,所以在有些地区的法院看来,它也是投保人的财产,也属于可以被执行的财产。

同理,如果投保人在保单生效时没有欠债,几年后才发生了债务,只要这张保单有现金价值,在有些地区的法院执行机构看来,保单的现金价值和他名下的房产、股权、存款没有什么区别,都是可以被执行的财产。这和债务人欠债前还是欠债后投保没有任何关系。

需要补充的是,关于保单是否会被执行解除并执行其现金价值,各地法院的态度不太一致。有些地区的法院不支持强制执行解除保单并提取其现金价值,而有些地区,如浙江省、江苏省、山东省等地的法院,就有判例支持执行保单现金价值。

我们总结一下:只要投保人被法院判决还钱,即使他不主动退保,其名下保单的现金价值也存在被执行的风险,这与其投保时间是在欠债前还是欠债后没有任何关系。

# 66节保险法商课（修订版）

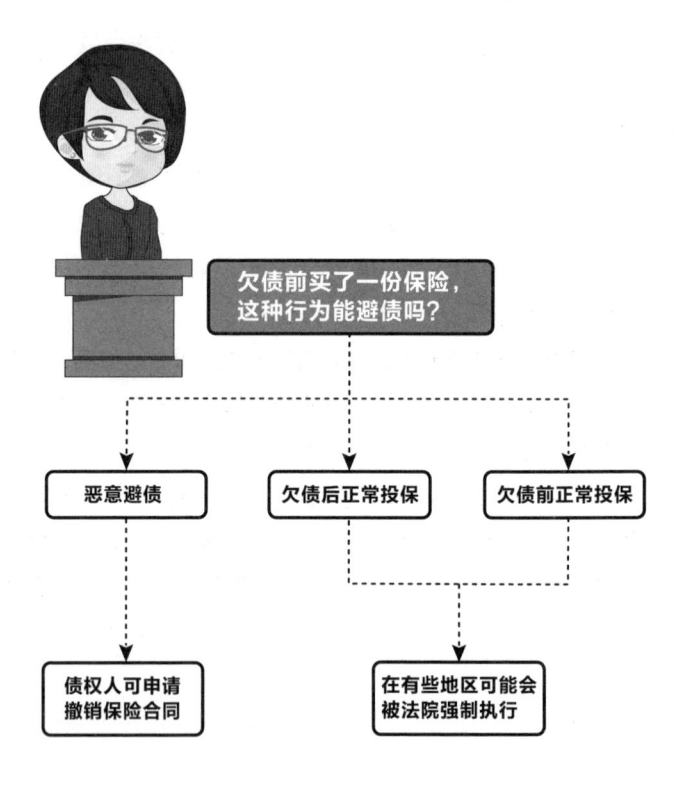

**欠债前买了一份保险，这种行为能避债吗？**

- 恶意避债 → 债权人可申请撤销保险合同
- 欠债后正常投保 → 在有些地区可能会被法院强制执行
- 欠债前正常投保 → 在有些地区可能会被法院强制执行

## 延伸学习 >>>

### 《民法典》

**第一百五十四条** 行为人与相对人恶意串通，损害他人合法权益的民事法律行为无效。

**第五百三十八条** 债务人以放弃其债权、放弃债权担保、无偿转让财产等方式无偿处分财产权益，或者恶意延长其到期债权的履行期限，影响债权人的债权实现的，债权人可以请求人民法院撤销债务人的行为。

**第五百三十九条** 债务人以明显不合理的低价转让财产、以明显不合理的高价受让他人财产或者为他人的债务提供担保，影响债权人的债权实现，债务人的相对人知道或者应当知道该情形的，债权人可以请求人民法院撤销债务人的行为。

### 北京市高级人民法院《关于印发修订后的〈北京市法院执行工作规范〉的通知》（2013年修订）

**第四百四十九条** 对被执行人所投的商业保险，人民法院可以冻结并处分被执行人基于保险合同享有的权益，但不得强制解除该保险合同法律关系。保险公司和被执行人对理赔金额有争议的，对无争议的部分可予执行；对有争议的部分，待争议解决后再决定是否执行。

对被执行人所设的用于交纳保险费的账户，人民法院可以冻结并扣划该账户内的款项。

## 2015年浙江省高级人民法院《关于加强和规范对被执行人拥有的人身保险产品财产利益执行的通知》

一、投保人购买传统型、分红型、投资连接型、万能型人身保险产品、依保单约定可获得的生存保险金、或以现金方式支付的保单红利、或退保后保单的现金价值，均属于投保人、被保险人或受益人的财产权。当投保人、被保险人或受益人作为被执行人时，该财产权属于责任财产，人民法院可以执行。

五、人民法院要求保险机构协助扣划保险产品退保后可得财产利益时，一般应提供投保人签署的退保申请书，但被执行人下落不明，或者拒绝签署退保申请书的，执行法院可以向保险机构发出执行裁定书、协助执行通知书要求协助扣划保险产品退保后可得财产利益，保险机构负有协助义务。

## 2016年广东省高级人民法院《关于执行案件法律适用疑难问题的解答意见》

问题十一、被执行人的人身保险产品具有现金价值，法院能否强制执行？

处理意见：

首先，虽然人身保险产品的现金价值是被执行人的，但关系人的生命价值，如果被执行人同意退保，法院可以执行保单的现金价值，如果不同意退保，法院不能强制被执行人退保。

其次，如果人身保险有指定受益人且受益人不是被执行人，依据《保险法》第四十二条的规定，保险金不作为被执行人的财产，人民法院不能执行。

再次，如果人身保险没有指定受益人或者指定的受益人为被执行人，发生保险事故后理赔的保险金可以认定为被执行人的遗产，可以用来清偿债务。

## 测试题解析 >>>

**正确答案是 AC**

A 选项：根据《民法典》总则编第一百五十四条、合同编第五百三十八条和第五百三十九条，如果保单是冯老板欠债后为了恶意避债而投保的，李老板可以向法院申请撤销保险合同，退保后保单的现金价值可以用于还债。A 选项正确。

B、C 选项：上文说过，只要投保人被法院判决还钱，即使他不主动退保，其名下保单的现金价值也存在被执行的风险，这与其投保时间是在欠债前还是欠债后没有任何关系。B 选项错误，C 选项正确。

## 55 我在欠债的情况下买保险,是不是风险很大?

本节课老师:薛京

**课堂测试题 >>>**

请问,下列哪些说法是正确的?

A. 债务人与保险公司恶意串通避债的,保险合同无效,退回的保费可以被法院强制执行。

B. 婚后,夫妻一方作为受益人领取的保险金可以用于偿还夫妻共同债务。

C. 如果受益人已经为投保人提供了担保,那么作为保证人,受益人领取的保险金可以被法院强制执行用于偿还投保人的债务。

D. 一般情况下,受益人领取的保险金为受益人的个人财产,与投保人无关,不会被强制执行用于偿还投保人的债务。

## 保险法商课精讲 >>>

2018年实体经济遇到了很大的困难,在此背景下,很多客户在配置保险产品时也变得顾虑重重——他们担心自己潜在的债务风险会影响保单的安全性。前不久,一位姓高的企业家就咨询我:"薛律师,我现在外债高筑,此时买保险的话,是不是风险很大?"

这个问题本身是不够清晰的,客户担心的到底是哪个方面的风险呢?是担心有债务的时候保单的效力有问题?还是担心在负债的情况下购买保险,保单现金价值将来可能被强制执行用于偿还债务?抑或是担心将来受益人领取的保险金、生存年金会因投保人的债务而被执行?

针对这三个问题,我们分别回答。

第一个问题:根据《民法典》第一百五十四条规定,行为人与相对人恶意串通,损害他人权益的民事法律行为无效。所以,如果高总投保后,债权人能够证明高总和保险公司之间存在恶意串通,损害了其利益,那么该保单有可能会被认定为无效。没有法律效力的合同,保险人应当作退回保费处理,而退回的保费则存在被执行的风险。

第二个问题:如果投保人有债务,其持有的保单现金价值会不会被执行,目前在中国不同地区的执行标准不同,要看执行法院所在地的规定。具体内容详见第53节。

第三个问题:在以下情形中,受益人领取的保险金会有风险:

## 我在欠债的情况下买保险，是不是风险很大？

- **保单现金价值**
  - 保险合同无效 → 可能会被执行
  - 保险合同有效 → 是否被强制执行，看执行法院所在地的规定
- **受益人领取的保险金**
  - 特殊情况下 → 存在被强制执行的风险
  - 一般情况下 → 不会被强制执行

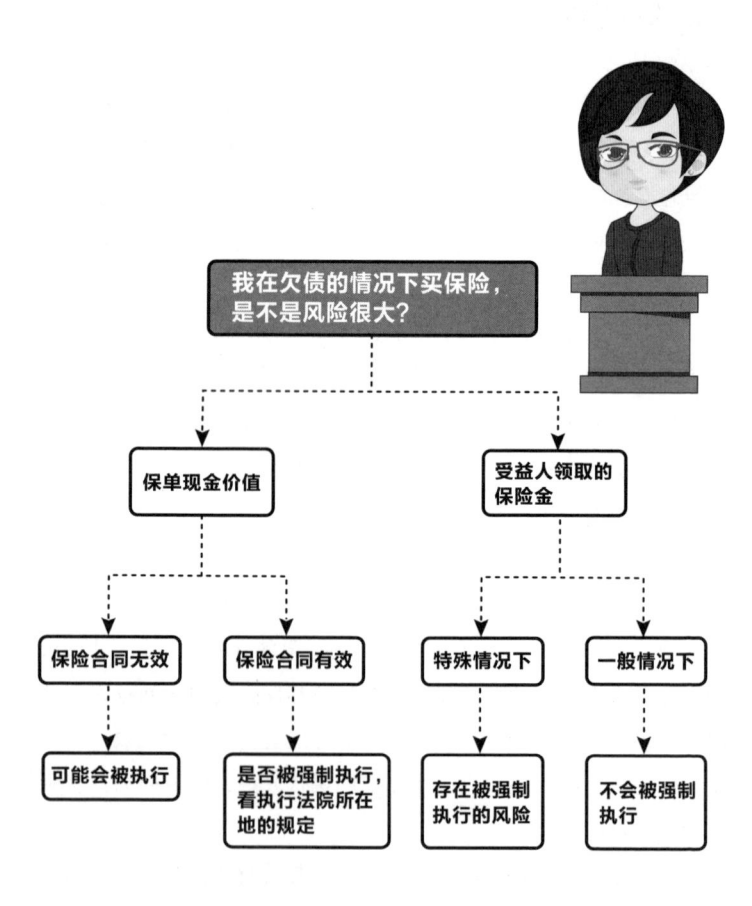

（1）受益人是投保人的配偶，且投保人的债务属于夫妻共同债务，那么受益人领取的保险金要被用于偿债；

（2）受益人为投保人的债务提供了担保，因为担保义务，所以其财产包括保险金都可以被执行，代债务人还债；

（3）保单因为法定情形被认定无效了，受益人领取的保险金存在被退回的风险。

除了以上所说的特殊情况，当投保人有债务时，其名下保单的剩余现金价值也许会被强制执行，但受益人领取的保险金属于其个人财产，一般不会因为投保人的债务被强制执行。

## 延伸学习 >>>

### 《民法典》

**第一百五十四条** 行为人与相对人恶意串通，损害他人合法权益的民事法律行为无效。

**第六百八十七条** 当事人在保证合同中约定，债务人不能履行债务时，由保证人承担保证责任的，为一般保证。

一般保证的保证人在主合同纠纷未经审判或者仲裁，并就债务人财产依法强制执行仍不能履行债务前，有权拒绝向债权人承担保证责任，但是有下列情形之一的除外：

（一）债务人下落不明，且无财产可供执行；

（二）人民法院已经受理债务人破产案件；

（三）债权人有证据证明债务人的财产不足以履行全部债务或者丧失履行债务能力；

（四）保证人书面表示放弃本款规定的权利。

**第六百八十八条** 当事人在保证合同中约定保证人和债务人对债务承担连带责任的，为连带责任保证。

连带责任保证的债务人不履行到期债务或者发生当事人约定的情形时，债权人可以请求债务人履行债务，也可以请求保证人在其保证范围内承担保证责任。

**第一千零八十九条** 离婚时，夫妻共同债务应当共同偿还。共同财产不足清偿或者财产归各自所有的，由双方协议清偿；协议不成的，由人民法院判决。

### 《保险法》
**第十八条** 受益人是指人身保险合同中由被保险人或者投保人指定的享有保险金请求权的人。投保人、被保险人可以为受益人。

## 测试题解析 >>>

### 正确答案是 ABCD

A 选项：根据《民法典》总则编第一百五十四条的规定，恶意串通，损害他人合法权益的保险合同无效，退回的保费可被执行。A 选项正确。

B 选项：根据《民法典》婚姻家庭编第一千零八十九条的规定，受益人是投保人的配偶，且投保人的债务属于夫妻共同债务，那么受益人领取的保险金要用来偿债。B选项正确。

C选项：根据《民法典》合同编第六百八十七、六百八十八条的规定，如果受益人为投保人提供了担保，那么受益人领取的保险金就可以被用于替投保人偿债。C选项正确。

D选项：根据《保险法》第十八条的规定，受益人领取的保险金为受益人的个人财产，因此一般不会被法院强制执行用于偿还投保人的债务。D选项正确。

## 56 我做生意欠了外债，我的保单还能保得住吗？

本节课老师：古致平

### 课堂测试题 >>>

李总做生意欠了外债，担心自己的保单是否保得住。请您帮李总分析分析，下列哪些说法是正确的？

A. 如果李总还有其他资产可以偿还债务，那么保单保得住。
B. 即使李总没有其他资产可供执行，法院也不可以强制退保并执行保单的现金价值。
C. 如果李总没有其他资产可供执行，保单能不能保住要看各地方的具体规定。

### 保险法商课精讲 >>>

要回答标题中所述的问题，需要分两种情况来看。

第一种情况：自己欠债了，有其他资产可以还清债务，保单可以保住。

举例说明一下，沈先生早年下海经商从未失过手，可最近投资失败，欠了别人不少钱。最近，债权人起诉沈先生，要求还钱。最终，法院判决沈先生一个月内还清所欠的债务。

在法院执行过程中，债权人提出，沈先生之前购买了许多保险，申请法院强制解除保单，用保单的现金价值来抵债。可执行法院并没有执行沈先生的保单资产，而是查封了他名下的一处房产用来拍卖抵债。

原来，在实践中，法院强制执行是有优先顺序的。通常情况下，优先被执行的资产是存款或者房产等较易执行的资产，保单资产因为存在查询不便及法律依据不甚明确等问题，相对而言不易被执行，不属于优先被执行的资产。

第二种情况：自己欠债了，除了保单没有其他资产可供执行，就要看执行法院所在地的规定。

如果欠债后，除了保单没有其他财产可供执行，那就要看执行法院所在地的规定，目前中国不同地区对保单的执行标准不同。具体内容详见第 53 节。

## 延伸学习 >>>

**北京市高级人民法院《关于印发修订后的〈北京市法院执行工作规范〉的通知》（2013 年修订）**

**第四百四十九条** 对被执行人所投的商业保险，人民法院可以冻结并处分被执行人基于保险合同享有的权益，但不得强制解除该保险合同法律关系。保险公司和被执行人对理赔金额有争议的，对无争议的部分可予执行；对有争议的部分，待争议解决后

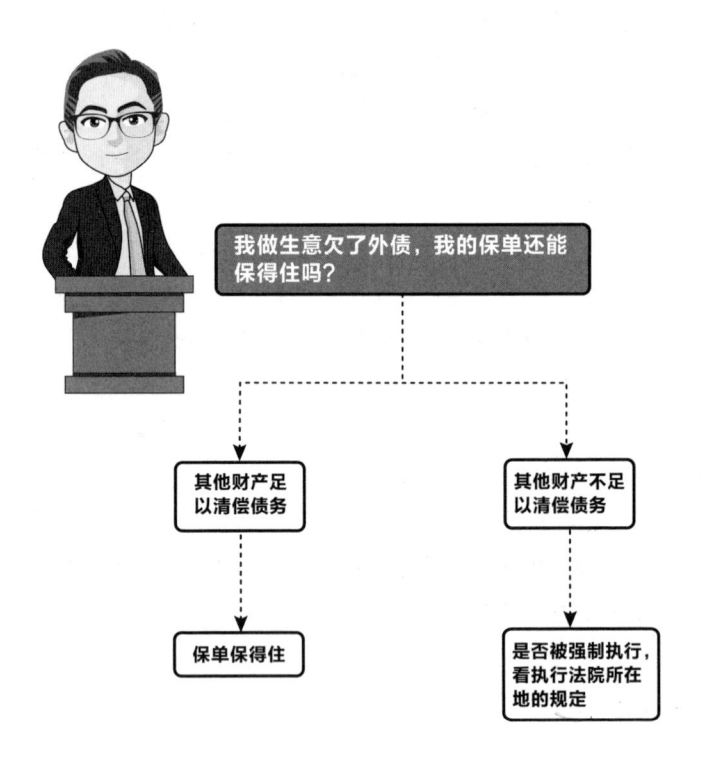

我做生意欠了外债,我的保单还能保得住吗?

- 其他财产足以清偿债务 → 保单保得住
- 其他财产不足以清偿债务 → 是否被强制执行,看执行法院所在地的规定再决定是否执行。

对被执行人所设的用于交纳保险费的账户，人民法院可以冻结并扣划该账户内的款项。

## 2015年浙江省高级人民法院《关于加强和规范对被执行人拥有的人身保险产品财产利益执行的通知》

一、投保人购买传统型、分红型、投资连接型、万能型人身保险产品，依保单约定可获得的生存保险金、或以现金方式支付的保单红利、或退保后保单的现金价值，均属于投保人、被保险人或受益人的财产权。当投保人、被保险人或受益人作为被执行人时，该财产权属于责任财产，人民法院可以执行。

五、人民法院要求保险机构协助扣划保险产品退保后可得财产利益时，一般应提供投保人签署的退保申请书，但被执行人下落不明，或者拒绝签署退保申请书的，执行法院可以向保险机构发出执行裁定书、协助执行通知书要求协助扣划保险产品退保后可得财产利益，保险机构负有协助义务。

## 2016年《广东高院关于执行案件法律适用疑难问题的解答意见》

问题十一、被执行人的人身保险产品具有现金价值，法院能否强制执行？

处理意见：

首先，虽然人身保险产品的现金价值是被执行人的，但关系人的生命价值，如果被执行人同意退保，法院可以执行保单的现金价值，如果不同意退保，法院不能强制被执行人退保。

其次，如果人身保险有指定受益人且受益人不是被执行人，依据《保险法》第四十二条的规定，保险金不作为被执行人的财产，人民法院不能执行。

再次，如果人身保险没有指定受益人或者指定的受益人为被执行人，发生保险事故后理赔的保险金可以认定为被执行人的遗产，可以用来清偿债务。

## 测试题解析 >>>

### 正确答案是 AC

A 选项：由于法院在强制执行债务人的财产时有优先顺序，即通常情况下优先执行的资产是存款或者房产等较易执行的资产，而保单资产因为查询不便及法律依据不甚明确等问题，相对而言不易被执行，因此保单保得住。A 选项正确。

B、C 选项：如果李总没有其他资产可供执行，由于各省法院对是否执行保单的现金价值规定不一，要看各省具体的执行规则。例如，北京市规定不可以强制退保，浙江省规定在一定条件下法院可以强制退保，广东省规定被执行人不同意退保的，法院不可以强制退保。但是，如果投保人退保，退保后保单的现金价值是可以被法院强制执行的。B 选项错误，C 选项正确。

## 57 我是生意人,以老婆的名义买的保险,能避债吗?

本节课老师:薛京

**课堂测试题** >>>

刘女士是一位民营企业家,由于该企业涉足高新技术产业,债务风险比较高。现在刘女士希望投保一份人寿保险,你认为由什么人来做投保人最合适、最安全?

A. 刘女士本人。
B. 刘女士的配偶。
C. 刘女士的其他家庭成员。

**保险法商课精讲** >>>

前两天,客户李总委托我代理他的借款诉讼,在梳理他的债务风险时,李总突然问了我一个问题:"薛律师,我用妻子的名义投了一份年金保险,现在其现金价值有 300 多万元,法院会不会直接把这张保单拿去还债?"

回答这个问题的关键是看李总的债务是不是夫妻共同债务。

如果是夫妻共同债务，李太太作为共同债务人，她名下的财产包括保单的现金价值，都有可能被法院执行去还债。

那么，什么样的债务属于夫妻共同债务呢？《民法典》第一千零六十四条详细规定了夫妻共同债务的标准：

1. 共债共签原则。夫妻双方共同签名或者夫妻一方事后追认，或者夫妻双方以其他方式表明该债务为夫妻共同债务的，应当认定为夫妻共同债务。

2. 行使家事代理权而发生的债务。夫妻一方在婚姻关系存续期间以个人名义为家庭日常生活需要所负的债务，也属于夫妻共同债务。

3. 共同受益。夫妻一方负债，债权人能够证明该债务用于夫妻共同生活、共同生产经营或者基于夫妻双方共同意思表示的，也是共同债务。

也就是说，如果李先生的债务属于以上任何一种情况，他的妻子都需要和他一起还债，那么李太太名下的保单现金价值就存在被执行偿债的风险（具体风险分析详见本书第55节）。

即使不是夫妻共同债务，如果李太太名下的保单现金价值属于夫妻共同财产，李先生就有一半的财产权，那么这一半的现金价值理论上也是有可能被执行去还债的。

所以，我们的建议是：如果丈夫的债务风险高，妻子最好也不要做投保人，如果已经是投保人，可以考虑变更投保人，以避免保单现金价值被执行的风险。

PART 4
债务编保险法商课

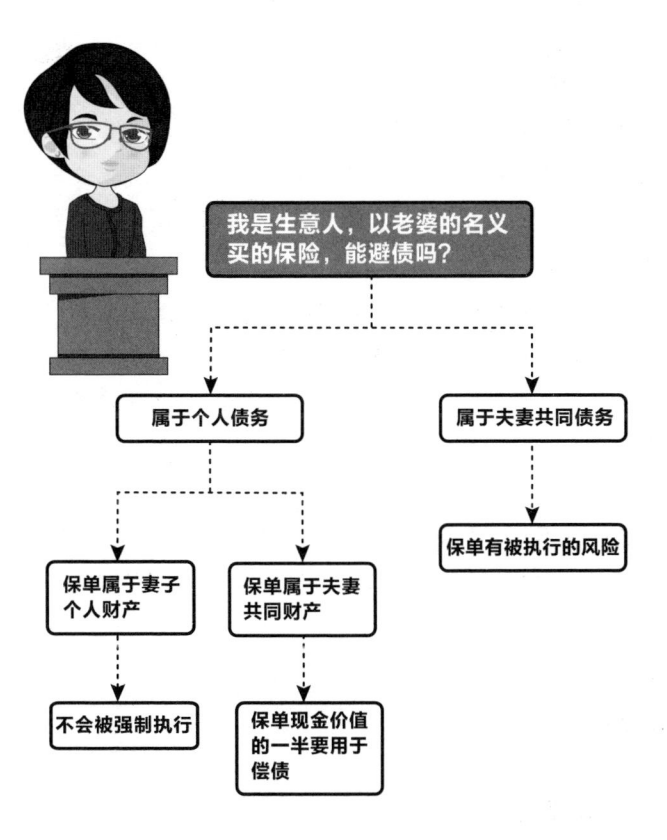

我是生意人,以老婆的名义买的保险,能避债吗?

- 属于个人债务
  - 保单属于妻子个人财产
    - 不会被强制执行
  - 保单属于夫妻共同财产
    - 保单现金价值的一半要用于偿债
- 属于夫妻共同债务
  - 保单有被执行的风险

## 延伸学习 >>>

**《民法典》**

**第一千零六十四条** 夫妻双方共同签名或者夫妻一方事后追认等共同意思表示所负的债务，以及夫妻一方在婚姻关系存续期间以个人名义为家庭日常生活需要所负的债务，属于夫妻共同债务。

夫妻一方在婚姻关系存续期间以个人名义超出家庭日常生活需要所负的债务，不属于夫妻共同债务；但是，债权人能够证明该债务用于夫妻共同生活、共同生产经营或者基于夫妻双方共同意思表示的除外。

**第一千零八十九条** 离婚时，夫妻共同债务应当共同偿还。共同财产不足清偿或者财产归各自所有的，由双方协议清偿；协议不成的，由人民法院判决。

## 测试题解析 >>>

**正确答案是C**

A选项：此前我们给大家介绍过，债务人投保的保单存在被法院强制执行的可能，因此刘女士以本人的名义投保并不是一个明智的选择。A选项错误。

B选项：根据《民法典》婚姻家庭编第一千零六十四条、一千零八十九条的规定，如果满足特定条件，刘女士配偶名下的保单的现金价值有被法院强制执行的风险；即使不是夫妻共同债务，若刘女士配偶名下保单的现金价值的一半为刘女士的财产，依然有被执行的风险。B选项错误。

C选项：如果由刘女士的其他家庭成员投保，就可以较好地规避保单被用于偿债的风险。C选项正确。

## 58 我出钱购买保险，但投保人是我的父亲，如果我欠债，这张保单会被强制执行吗？

本节课老师：梁磊

### 课堂测试题

万总的企业准备融资，在与投资人签署对赌协议之前，他为自己购买了一份终身寿险，保单架构为：投保人是万总，被保险人是万总，受益人是万总的儿子。假设万总经营企业失败，在南京被投资人告上法院，法院判决万总须用个人财产偿还债务。请问南京法院会强制执行该保单吗？

A. 会。
B. 不会。

### 保险法商课精讲 >>>

万总是江苏南京一家高速公路设备制造企业的老板，家庭生活幸福，妻子在央企上班，10岁的儿子聪明伶俐，父母的身体都很健康。为了扩大企业规模，万总考虑利用股权融资的方式融资

2000万元。他听朋友说，股权融资一般需要与投资人签署对赌协议，这需要万总用家庭财产为企业的经营风险兜底。万总是一个做事谨慎的人，考虑到将来的融资风险，他想在与投资人接触前，提前做好企业和家业之间的财产风险隔离。

万总的情况在民营企业主中非常普遍。那么，人寿保险能帮助万总解决这个后顾之忧吗？答案是：能！

在保险合同中，保单属于投保人的财产。万总可以在签署对赌协议前，将个人名下的部分资金转移到父亲的银行账户，然后以父亲为投保人给万总购买终身寿险。万一万总经营企业失败，法院可以冻结万总名下的个人资产，但是该保单属于万总父亲的财产，自然不在冻结范围之内，从而有效地保全了这笔财产。

当然，有一点是要重点强调的：很多民营企业主在破产之前，会紧急采用如上购买保险的方式逃避债务，这种行为属于恶意资产转移，不受法律保护。所以，在企业经营良好时就做好企业和家业的财产风险隔离尤为重要。正如很多人常说的那样：只有在春风得意时布好局，才能在四面楚歌时留条路！

## 延伸学习 >>>

### 《保险法》

**第十条** 保险合同是投保人与保险人约定保险权利义务关系的协议。

投保人是指与保险人订立保险合同，并按照合同约定负有支付保险费义务的人。

保险人是指与投保人订立保险合同，并按照合同约定承担赔

## 66节保险法商课（修订版）

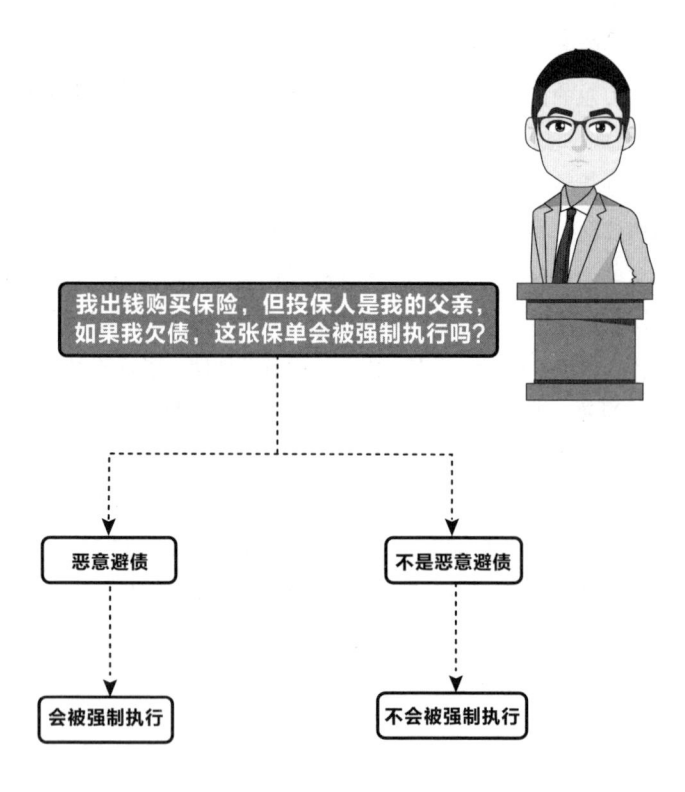

> 我出钱购买保险，但投保人是我的父亲，如果我欠债，这张保单会被强制执行吗？

- 恶意避债 → 会被强制执行
- 不是恶意避债 → 不会被强制执行

偿或者给付保险金责任的保险公司。

**第十五条** 除本法另有规定或者保险合同另有约定外,保险合同成立后,投保人可以解除合同,保险人不得解除合同。

## 测试题解析 >>>

**正确答案是 A**

根据江苏省高级人民法院《关于加强和规范被执行人所有的人身保险产品财产性权益执行的通知》的规定,人寿保单的生存保险金、现金红利、退保可获得的现金价值、未付保险金等,均可被执行。A 选项正确。

## 59 丈夫欠了债,妻子名下的保单会受影响吗?

本节课老师:薛京

### 课堂测试题 >>>

韩先生购买了一份人寿保险,现在韩太太欠下了外债,二人担心韩先生投保的保单也要被用于偿还这笔债务。那么,在下列哪些情况下,韩先生的保单有被用于偿债的风险?

A. 该债务是韩太太的个人债务,且这份保险是韩先生在与韩太太结婚前用自己的个人财产购买的。

B. 该债务是韩太太的个人债务,且这份保险是韩先生在婚后用夫妻共同财产购买的。

C. 该债务是夫妻共同债务,且这份保险是韩先生在与韩太太结婚前用自己的个人财产购买的。

D. 该债务是夫妻共同债务,且这份保险是韩先生在婚后用夫妻共同财产购买的。

## 保险法商课精讲 >>>

关于投保人有债务，保单的现金价值是否会被执行，在前面我们已经做了详细讨论。对于债务人而言，保单的债务隔离功能没有我们想象中的那么强大。那么，如果是丈夫欠了债，妻子购买的保险保单是否安全呢？薛律师近来经常接到这样的咨询。

对于这个问题，我们要从两个方面分析：

第一，此债务是男方的个人债务。

如果只是丈夫的债务，那么只需要将属于丈夫的财产拿去偿债。属于丈夫的财产，既包括法律规定的个人财产，也包括夫妻共同财产中的一半。如果丈夫的其他财产足以偿债，那么一般不会动用妻子名下的这张保单；如果丈夫的其他财产不足以偿债，就要判断这张保单的现金价值是否属于夫妻共同财产。

一般情况下，如果一张人寿保单是婚后投保且保费来源于夫妻共同财产，那么这张保单的现金价值也应当属于夫妻共有，即其中一半属于丈夫。属于丈夫的这一半，法理上是可以用于偿债的。不过，目前司法实践中此类判例还不多见。对这类案件，薛律师认为，处理的方式可能有两种，一种是按退保处理，执行保单现金价值的一半；另一种是妻子以个人财产替换保单的一半现金价值用于偿债。

如果这张保单是婚前投保的，属于女方的个人财产，理论上其现金价值不应当被执行。但是，也要看将来司法解释的具体规定。

第二，此债务属于夫妻共同债务。

## 66节保险法商课（修订版）

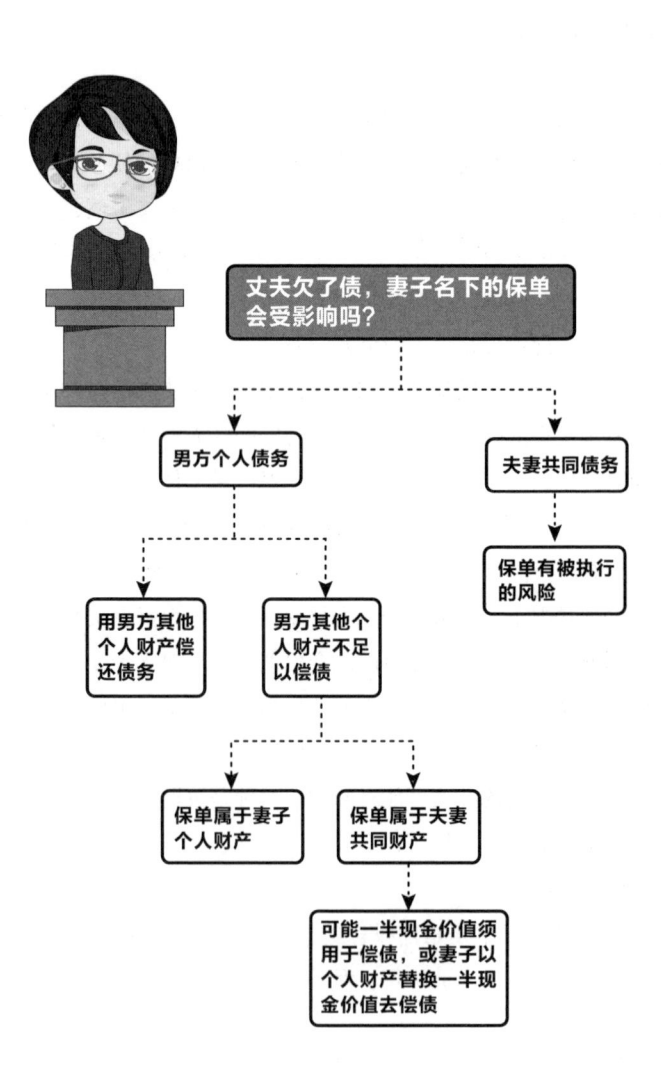

**丈夫欠了债，妻子名下的保单会受影响吗？**

- 男方个人债务
  - 用男方其他个人财产偿还债务
  - 男方其他个人财产不足以偿债
    - 保单属于妻子个人财产
    - 保单属于夫妻共同财产
      - 可能一半现金价值须用于偿债，或妻子以个人财产替换一半现金价值去偿债
- 夫妻共同债务
  - 保单有被执行的风险

关于认定夫妻共同债务的标准，我们在第 57 节中已有详细解释，这里不再赘述。如果债务被认定为夫妻共同债务，那么这张保单无论是婚前投保、婚后投保还是投保后双方已经离婚，无论法律上女方名下的保单属于女方个人还是属于夫妻共有，都会面临因夫妻债务的连带责任而被强制执行的风险。

总的来说就是，如果丈夫有了债务，妻子的保单是否有风险，取决于两个要素：债务是不是夫妻共同债务，保单是不是夫妻共同财产。

## 延伸学习 >>>

### 《民法典》

**第一千零六十四条** 夫妻双方共同签名或者夫妻一方事后追认等共同意思表示所负的债务，以及夫妻一方在婚姻关系存续期间以个人名义为家庭日常生活需要所负的债务，属于夫妻共同债务。

夫妻一方在婚姻关系存续期间以个人名义超出家庭日常生活需要所负的债务，不属于夫妻共同债务；但是，债权人能够证明该债务用于夫妻共同生活、共同生产经营或者基于夫妻双方共同意思表示的除外。

**第一千零八十九条** 离婚时，夫妻共同债务应当共同偿还。共同财产不足清偿或者财产归各自所有的，由双方协议清偿；协议不成，由人民法院判决。

## 测试题解析 >>>

**正确答案是 BCD**

A 选项：如果韩先生在婚前用个人财产投保，那么保单的现金价值就是韩先生的个人财产，与韩太太无关；而且韩太太的债务为个人债务，只可能以韩太太的个人财产或夫妻共同财产的一半偿债。A 选项错误。

B 选项：如果该债务为韩太太的个人债务，那么应该先用韩太太的个人财产偿债，而如果投保的保费来源于夫妻共同财产，那么保单的一半现金价值可能要被用于偿还韩太太的个人债务。B 选项正确。

C、D 选项：如果该债务为夫妻共同债务，那么无论韩先生是在婚前还是婚后购买的这张保单，且无论保单在谁的名下，其现金价值都可能被用于偿还债务。C、D 选项正确。

# 60 给女儿买了年金保险,将来如果女婿欠债,女儿领取的生存年金会被用来偿债吗?

本节课老师:薛京

### 课堂测试题 >>>

杨女士在女儿结婚前投保了一份年金保险,指定女儿为受益人。如果女婿对外负债,且该债务被认定为夫妻共同债务,请问下列哪种说法是正确的?

A. 女儿领取的生存年金不会被法院强制执行用于还债。
B. 债权人可以要求法院执行女儿领取的生存年金。
C. 债权人只能要求执行生存年金的一半。

### 保险法商课精讲 >>>

近年来,年金保险在我国非常流行,因为它兼具保险与投资功能,很受高净值家庭的青睐。甚至有些家庭在女儿出嫁时,会为女儿配置年金保险,代替现金、房产作为陪嫁的嫁妆。

对于父母而言,为女儿配置一份具有类信托功能的年金保险，既能保证女儿作为受益人长期领取生存年金，又能隔离因婚变导致的财富风险。所以，无论是从财富传承的角度，还是从隔离二代婚姻财富风险的角度来看，购买年金保险都是不错的选择。

不过，有些客户还有另一个方面的担心：如果女儿婚后女婿欠债，女儿领取的生存年金会被执行去偿债吗？

我们从两个方面来分析这个问题：

1. 如果是女婿的个人债务，债权人只能要求法院执行女婿的财产。

像上文所说的这种"嫁妆保单"，受益人领取的生存年金是个人财产还是夫妻共有财产呢？在司法实践中，大部分法官会倾向于将保费范围内的生存年金认定为女儿的个人财产（目前也有不同的观点）。如果法院认定生存年金为女儿的个人财产，而债务又是女婿的个人债务，那么属于女儿个人的已领的生存年金理论上就不会被执行去偿债。

2. 如果是夫妻共同债务，债权人可以要求法院执行夫妻双方的财产。

这里需要注意，夫妻共同债务一般会被认定为连带债务，这样的话，根据《民法典》第五百一十八条的规定，债权人有权向夫或妻任何一方要求偿还全部债务。也就是说，一旦认定为夫妻共同债务，即使女儿领取的生存年金属于女儿个人所有，但是因为女儿对债务的连带清偿责任，也会面临所领取的生存年金被执行去偿还债务的风险。

总结一句话：女儿领取的生存年金会不会被执行用于偿还女婿的债务，取决于两个要素，即生存年金是否被认定为女儿的个

PART 4
债务编保险法商课

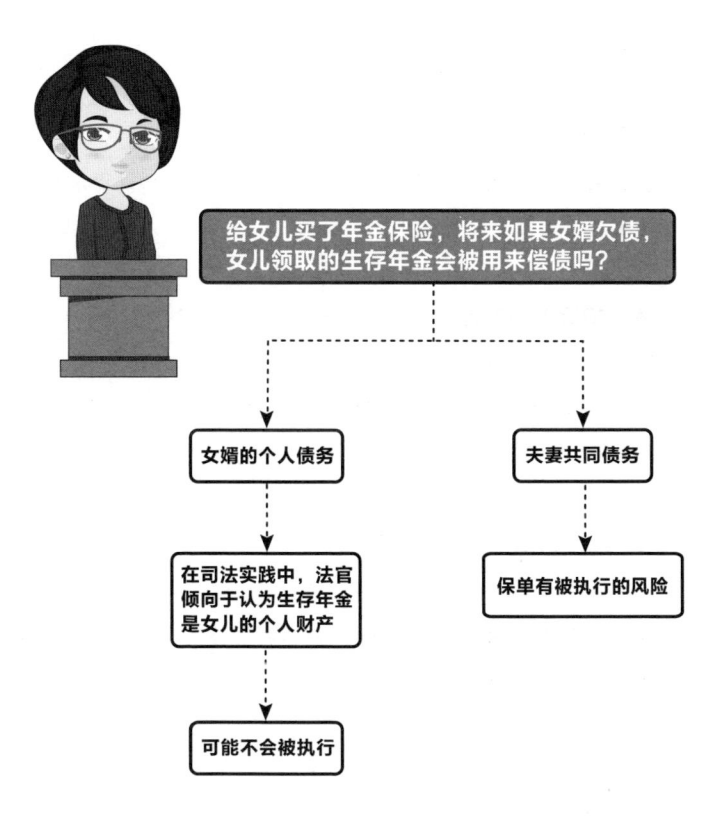

给女儿买了年金保险,将来如果女婿欠债,女儿领取的生存年金会被用来偿债吗?

- 女婿的个人债务
  - 在司法实践中,法官倾向于认为生存年金是女儿的个人财产
    - 可能不会被执行
- 夫妻共同债务
  - 保单有被执行的风险

人财产；债务是女婿的个人债务还是夫妻共同债务。

## 延伸学习 >>>

### 《民法典》

**第五百一十八条** 债务人为二人以上，债权人可以请求部分或者全部债务人履行全部债务的，为连带债务。

**第一千零六十三条** 下列财产为夫妻一方的个人财产：
（一）一方的婚前财产；
（二）一方因受到人身损害获得的赔偿或者补偿；
（三）遗嘱或者赠与合同中确定只归一方的财产；
（四）一方专用的生活用品；
（五）其他应当归一方的财产。

**第一千零八十九条** 离婚时，夫妻共同债务应当共同偿还。共同财产不足清偿或者财产归各自所有的，由双方协议清偿；协议不成的，由人民法院判决。

## 测试题解析 >>>

**正确答案是 B**

A 选项：根据《民法典》的有关规定，假设女婿的债务被认定为个人债务，那么债权人只能要求法院执行女婿的个人财产，而且在司法实践中，大部分法官倾向于将女儿领取的保险年金认定为女儿的个人财产，所以不会被执行。但是，题目中给出的条件是，女婿的债被认定为夫妻共同债务。因此 A 选项错误。

B、C 选项：根据《民法典》的有关规定，由于该债务为夫妻共同债务，夫妻承担连带责任，因此债权人可以请求法院执行任何一方的财产用于偿还债务。B 选项正确，C 选项错误。

## 61 我买的保险,儿子是受益人,如果我欠了债,儿子已领取的生存年金会受影响吗?

本节课老师:薛京

**课堂测试题** >>>

王先生投保了一份年金保险,指定受益人为王先生的女儿。天有不测风云,王先生做生意亏了本,欠下巨额债务。请问,在下列哪些情况下,女儿已经领取的生存年金有可能被要求退回或强制执行呢?

A. 王先生投保的保费来源于非法收入,保单被法院认定无效。

B. 王先生投保的目的为恶意避债,保单被法院认定无效。

C. 女儿作为保证人为王先生的债务提供了担保。

D. 王先生以合法收入投保,投保的目的是财富传承,且女儿并没有为王先生的债务做担保。

## 保险法商课精讲 >>>

我的客户刘女士,她是很多私人银行的客户,听了不少有关私人财富的专场讲座,非常认可年金保险的传承功能。最近她考虑自己做投保人,配置一款年金保险,生存年金受益人为其儿子——这样的保单具有类信托功能,可以保证儿子有一笔长期而稳定的现金流。但是,刘女士又担心一件事:"虽然我现在的资产状况非常好,但是万一将来我欠债了,我儿子之前领取的年金会不会因为我欠债而被追回呢?"

让我们假设两种不同的情况来分析。

第一种情况:假设刘女士购买保单的保费来源于合法收入,投保的目的不是恶意避债。那么,这张保单生效后,如果投保人刘女士面临债务问题,对于这张保单的现金价值,法院有可能会强制执行,但是对于儿子作为受益人已经领取的生存年金,我认为法院不应该执行。理由是:作为合法有效的保单,虽然保费是刘女士的,但是儿子基于受益权取得的生存年金在属性上就不再是刘女士的财产,而是儿子的合法财产,也就是说,对于刘女士而言,已领取的生存年金属于他人财产。刘女士欠债,只能执行她本人的财产,不能执行案外人(儿子)的财产,包括儿子已经领取的生存年金。这就是我们经常说的保单的代际债务隔离功能。

第二种情况:假设刘女士购买保单的保费来源于非法收入,或者保单的设立是为了掩盖非法目的,损害了第三人的利益。那么,就存在保险合同被认定无效的风险。如果保单被认定无效,

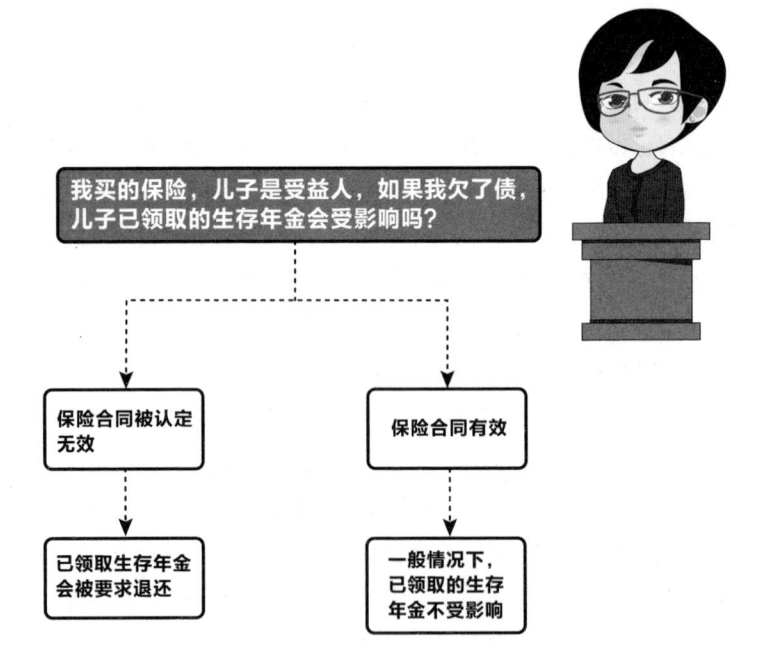

**我买的保险，儿子是受益人，如果我欠了债，儿子已领取的生存年金会受影响吗？**

- 保险合同被认定无效
  - 已领取生存年金会被要求退还

- 保险合同有效
  - 一般情况下，已领取的生存年金不受影响

就存在受益人已经领取的生存年金被要求返还的风险。

总之，如果保单本身的效力没有问题，除非受益人为投保人的债务做了担保，否则在一般情况下，已领取的生存年金不会被执行用于偿还投保人的债务。

## 延伸学习 >>>

### 《民法典》

**第一百五十三条** 违反法律、行政法规的强制性规定的民事法律行为无效。但是，该强制性规定不导致该民事法律行为无效的除外。

违背公序良俗的民事法律行为无效。

**第一百五十四条** 行为人与相对人恶意串通，损害他人合法权益的民事法律行为无效。

**第六百八十七条** 当事人在保证合同中约定，债务人不能履行债务时，由保证人承担保证责任的，为一般保证。

一般保证的保证人在主合同纠纷未经审判或者仲裁，并就债务人财产依法强制执行仍不能履行债务前，有权拒绝向债权人承担保证责任，但是有下列情形之一的除外：

（一）债务人下落不明，且无财产可供执行；

（二）人民法院已经受理债务人破产案件；

（三）债权人有证据证明债务人的财产不足以履行全部债务或者丧失履行债务能力；

（四）保证人书面表示放弃本款规定的权利。

**第六百八十八条** 当事人在保证合同中约定保证人和债务人对债务承担连带责任的，为连带责任保证。

连带责任保证的债务人不履行到期债务或者发生当事人约定的情形时，债权人可以请求债务人履行债务，也可以请求保证人在其保证范围内承担保证责任。

### 《保险法》

**第十八条** 受益人是指人身保险合同中由被保险人或者投保人指定的享有保险金请求权的人。投保人、被保险人可以为受益人。

## 测试题解析 >>>

**正确答案是 ABC**

A 选项：根据《民法典》总则编第一百五十三条的规定，违反法律、行政法规的强制性规定的民事法律行为无效。所以如果王先生的保费来源为非法收入，那么保险合同就可能会被认定无效，女儿已经领取的生存年金就有可能面临被要求退回的风险。A 选项正确。

B 选项：根据《民法典》总则编第一百五十四条的规定，如果保险公司明知王先生投保具有恶意避债的目的，那么保险合同就可能会被认定无效，女儿已经领取的生存年金就有可能面临被要求退回的风险。B 选项正确。

C选项：根据《民法典》合同编第六百八十七、六百八十八条的规定，如果女儿作为保证人为王先生的债务做了担保，那么在王先生不履行债务时，法院有可能强制执行女儿的财产用于偿债，其中就包括女儿已经领取的生存年金。C选项正确。

D选项：如果没有上述情况，那么根据《保险法》第十八条的规定，女儿已经领取的生存年金为女儿的个人财产，与王先生无关，不会被要求退回或强制执行。D选项错误。

## 62 公司被列为失信被执行人，作为公司股东的我还能买保险吗？

本节课老师：谭啸

### 课堂测试题 >>>

公司被列为失信被执行人，李琦作为公司的股东兼董事长，现在想要购买大额人寿保险。请问，下列哪种说法是错误的？

A. 李琦可以随意购买大额人寿保险。
B. 李琦不得支付高额保费购买保险理财产品。
C. 李琦不得支付高额保费购买有现金价值的保险产品。

### 保险法商课精讲 >>>

客户周先生前不久联系我，着急地向我询问："我是某公司的股东，今天接到公司的通知，公司被列为失信被执行人了。我正准备给我们家小孩投保一份大额人寿保险呢，这事一出，这保险还能不能买啊？"

其实，不只周先生一人有如此疑惑，其他客户也问过我同样的问题。下面，我就来为大家解答这个疑惑。

根据我国相关法律规定，被执行人为单位的，被采取限制消费措施后，被执行人及其法定代表人、主要负责人、实际控制人、影响债务履行的直接责任人员：

第一，不得支付高额保费购买保险理财产品；

第二，不得支付高额保费购买具有现金价值的保险产品。

综上，我们可以得出这样的结论：公司被列为失信被执行人，如果您只是一般的公司股东，自身购买保险通常是不受影响的。但如果您既是股东，又兼任了企业的法定代表人、主要负责人、实际控制人或影响债务履行的直接责任人员，就不能支付高额保费购买具有现金价值的保险产品，也不能购买保险理财产品了。

## 延伸学习 >>>

**《最高人民法院关于限制被执行人高消费的若干规定》**

**第三条** 被执行人为自然人的，被采取限制消费措施后，不得有以下高消费及非生活和工作必需的消费行为：

（一）乘坐交通工具时，选择飞机、列车软卧、轮船二等以上舱位；

（二）在星级以上宾馆、酒店、夜总会、高尔夫球场等场所进行高消费；

（三）购买不动产或者新建、扩建、高档装修房屋；

（四）租赁高档写字楼、宾馆、公寓等场所办公；

（五）购买非经营必需车辆；

（六）旅游、度假；

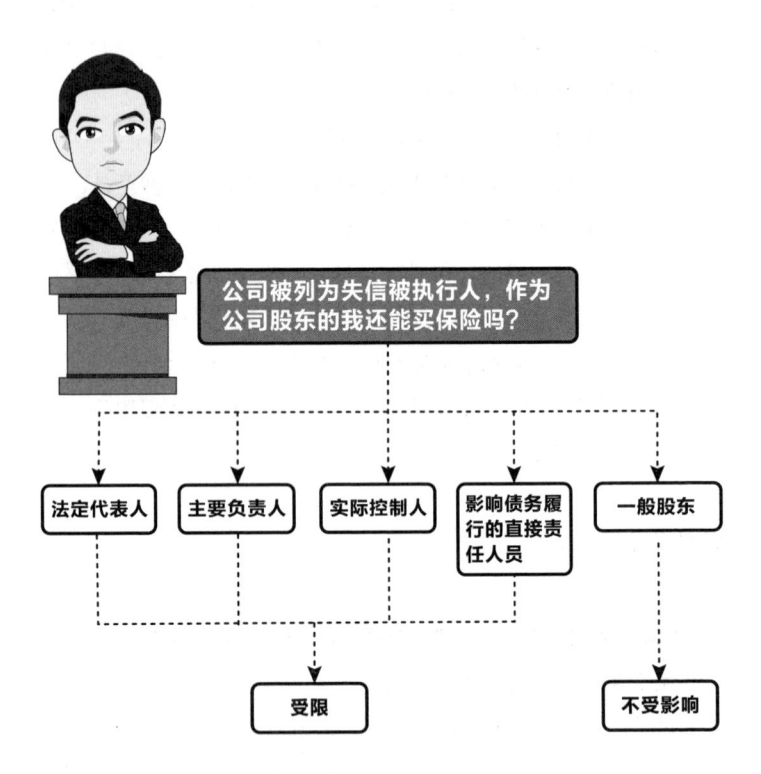

```
                          公司被列为失信被执行人,作为
                          公司股东的我还能买保险吗?
                                    │
    ┌──────────┬──────────┼──────────┬──────────┐
    ▼          ▼          ▼          ▼          ▼
┌────────┐ ┌────────┐ ┌────────┐ ┌────────┐ ┌────────┐
│法定代表人│ │主要负责人│ │实际控制人│ │影响债务履│ │一般股东 │
│        │ │        │ │        │ │行的直接责│ │        │
│        │ │        │ │        │ │任人员   │ │        │
└────────┘ └────────┘ └────────┘ └────────┘ └────────┘
                      │                           │
                      ▼                           ▼
                  ┌──────┐                    ┌────────┐
                  │ 受限 │                    │不受影响│
                  └──────┘                    └────────┘
```

（七）子女就读高收费私立学校；

（八）支付高额保费购买保险理财产品；

（九）乘坐G字头动车组列车全部座位、其他动车组列车一等以上座位等其他非生活和工作必需的消费行为。

被执行人为单位的，被采取限制消费措施后，被执行人及其法定代表人、主要负责人、影响债务履行的直接责任人员、实际控制人不得实施前款规定的行为。因私消费以个人财产实施前款规定行为的，可以向执行法院提出申请。执行法院审查属实的，应予准许。

**中共中央办公厅 国务院办公厅印发《关于加快推进失信被执行人信用监督、警示和惩戒机制建设的意见》（中办发〔2016〕64号）**

（七）限制高消费及有关消费

5. 购买具有现金价值保险限制。限制失信被执行人及失信被执行人的法定代表人、主要负责人、实际控制人、影响债务履行的直接责任人员支付高额保费购买具有现金价值的保险产品。

## 测试题解析 >>>

**正确答案是A**

由于李琦既是公司股东又是董事长，根据《最高人民法院关于限制被执行人高消费的若干规定》，李琦不得支付高额保费购买保险理财产品，B选项说法正确；根据中共中央办公厅、国务院办公厅印发的《关于加快推进失信被执行人信用监督、警示和惩戒机制建设的意见》，李琦不得支付高额保费购买具有现金价值的保险产品，C选项说法正确。因此，A选项说法错误，当选。

# 63 我被列为失信被执行人，可以买保险吗？

本节课老师：薛京

## 课堂测试题 >>>

李老板是一家民营企业的大股东。在下列哪些情况下，李老板将面临被限制购买人寿保险的风险呢？

A. 李老板被列为失信被执行人。

B. 李老板的公司被列为失信被执行人，且李老板是公司的法定代表人。

C. 李老板的公司被列为失信被执行人，且李老板是公司的实际控制人。

D. 李老板的公司被列为失信被执行人，但李老板只是公司股东，没有参与公司的实际经营。

## 保险法商课精讲 >>>

著名企业家贾跃亭被列入"老赖"黑名单，使得很多人尤其是企业家开始关注欠债不还的另一类风险——被列入失信被执行人名单。那么,什么是失信被执行人呢?

失信被执行人,是指一个人欠债不还,债权人起诉并且告赢了,得到了法院的支持,但是,对于生效的判决,债务人有能力清偿债务却不偿还,这个时候法院可以决定或者根据债权人的申请,把被执行人也就是债务人列入失信被执行人名单中。

那么一旦进入这个黑名单,会有什么后果呢?

2016年9月,中共中央办公厅、国务院办公厅印发并实施《关于加快推进失信被执行人信用监督、警示和惩戒机制建设的意见》,规定对于失信被执行人限制高消费及有关消费,其中关于限制高消费的第5项规定为:限制失信被执行人及失信被执行人的法定代表人、主要负责人、实际控制人、影响债务履行的直接责任人员支付高额保费购买具有现金价值的保险产品。

也就是说,一旦债务人被列入失信被执行人名单,就会被限制购买具有现金价值的保险产品,无论是年金保险还是终身寿险,都没有资格购买。即使债务人办理了投保,这张保单的法律效力也存在问题。

另外,还需要注意的是:上述规定不仅限制"老赖"购买具有现金价值的保险产品,还规定如果"老赖"是单位,那么它的法定代表人、主要负责人、实际控制人等相关人员也不可以购买具有现金价值的保险产品。也就是说,无论是个人还是个人经营的公司欠债不还,都将面临个人被限制购买人寿保险的风险。

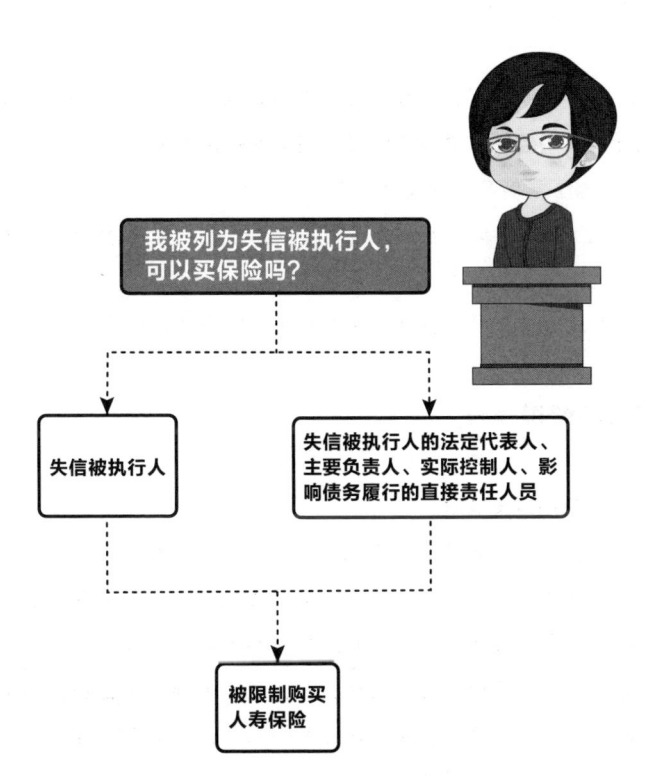

PART 4
债务编保险法商课

我被列为失信被执行人，可以买保险吗？

- 失信被执行人
- 失信被执行人的法定代表人、主要负责人、实际控制人、影响债务履行的直接责任人员

→ 被限制购买人寿保险

## 延伸学习 >>>

**中共中央办公厅　国务院办公厅印发《关于加快推进失信被执行人信用监督、警示和惩戒机制建设的意见》**

（七）限制高消费及有关消费

5. 购买具有现金价值保险限制。限制失信被执行人及失信被执行人的法定代表人、主要负责人、实际控制人、影响债务履行的直接责任人员支付高额保费购买具有现金价值的保险产品。

## 测试题解析 >>>

### 正确答案是 ABC

根据《关于加快推进失信被执行人信用监督、警示和惩戒机制建设的意见》第一条第（七）款第5项的规定，如果李老板个人被列为失信被执行人，他将没有资格购买大额保险产品。如果李老板的公司被列为失信被执行人，就要看李老板是否是公司的法定代表人、主要负责人、实际控制人等，如果是，那么李老板也不可以购买大额保险产品；如果不是，李老板就不会被限制购买保险。A、B、C选项正确，D选项错误。

# 64 我在保险公司有待领取的保险金，我的债权人能直接找保险公司要吗？

本节课老师：古致平

## 课堂测试题 >>>

胡总曾购买了一份大额人寿保险。后来由于经商失败，胡总欠了朋友200万元。现在朋友得知了胡总购买保险的保险公司和保单号，希望用胡总的保险金抵偿欠款。下列哪一种说法是正确的？

A. 朋友不能请求保险公司给付保险金以抵偿胡总的欠款。
B. 朋友可以请求保险公司给付保险金以抵偿胡总的欠款。
C. 朋友可以请求法院命令胡总强制退保，之后以保险金的现金价值偿还欠款。

## 保险法商课精讲 >>>

我的一位客户王先生最近遇到了一件让他十分焦急的事情。原来，王先生的父亲王老爷子生前自己为自己买过一份大额终身寿险，受益人为王先生。前不久王老爷子去世，王先生知道自己可以领取一笔保险金,但自己在外面有拖欠的债款,要是把钱取出来肯定会被债权人拿走;不取出来的话又有些担心。那么,债权人到底有没有权利直接去保险公司拿走这笔保险金呢?

我先告诉大家答案:没有。

根据我国相关法律的规定:若甲欠了乙 5 万元钱,丙又欠了甲 10 万元钱,如果甲不还钱给乙,债权人乙可以向人民法院请求丙替甲还 5 万元钱。

但是,如果说甲欠了乙 5 万元钱,同时保险公司有甲尚未领取的 10 万元保险金,那么乙是不能直接找保险公司要钱的。

因此,我们可以得出如下结论:保险金受益人的债权人不可以直接去找保险公司要保险金。

所以,只要王先生自己不去取保险金,王先生的债权人是不能直接去保险公司要保险金的,当然也不能向法院申请以自己的名义行使王先生领取保险金的权利。

## 延伸学习 >>>

**《民法典》**

**第五百三十五条** 因债务人怠于行使其债权或者与该债权有关的从权利,影响债权人的到期债权实现的,债权人可以向人民法院请求以自己的名义代位行使债务人对相对人的权利,但是该权利专属于债务人自身的除外。

PART 4
债务编保险法商课

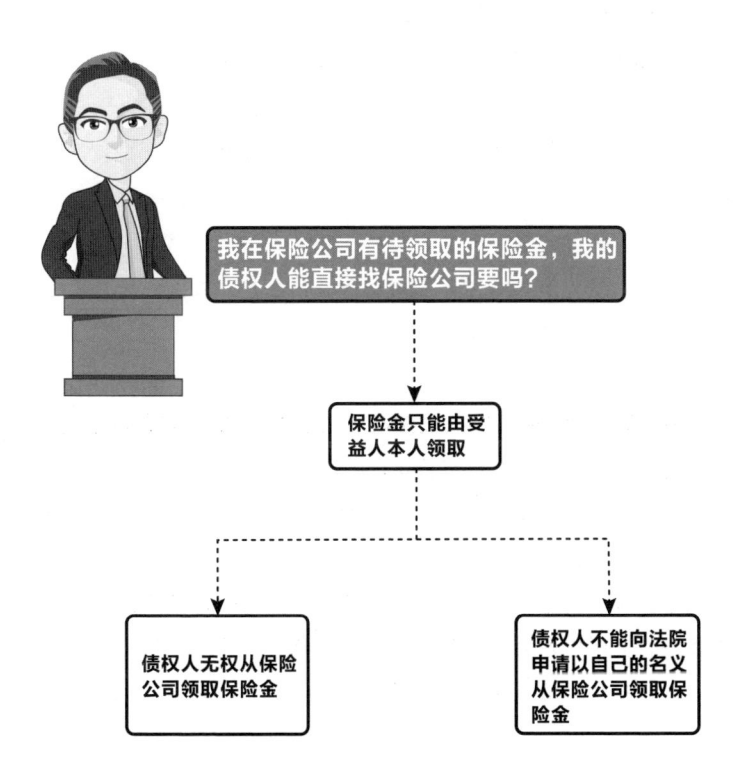

**我在保险公司有待领取的保险金,我的债权人能直接找保险公司要吗?**

↓

**保险金只能由受益人本人领取**

┌─────────────┴─────────────┐
↓ ↓

**债权人无权从保险公司领取保险金**

**债权人不能向法院申请以自己的名义从保险公司领取保险金**

**北京市高级人民法院《关于印发修订后的〈北京市法院执行工作规范〉的通知》(2013年修订)**

**第四百四十九条** 对被执行人所投的商业保险,人民法院可以冻结并处分被执行人基于保险合同享有的权益,但不得强制解除该保险合同法律关系。保险公司和被执行人对理赔金额有争议的,对无争议的部分可予执行;对有争议的部分,待争议解决后再决定是否执行。

对被执行人所设的用于缴纳保险费的账户,人民法院可以冻结并扣划该账户内的款项。

**2015年浙江省高级人民法院《关于加强和规范对被执行人拥有的人身保险产品财产利益执行的通知》**

一、投保人购买传统型、分红型、投资连接型、万能型人身保险产品、依保单约定可获得的生存保险金、或以现金方式支付的保单红利、或退保后保单的现金价值,均属于投保人、被保险人或受益人的财产权。当投保人、被保险人或受益人作为被执行人时,该财产权属于责任财产,人民法院可以执行。

## 测试题解析 >>>

**正确答案是 A**

A、B选项:根据《民法典》合同编第五百三十五条的规定,债权人不可以以自己的名义代位行使债务人领取保险金的权利,因此胡总的朋友不能请求保险公司给付保险金以抵偿胡总的欠款。A选项正确,B选项错误。

C 选项：根据北京市高级人民法院《关于印发修订后的〈北京市法院执行工作规范〉的通知》第四百四十九条的规定，法院不得强制解除该保险合同的法律关系。但是，浙江省高级人民法院《关于加强和规范对被执行人拥有的人身保险产品财产利益执行的通知》第一条规定：投保人购买传统型、分红型、投资连接型、万能型人身保险产品、依保单约定可获得的生存保险金、或以现金方式支付的保单红利、或退保后保单的现金价值，均属于投保人、被保险人或受益人的财产权。当投保人、被保险人或受益人作为被执行人时，该财产权属于责任财产，人民法院可以执行。因此，不同省份的法院对此理解有所不同，胡总的朋友能否请求法院命令胡总强制退保是不确定的。C 选项错误。

## 65 买了保险,投保人将保单质押贷款后再欠债,保单的现金价值应先偿还谁?

本节课老师:薛京

### 课堂测试题 >>>

姜女士投保了一份大额人寿保险后,将该保单质押给保险公司,获得了一笔贷款。除保险公司外,姜女士还欠了其他人的钱。请问,下列哪些说法是正确的?

A. 姜女士获得的贷款如果还没被花完,其他债权人可以申请法院强制执行用于偿还债务。

B. 保单的现金价值由于已经质押给了保险公司,因此应该优先用于偿还贷款。

C. 如果偿还完保险公司贷款之后保单的现金价值仍有剩余,可以用于偿还对其他债权人的欠款。

### 保险法商课精讲 >>>

众所周知,人寿保单因为有现金价值,所以各家保险公司一般会提供保单质押贷款服务。也就是说,投保人可以将自己名下的保单质押给保险人,获取一定数额的贷款。一般情况下,贷款数额是该保单现金价值的80%。保单贷款手续简便、高效,大概两三个工作日就可以获得贷款。同时，保单贷款不影响保单项下的投保人权利。所以，对于投保人而言，人寿保险质押贷款的功能，既实现了保单配置，又可以在有资金需求时实现资产的流动，非常有吸引力。

不过很多客户会提出一个问题："如果我有一张人寿保单，且已经质押给保险公司获得贷款。在贷款期间，我又向其他人借了钱。之后法院判我还钱，在执行我的财产时，如果可以执行保单，那么我已经用于贷款担保的保单的现金价值是要先还保险公司的贷款，还是先还第三人的债务呢？"

我们分三个层次来回答这个问题：

1. 通过保单质押贷款获得的钱，如果没有被花完，还在债务人名下，那么就和他的其他银行存款、现金一样，属于他的财产，可以被强制执行，用于清偿第三人的债务。如果花完了，这笔钱就无法被强制执行了。

2. 关于保单的现金价值，因为该保单已经质押给保险公司了，从法律上说，保险公司就是债务人的债权人了，且对保单的现金价值有优先受偿权——因为保单质押给了保险公司，而非第三人。也就是说，保险公司对保单的现金价值有优先受清偿的权利。保单的现金价值在清偿保险公司后还有余额的，应将其归还给投保人，也就是债务人。

3. 还完贷款本息后的保单的剩余现金价值，其他债权人可以申请法院强制执行。

总结一句话：将保单质押给保险公司贷款，其他债权人要想申请法院强制执行保单的现金价值，须排在保险公司后边。

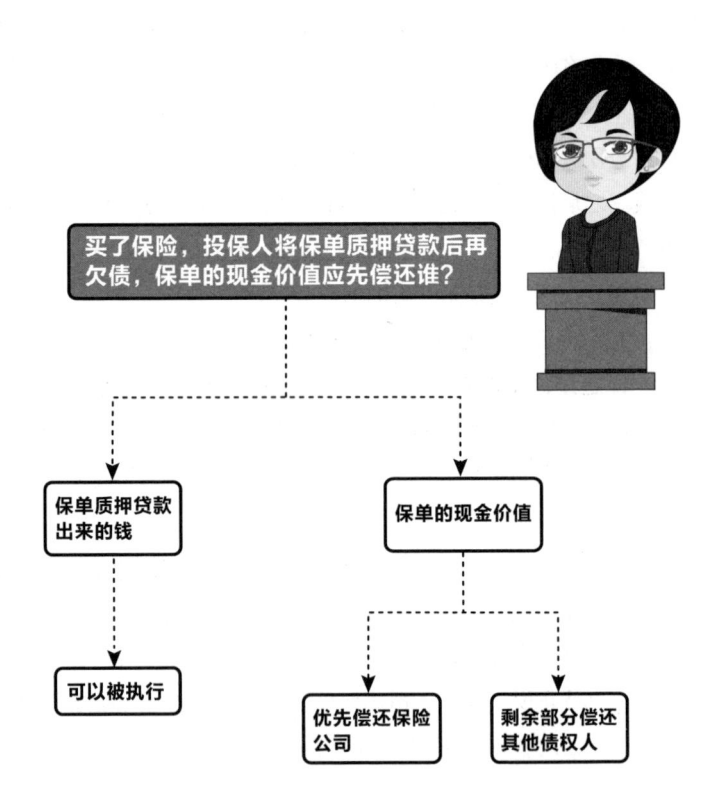

买了保险，投保人将保单质押贷款后再欠债，保单的现金价值应先偿还谁？

- 保单质押贷款出来的钱
  - 可以被执行
- 保单的现金价值
  - 优先偿还保险公司
  - 剩余部分偿还其他债权人

## 延伸学习 >>>

**《最高人民法院关于民事执行中财产调查若干问题的规定》**

**第五条** 被执行人应当在报告财产令载明的期限内向人民法院书面报告下列财产情况:

(一)收入、银行存款、现金、理财产品、有价证券;

(二)土地使用权、房屋等不动产;

(三)交通运输工具、机器设备、产品、原材料等动产;

(四)债权、股权、投资权益、基金份额、信托受益权、知识产权等财产性权利;

(五)其他应当报告的财产。

被执行人的财产已出租、已设立担保物权等权利负担,或者存在共有、权属争议等情形的,应当一并报告;被执行人的动产由第三人占有,被执行人的不动产、特定动产、其他财产权等登记在第三人名下的,也应当一并报告。

被执行人在报告财产令载明的期限内提交书面报告确有困难的,可以向人民法院书面申请延长期限;申请有正当理由的,人民法院可以适当延长。

**《民法典》**

**第三百九十四条** 为担保债务的履行,债务人或者第三人不转移财产的占有,将该财产抵押给债权人的,债务人不履行到期债务或者发生当事人约定的实现抵押权的情形,债权人有权就该财产优先受偿。

## 测试题解析 >>>

**正确答案是 ABC**

A 选项：根据《最高人民法院关于民事执行中财产调查若干问题的规定》第五条，可供人民法院强制执行的被执行人的财产包括被执行人名下的现金、存款等，因此姜女士如果贷款没有花完，是可以被其他债权人申请强制执行的。A 选项正确。

B、C 选项：根据《民法典》物权编第三百九十四条的规定，质押权人可就质押动产的变现价值优先受偿。因此，姜女士保单的现金价值应先用于偿还保险公司的贷款，如有剩余，可用于清偿其他债务。B、C 选项正确。

PART 4
债务编保险法商课

# 66 在内地欠了债，我在香港购买的保险会被内地人民法院执行吗？

本节课老师：黄利军

**课堂测试题** >>>

雨涵在香港配置了一份保险，由于工作原因，此后她一直在香港与内地之间往返。后来，雨涵在内地向朋友晓曦借了60万元做生意，因经营不善，连年亏损，至今未还款。晓曦多次催促无果，向法院（内地）起诉雨涵，法院判决雨涵偿还晓曦借款及利息共68万元。因雨涵始终不还钱，晓曦便向法院申请强制执行，却得知目前雨涵在内地没有任何财产。那么，在下列哪种情况下，雨涵在香港配置的保险可能会被内地人民法院强制执行呢？

A. 晓曦和内地执行法院均不知晓雨涵在香港曾配置保险。

B. 晓曦曾听闻雨涵在香港购买过保险，但不知道详情，欲申请内地人民法院前往香港调查。

C. 晓曦知道雨涵在香港所配置保险的具体情况（知悉具体保险机构），欲向香港法院申请承认与执行内地人民法院的生效判决。

## 保险法商课精讲 >>>

张先生前几年做贸易生意，经常奔波在香港和内地之间，2021年，张先生在香港配置了一份保险。2024年2月，张先生在内地向朋友借款50万元，由于做生意亏损，至今未还朋友借款。现朋友在内地已经起诉张先生，法院判决张先生偿还朋友借款及利息共55万元。因张先生久拖不还，朋友便申请法院强制执行，却得知目前张先生在内地没有任何财产。

那么，张先生在香港购买的保险会被内地人民法院强制执行吗？

对于该问题，我们分以下三种情况解析：

1. 张先生虽然在香港配置了保险，但是其朋友根本不知情，内地执行法院也不知情。那么很自然，这张香港保单有一定的隐蔽性，法院很难执行。

2. 朋友只是听说张先生在香港买了保险，但不知道保单的具体情况，他能申请内地人民法院前往香港调查吗？

首先，目前香港和内地之间还没有关于协助调查取证的制度安排，实践中存在以个案处理的方式协助调查取证的情况[1]；其次，内地人民法院派员赴港取证须特批，除非有特殊情况层报最高人民法院并经中央有关部门批准，否则不得派员赴港取证。

也就是说，内地人民法院目前一般难以委托香港法院协助调查取证或自行到香港调查取证。

---

[1] 根据最高人民法院发布的《人民法院工作年度报告（2014）》（白皮书），1997年至2014年仅有3例。

3.朋友知道张先生在香港购买过保险，具体保险情况也了解，向香港法院申请承认与执行内地人民法院的生效判决。

根据《最高人民法院关于内地与香港特别行政区法院相互认可和执行民商事案件判决的安排》（法释〔2024〕2号）的规定，张先生的朋友可以向香港法院申请承认与执行内地人民法院的判决，但是需要满足以下条件：（1）被申请执行的判决是生效判决；（2）该判决在内地具有可执行力。

满足以上条件，且其朋友知道张先生购买的香港保险属于哪家保险机构，才有可能申请香港法院承认与执行内地人民法院的生效判决。

## 延伸学习 >>>

**《最高人民法院关于进一步规范人民法院涉港澳台调查取证工作的通知》（法〔2011〕243号）**

一、人民法院在案件审判中，需要从港澳特区或者台湾地区调取证据的，应当按照相关司法解释和规范性文件规定的权限和程序，委托港澳特区或者台湾地区业务主管部门协助调查取证。除有特殊情况层报最高人民法院并经中央有关部门批准外，人民法院不得派员赴港澳特区或者台湾地区调查取证。

**《最高人民法院关于内地与香港特别行政区法院相互认可和执行民商事案件判决的安排》（法释〔2024〕2号）**

**第一条** 内地与香港特别行政区法院民商事案件生效判决的

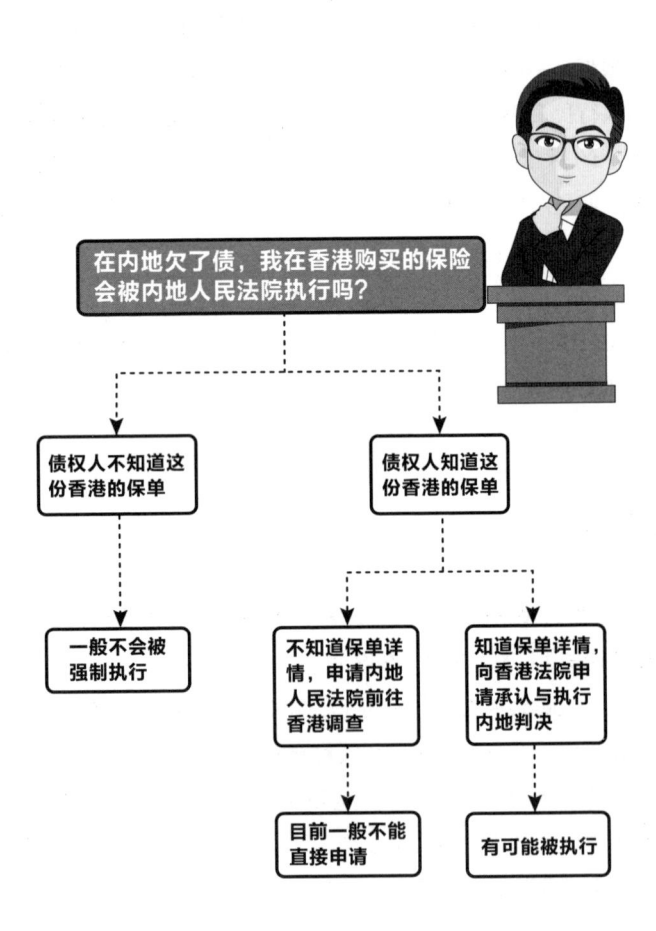

## 在内地欠了债，我在香港购买的保险会被内地人民法院执行吗？

- 债权人不知道这份香港的保单
  - 一般不会被强制执行

- 债权人知道这份香港的保单
  - 不知道保单详情，申请内地人民法院前往香港调查
    - 目前一般不能直接申请
  - 知道保单详情，向香港法院申请承认与执行内地判决
    - 有可能被执行

相互认可和执行，适用本安排。

刑事案件中有关民事赔偿的生效判决的相互认可和执行，亦适用本安排。

**第二条** 本安排所称"民商事案件"是指依据内地和香港特别行政区法律均属于民商事性质的案件，不包括香港特别行政区法院审理的司法复核案件以及其他因行使行政权力直接引发的案件。

**第三条** 本安排暂不适用于就下列民商事案件作出的判决：

（一）内地人民法院审理的赡养、兄弟姐妹之间扶养、解除收养关系、成年人监护权、离婚后损害责任、同居关系析产案件，香港特别行政区法院审理的应否裁判分居的案件；

（二）继承案件、遗产管理或者分配的案件；

（三）内地人民法院审理的有关发明专利、实用新型专利侵权的案件，香港特别行政区法院审理的有关标准专利（包括原授专利）、短期专利侵权的案件，内地与香港特别行政区法院审理的有关确认标准必要专利许可费率的案件，以及有关本安排第五条未规定的知识产权案件；

（四）海洋环境污染、海事索赔责任限制、共同海损、紧急拖航和救助、船舶优先权、海上旅客运输案件；

（五）破产（清盘）案件；

（六）确定选民资格、宣告自然人失踪或者死亡、认定自然人限制或者无民事行为能力的案件；

（七）确认仲裁协议效力、撤销仲裁裁决案件；

（八）认可和执行其他国家和地区判决、仲裁裁决的案件。

**第四条** 本安排所称"判决"，在内地包括判决、裁定、调解书、支付令，不包括保全裁定；在香港特别行政区包括判决、命令、判令、讼费评定证明书，不包括禁诉令、临时济助命令。

本安排所称"生效判决"：

（一）在内地，是指第二审判决，依法不准上诉或者超过法定期限没有上诉的第一审判决，以及依照审判监督程序作出的上述判决；

（二）在香港特别行政区，是指终审法院、高等法院上诉法庭及原讼法庭、区域法院以及劳资审裁处、土地审裁处、小额钱债审裁处、竞争事务审裁处作出的已经发生法律效力的判决。

**第二十一条** 被申请人在内地和香港特别行政区均有可供执行财产的，申请人可以分别向两地法院申请执行。

应对方法院要求，两地法院应当相互提供本方执行判决的情况。

两地法院执行财产的总额不得超过判决确定的数额。

## 测试题解析 >>>

**正确答案为 C**

A 选项：在此情形下，晓曦和内地执行法院都不知道雨涵有香港的保险，则其香港的保险属于隐蔽财产，很难被执行。A 选项错误。

B 选项：根据《最高人民法院关于进一步规范人民法院涉港澳台调查取证工作的通知》的规定，只有在有特殊情况层报最高院并经中央有关部门批准的情况下，人民法院才能派员赴香港调查取证。而现实情况是，内地人民法院一般难以委托香港法院协助调查取证或自行到香港调查取证，故在此情况下，雨涵在香港的保险也无法被执行。B 选项错误。

C 选项：根据《最高人民法院关于内地与香港特别行政区法院相互认可和执行民商事案件判决的安排》的规定，晓曦可以向香港法院申请承认与执行内地人民法院的判决，但是需要满足以下条件：①被申请执行的判决是生效判决；②该判决在内地具有可执行力。C 选项的情形符合前述所有条件，故雨涵在香港的保险有可能被执行。C 选项正确。

# 作者简介

## 沃晟学院简介

沃晟学院是一家法商培训及顾问服务机构。自2011年起，中国金融财富界掀起了一阵"法商演讲学习"热潮，来自王芳律师家族办公室法税团队的老师们，为数百家金融机构、数万名听众进行了近千场演讲，正式开启了中国财富法商新时代。

为了更好地服务金融财富界的朋友，团队的六位老师王芳、古致平、李爽、黄利军、薛京、冯鹜以创始合伙人的身份，筹建了中国第一家法商教育机构——沃晟学院。

沃晟学院集结知名专家，专注于私人财富管理与传承，致力于法商智慧的传播。迄今为止，沃晟学院已经成功打造了线上、线下全平台服务体系，设立了家族财富法商培训系统，培养了境内外数以万计的业界精英，为众多管理机构、高净值家族客户提供了全球化、一揽子的综合服务解决方案。

沃晟学院以自有师资明星化、学员国际化、培训技能实用化、培训教育网络化、培训课程多元化、跨界创新化为六大特色，为客户提供法商教育、专家咨询、顾问行销、客户沙龙讲座、机构内部培训、FO 项目服务、尊享私人顾问、线上平台、沃晟法商研究会、全球资源库十项服务内容。

沃晟学院还擅长为中国诸多高净值客户提供家族企业传承规划、家业企业风险隔离、移民税务筹划、国际 CRS 税制规划、家族治理、家族宪法、家族信托、婚姻财富保护、企业股权规划改制等诸多创新服务，并担任中国诸多私人银行、保险公司、第三方理财公司、家族办公室公司的常年法税顾问。创始合伙人王芳律师连续六年荣获国际权威评级机构"钱伯斯"授予的"亚太地区私人财富管理第一等律师"殊荣。

团队因其高水准的专业服务，荣获了诸多的国际国内荣誉奖项，并出版了行业畅销书籍——《66 节保险法商课》《家族财富保障及传承》《CRS 全球新政实操指南》《从保险代理人到财富顾问》《私人财富与股权纠纷》《从保险法到私人财富管理》《家族财富非常道》，销量总计突破 50 万册，获得读者广泛好评。

## 王芳 律师简介

沃晟学院院长（创始合伙人）

大成（DENTONS）律师事务所中国区财富管理专业组负责人
国际受托人与财富管理者协会（STEP）高级成员 TEP
中央电视台《法律讲堂》金牌讲师
连续六年荣获国际权威评级机构"钱伯斯"授予的"亚太地区私人财富管理第一等律师"
荣获福布斯"中国影响力知名讲师"大奖、"年度杰出领袖人物"大奖
荣获亚太财富论坛金臻奖"中国最佳私人银行法律服务""中国优秀家族信托服务案例"大奖、"中国最佳家族办公室法律服务"大奖、"中国最佳财富传承方案规划"大奖
荣获《亚洲银行家》颁发的"最佳专业服务提供商"大奖
香港家族办公室国际协会中国区荣誉会长
全球 MDRT 会议首位华人律师演讲嘉宾

## 古致平 博士 简介

沃晟学院院长（创始合伙人）

王芳律师家族办公室法税团队成员
家族办公室资深规划顾问
经济学博士、金融学硕士
国际金融理财师 CFP 持证人
超过 25 年证券、基金、私人银行、家族办公室、律所从业经验
国内多家私人银行顾问
广东金融学院客座教授 / 西安交通大学特邀研究员
香港家族办公室协会理事
认证私人银行家（CPB）、国际金融理财师（CFP）资深讲师
第一财经·RFP 评选"2018 年度最佳理财培训师"
五届福布斯·富国中国优选理财师评选评委
两届中国金融理财师大赛评委

## 李爽

**律师简介**

沃晟学院院长（创始合伙人）

大成（DENTONS）律师事务所家族办公室研究中心执行主任
香港家族办公室协会法律专业委员会主任
全国"心系女性"工程特聘律师顾问
北京大学光华管理学院青年领袖训练营传承导师
国内多家私人银行、家族办公室特聘法律顾问
2017—2019年连续三年荣获亚太财富论坛"优秀家族财富规划师"大奖
《财富管理》杂志编辑委员会委员

# 黄利军

沃晟学院院长（创始合伙人）

律师简介

大成（DENTONS）律师事务所北京总部合伙人
家族财富保障与传承资深律师
认证私人银行家（CPB）法律培训讲师
多家保险公司特聘法律专家讲师
多家国有、股份制银行总行私人银行部特聘法律顾问
2017—2020年连续四年荣获亚太财富论坛"优秀家族财富规划师"大奖
《财富管理》杂志编辑委员会委员

# 薛 京 律师 简介

沃晟学院院长（创始合伙人）

大成（DENTONS）律师事务所北京总部高级合伙人
私人财富管理与企业传承领域知名律师
多家私人银行、信托公司、保险公司法律顾问
香港家族办公室协会副秘书长
北京电视台《律师请就位》栏目特聘法律专家
新浪财经法问频道特聘法律专家
《财富管理》杂志编辑委员会委员

# 冯骜

沃晟学院院长（创始合伙人）

国际税务师 简介

注册会计师/注册税务师
多家银行私人银行部法律服务团队成员
"复旦大学家族CFO私董班"课程老师
美国注册财务策划师学会（RFPI）授课老师
认证私人银行家（CPB）授课专家
2017—2020年连续四年荣获亚太财富论坛"优秀家族财富规划师"大奖

## 谭啸 先生 简介

沃晟学院特级讲师

2018亚太财富论坛金臻奖"优秀私人财富规划师"
2019亚太财富论坛薪火奖"优秀家族财富规划师"
2020亚太财富论坛薪火奖"优秀家族财富规划师"
认证私人银行家（CPB）授课专家
法商创新项目实操专家
多家金融机构总部签约合作讲师
在长期年金险、终身寿险和保险金信托领域有独到见解
擅长经济、法律、税务与金融工具相结合的营销实战

# 梁 磊 先生 简介

家族财富私董会专家
第一财经·RFP 评选"最佳理财培训师"
高端客户面访实战专家

联系沃晟学院：

靳利红（沃晟学院总经理）

   电话（同微信）：185 1825 5073

李  宁（沃晟学院教务部）

   电话（同微信）：136 7111 9943

赵  璐（沃晟学院人力资源部）

   电话（同微信）：138 1005 4530

客服（免费法律咨询）：136 5136 1051

扫描二维码，关注
沃晟学院微信公众号

扫码二维码，下载
沃晟学院App

购买更多好书：

联系人：书店客服

电话（同微信）：173 1016 2997

扫描二维码，在微店
购买更多好书

淘宝扫描二维码，在淘宝店
购买更多好书

## 征稿启事

北京书托邦文化传媒有限公司秉承"向公众传播保险文化,帮助从业者提升职业素养"的理念,向保险行业从业者及其他各界贤达诚征稿件。

凡符合这一理念的文章、书稿,均可来投。来稿将有机会结集或单独出版。

投稿邮箱:lvzheng1302@126.com